本书为国家自然科学基金青年项目（批准号：72103169）、成都市哲学社会科学项目（批准号：2022CS041）、西南财经大学"中央高校基本科研业务费"专著出版资助项目（批准号：JBK2304162）研究成果。

信息化对农户生产决策与效率的影响研究

——以苹果种植户为例

张聪颖　著

西南财经大学出版社
Southwestern University of Finance & Economics Press
中国·成都

图书在版编目(CIP)数据

信息化对农户生产决策与效率的影响研究:以苹果
种植户为例/张聪颖著.—成都:西南财经大学出版社,
2025.5
ISBN 978-7-5504-5831-4

Ⅰ.①信… Ⅱ.①张… Ⅲ.①信息化—影响—苹果—
生产决策—研究—中国 Ⅳ.①F326.13-39

中国国家版本馆 CIP 数据核字(2023)第 123316 号

信息化对农户生产决策与效率的影响研究——以苹果种植户为例
XINXIHUA DUI NONGHU SHENGCHAN JUECE YU XIAOLÜ DE YINGXIANG YANJIU——YI PINGGUO ZHONGZHIHU WEILI
张聪颖　著

策划编辑:李晓嵩
责任编辑:王　利
责任校对:廖术涵
封面设计:何东琳设计工作室
责任印制:朱曼丽

出版发行	西南财经大学出版社(四川省成都市光华村街55号)
网　　址	http://cbs.swufe.edu.cn
电子邮件	bookcj@swufe.edu.cn
邮政编码	610074
电　　话	028-87353785
照　　排	四川胜翔数码印务设计有限公司
印　　刷	郫县犀浦印刷厂
成品尺寸	170 mm×240 mm
印　　张	14.75
字　　数	240 千字
版　　次	2025 年 5 月第 1 版
印　　次	2025 年 5 月第 1 次印刷
书　　号	ISBN 978-7-5504-5831-4
定　　价	88.00 元

前言

　　从理论上来说，信息不充分与不对称造成了道德风险及逆向选择问题。这导致农户参与要素市场的交易成本增加，制约了农户的生产要素配置效率，亟须探寻一条走出该困境的有效路径。进入 20 世纪 90 年代以来，以网络与信息通信技术为基础的信息化发展打破了信息不对称的壁垒。信息扩散机制可以有效减少信息不对称和降低交易成本，促进农户更多地参与要素投入市场。这为推进我国农村地区生产要素价格市场化、提高农户的生产要素配置水平与农业生产效率提供了新的契机。同时，国家对推动农业农村信息化发展高度重视，相继出台《数字乡村发展战略纲要》《数字农业农村发展规划（2019—2025 年）》等政策。这些政策如何落地与实施需要系统的理论研究成果、可靠的实证结论予以支撑。基于此，顺应数字经济与农业经济耦合研究的新趋势、新要求，笔者尝试依托信息经济学、新制度经济学等相关理论体系解决理论与现实的矛盾。

　　目前，学术界针对信息化如何影响农户生产决策与效率的探讨尚未形成系统的分析体系，仍然存在诸多局限和值得深入研究的问题。首先，农户是农业生产过程中利用信息进行决策的基本单元，聚焦于农户层面信息化的研究范畴与边界尚不清晰。已有的研究主要关注信息基础工具使用对农户生产决策与效率的影响，但缺乏针对农户能否有效利用信息进行决策的考量。特别是在信息基础设施供给率不断提高的背景下，基于信息素养差异产生的群体内数字鸿沟应引起重视。其次，已有的研究更多关注信息化对农户生产决策中要素投入量的影响，但缺乏针对要素配置过程的系统分析。最后，无论是基于新古典经济学分析范式将信息内生于生产函数，还是基于新制度经济学分析范式将信息外化于决策情境，已有的研究都尚未形成系统的理论逻辑。在此背景下，本书重点研究三个关键问题：一是界定信息化的内涵与外延，构建微观决策主体层面的信息化评价体系；二是分析信息化对农户生产决策的影响机制；三是探讨信息化、生产决策与农业生产效率的关联机制。

本书按照"理论研究→实证研究→政策研究"的研究逻辑展开，共分为八章。其中，第1章概述了本书的总体框架，包括研究背景、研究目的与意义、研究思路与方法、研究内容与创新之处等。第2章界定了核心概念，集中阐释本书的相关理论逻辑。第3章至第7章分别研究了信息化对农户土地租赁决策、劳动力雇佣决策、生产性资本投入决策、要素稀缺诱致性技术选择行为以及生产效率的影响效应与内在机制。第8章是主要研究结论、政策建议、研究的不足与未来研究展望。相较于已有的研究成果，本书的创新点体现为以下三点：一是兼顾信息可得性与信息可及性，从信息技术接入、信息技术应用与信息素养提升三个方面设计信息化评价体系，丰富与拓展了信息化的研究边界和范畴，为后续信息化相关研究提供新的思路。同时，本书实证研究结论基本证实了信息素养水平对农户生产决策与效率的影响效应大于信息技术接入与信息技术应用对其的影响效应，弥补了既有的研究忽视信息素养水平的不足。二是本书构建了"信息化→生产决策→生产效率"理论分析框架，是新制度经济学、信息经济学理论在生产决策与效率研究领域的具体应用，丰富与拓展了农户生产要素投入行为研究的理论体系。三是关于信息化与土地租赁决策、信息化与劳动力雇佣决策、信息化与生产性资本投入决策的研究结论证实了信息化对农户土地、劳动与资本要素配置水平的影响，为制定依托信息化推进生产要素价格市场化的政策提供了经验支持。关于信息化与要素稀缺诱致性技术选择决策的研究结论证实了信息化对农户选择劳动节约型技术的影响，丰富与拓展了在信息化背景下诱致性技术变迁理论在农业领域的应用案例，同时引发了学术界对数字化背景下农业诱致性技术演变趋势的新思考。关于信息化、要素配置与农户生产效率关联关系的研究结论证实了信息化对农业生产效率的直接影响以及通过要素配置变化导致的间接影响，丰富与拓展了信息化影响生产效率的机理和路径研究。

本书在已有的研究基础上进行了诸多探索，优化了已有的研究的分析体系，但仍然存在两个方面的局限：一是本书采用主成分分析法与熵权法等客观赋值法确定信息技术接入、信息技术应用与信息素养水平的权重，可能存在一定测量偏差。二是本书从交易成本视角将信息化变量引入理论模型，阐释了信息化对农户生产决策的影响机理，但受数据可得性限制，并没有定量识别信息化背景下农户参与要素市场交易成本的变化。

作为数字经济与农业经济耦合研究的阶段性成果，本书除了能为相关部门决策者提供制定或修订相关政策的依据外，还可以作为关注该前沿领域的广大学子研究数字经济背景下微观决策主体行为变化的参考性读物。

本书的研究思路与笔者主持的国家自然科学基金青年项目"信息

化对农户生产要素配置行为及效率的影响机制研究——基于交易成本视角"一脉相承。笔者特别感谢国家自然科学基金委员会的资助。此外，本书的出版经费部分来自成都市哲学社会科学项目、西南财经大学"中央高校基本科研业务费"项目，特别感谢成都市社会科学院、成都市社会科学界联合会、西南财经大学对本书的资助。在本书的撰写过程中，霍学喜教授提出了很多宝贵建议与意见，对此笔者表示衷心的感谢。同时，非常感谢西南财经大学出版社李晓嵩老师在出版过程中提供的诸多帮助。本书是关于数字经济与农业经济耦合研究的一次探索，加之笔者水平有限，书中难免有疏漏之处，书中观点也并非科学研究的唯一标准，欢迎广大读者批评指正。

张聪颖

2025 年 3 月

目录

1 绪论

1.1 研究背景

2015 年的中央农村工作会议和 2016 年的中央一号文件，都明确提出推进农业供给侧结构性改革，强调农业主要矛盾由总量不足转变为结构性矛盾，突出表现为阶段性供过于求和供给不足并存，其内在驱动因素是要素生产率不高以及配置结构不合理（张社梅、李冬梅，2017）。因此，推进农业供给侧结构性改革要以提升要素质量、促进要素流动、实现要素有效配置为核心，完善土地、劳动力、资本、技术等要素供给，优化要素配置效率（涂圣伟，2017）。然而，要素市场中的信息不充分与信息不对称影响了市场化契约效率，阻碍了要素市场发育。根据微观经济学原理，市场交易的质量主要取决于供给与需求信息充分对称。但在农村地区，供给者与需求者距离市场较远，相关的市场信息严重缺乏，尤其是发展中国家大多面临普遍的信息不对称问题（Svensson & Yanagizawa，2008）。信息不充分与不对称产生的道德风险及逆向选择问题（Quiggin et al.，1993；Akerlof，1970）导致农户参与要素市场的交易成本增加，从而制约农户的生产要素配置水平。可见，如何有效改善农户对信息的可获得性，缓解信息不对称对要素市场发育的不利影响，优化农户生产决策行为及效率，是农业供给侧结构性改革的关键问题。

自 20 世纪 90 年代以来，以网络与信息通信技术为基础的信息化发展打破了信息不对称壁垒（Aker et al. 2016），通过信息扩散机制，可以有效缓解信息不对称和减少交易成本，促进农户更多地参与要素投入市场（Kikulwe et al.，2014；Ogutu et al.，2013），这为推进我国农村地区生产要素市场化发展，提高农户的生产要素配置水平与农业生产效率提供了新的契机。同时，国家对推动农业农村信息化发展高度重视。2019 年，中共中央办公厅、国务院办公厅印发了《数字乡村发展战略纲要》，立足新时代国情农情，强调加快信息化发展，激活主体、激活要素、激活市场，不断催生乡村发展内生动力，整体带动和提升农业农村现代化发展。农业农村部、中央网络安全和信息化委员会办公室制定了《数字农业农村发展规划（2019—2025 年）》，更加精准推进"互联网+"农业的战略部署。这些政策的实施与落地亟须系统的理论研究、可靠的实证结论支撑，因而关注研究信息化对农户生产决策与生产效率的影响，具有重要的理论意义和现实意义。

从既有的研究来看，学术界针对信息化如何影响农户生产决策与效率问题的探讨尚未形成系统的分析体系，仍然存在诸多局限和值得深入研究的问题。

首先，作为农业生产过程中利用信息进行决策的基本单元，聚焦于农户层面信息化的研究范畴与边界尚不清晰。既有的研究主要关注基础信息工具的使用对农户生产决策与效率的影响，例如智能手机（Haruna Ahmad Sekabira，2017；Aker & Mbiti，2010）或互联网（朱秋博 等，2019；Zhou & Li，2017；Aditya R. Khanal & Ashok K. Mishra，2016），缺乏针对农户能否有效利用信息进行决策的考量（朱秋博 等，2019）。在数字化社会的发展过程中，信息基础设施分配、数字技术开发和应用以及数字信息获取、处理能力的不平等，导致不同社会群体不能平等享用信息技术带来的红利，衍生了"信息贫困"与"信息分化"现象（张月琴 等，2018；丁建军、赵奇钊，2014）。而消除信息贫困与信息分化的关键在于提高全民信息素养，增强社会成员检索、吸收和利用信息的能力（郑素侠，2018；周向红，2016）。因此，除基础信息工具的使用之外，信息素养也应该是评价农户信息化水平的重要方面。

其次，既有的研究更多地关注信息化对农户生产决策中要素投入量的影响，缺乏针对要素配置过程的系统分析，包括土地流转、农业雇工、资本整合等。事实上，研究信息化对农户生产决策中要素配置过程的影响更符合理论逻辑，且研究结果更具有政策靶向性。

最后，既有的研究关于信息化影响农业生产效率的理论分析体系有待完善。从分析思路来看，现有关于信息化影响农业生产效率的实证研究主要围绕两条主线展开:一条主线基于新古典经济学分析范式,认为信息是土地、资本、劳动以外重要的生产要素,应该内生于农户生产函数中并进行分析(王艾敏,2015)。然而,信息具有流动性强、溢出效应明显等特点,在研究过程中,很难精确度量信息要素的投入成本,虽然部分学者使用信息基础设施作为信息成本的代理变量,但以此为基础的实证结果可能存在偏差。另一条主线基于新制度经济学分析范式,将信息化作为条件变量,分析信息化对农业生产效率的影响(韩海彬、张莉,2015;Ogutu et al.,2013;Houghton,2009),类似的研究在一定程度上避免了前述第一个问题,但并未关注信息化通过影响农户生产决策进而产生对农业生产效率的间接影响。

综上所述,无论是从现实背景还是从学术背景来看,都有必要展开针对信息化如何影响农户生产决策与效率问题的系统分析,尤其是要素配置决策与要素配置效率问题的分析。本书之所以选择苹果种植户为案例进行研究,原因主要有两个方面:第一,苹果属于高价值农产品(HVP),市场化与商品化程度高,要素市场竞争充分,更有利于剥离其他制度性障碍对研究结果的影响;第二,苹果优势区域主要分布在山区丘陵地带,信息化进程滞后,信息约束对农户生产决策的负向边际贡献更明显,更有助于本书捕捉信息化对生产决策与生产效率的边际影响,且研究结论更具有政策靶向性。本书拟解决的关键问题包括:第一,识别信息化的内涵与外延,并有效评价农户的信息化水平;第二,分析信息化对农户生产决策的影响;第三,探讨信息化对农业生产效率的影响及其作用机制。

1.2 研究目的与意义

1.2.1 研究目的

本书的研究目的以"信息情境变化如何影响农户生产决策与生产效率"为逻辑起点,采用山东、陕西、甘肃等地苹果种植户微观调查数据,基于新制度经济学与信息经济学理论,在理论分析的基础上,实证分析信息化对农户生产决策以及生产效率的影响,并提出针对性的政策建议。围绕这一研究目的,本书需要达到以下四个具体目标:

第一,系统分析信息化的内涵与特征,从信息可得性与信息可及性双重视角，设计信息化测评框架。在信息社会的时代背景下，农户能否享有信息技术发展带来的红利，很大程度上取决于农户的信息素养水平。基于该认知和判断，本书从信息技术接入、信息技术应用、信息素养提升三个方面，对农户信息化水平进行科学测度和合理解释。

第二，在分析生产决策与生产效率概念的基础上，本书按照"要素→产出"的研究思路，关注信息化对土地（土地租赁）、劳动（劳动力雇佣）、资本（生产性资本投入）与技术（要素稀缺诱致性技术）等要素投入及生产效率变化的影响，构建分析信息化对农户生产决策与生产效率进行影响的理论体系。

第三，本书运用统计抽样方法，设计调研方案，获取研究数据，并利用计量模型实证分析信息化对农户生产决策（土地租赁决策、农业劳动力雇佣决策、生产性资本投入决策、要素稀缺诱致性技术选择决策）及生产效率的影响。

第四，根据研究结论，本书以依托信息化推进生产要素价格市场化，提高农户的生产要素配置水平，降低要素配置扭曲风险为目标，提出了全面提升农户信息化水平，推进生产要素价格市场化改革的对策与建议。

1.2.2 研究意义

本书围绕如何依托信息化促进生产要素价格市场化，提高农户生产要素配置水平与生产效率这一关键问题，基于既有文献与相关理论，从信息技术接入、信息技术应用与信息素养提升三个方面设计信息化测评框架，运用规范分析与实证分析相结合的研究方法，将生产决策细分为土地租赁决策、农业劳动力雇佣决策、生产性资本投入决策与要素稀缺诱致性技术选择决策，分析信息化对农户生产决策与生产效率的影响，具有重要的理论意义与现实意义。

1.2.2.1 理论意义

其一，本书基于信息可得性与信息可及性，将信息素养纳入信息化测评框架，拓展了信息化的外延，弥补了既有信息化测评体系指标单一化的缺陷，为后续信息化相关研究提供了新的思考方向。

其二，本书从农业生产要素价格市场化视角切入，将农户生产决策细分为土地租赁决策、农业劳动力雇佣决策、生产性资本投入决策、要素稀缺诱致性技术选择决策。本书基于新制度经济学、信息经济学理论，从交易成本视角阐述信息化对农户生产决策的影响机理,是对信息化时代背景下市场化行为研究理论体系的补充与完善。既有的研究主要关注信息化对农产品市场化行为的研究,针对信息化影响农业生产要素价格市场化行为的研究有待加强。

其三,按照"信息化→要素配置→农户产出"的分析思路,本书拓展了信息化影响生产效率的机理与渠道。既有的研究仅仅注意到信息化对生产效率的直接影响,忽视了信息化通过影响农业生产要素配置的中介效应及其对生产效率的间接影响。

1.2.2.2 现实意义

其一,现有相关农业农村信息化政策聚焦于农村信息基础设施建设等硬实力提升,忽视了农户信息素养提升、农村信息化与产业化融合机制等问题。本书的研究成果为支持相关部门在"乡村振兴战略""数字乡村发展战略"实施关键期完善与修订农业农村信息化政策提供了实证经验。

其二,本书关于信息化影响农户生产决策的研究成果,可为制定依托信息化推进农业生产要素价格市场化,提高农户生产要素配置水平的相关政策提供实证支持。

其三,本书关于信息化与要素配置对农户生产技术效率、土地生产率、劳动生产率的影响的研究成果,有助于加深人们对信息化如何影响农业产出效率的理解。其中,关于农业生产技术效率的研究结论反映的是信息化对生产要素的综合配置效率的影响;关于土地生产率的研究结论反映的是信息化对农产品供给安全的影响;关于劳动生产率的研究结论反映的是信息化对农户收入的影响。

1.3 文献综述与评价

1.3.1 信息化及相关研究

1.3.1.1 信息化的内涵与外延

1963 年,日本社会学家梅棹忠夫在其发表的题为《信息产业论》的文章中首次提出信息化思想,认为信息化是通信现代化、计算机化和行为合理化的总称。随后,信息化概念及相关思维方式传播至西方社会,但普遍使用信息化概念则始于 20 世纪 70 年代后期(王学东、商宪丽,2008)。

中国学术界与政界也对信息化定义的表述做了诸多探索。1997年召开的首届全国信息化工作会议，将"信息化"定义为"培育、发展以智能化工具为代表的新的生产力并使之造福于社会的历史过程"。2006年，中共中央办公厅、国务院办公厅印发的《2006—2020年国家信息化发展战略》，将"信息化"定义为"充分利用信息技术，开发利用信息资源，促进信息交流和知识共享，提高经济增长质量，推动经济社会发展转型的历史进程"。国家统计局统计科研所信息化统计评价研究组（2011）将"信息化"定义为"以高科技的信息技术为手段，对社会经济结构、产业结构等进行改造、改组或重新定向，通过提高产品与经济活动中信息与知识的含量，推动全社会达到更高级、更有组织、更高效率的经济发展水平的过程"。欧沙等（2019）将"信息化"定义为"通信技术和计算机技术在生产、生活和社会管理中实现普遍应用和推广的程度"。

在信息化与农业现代化融合发展的过程中，人们对于信息化的探索逐步外延至农业、农村甚至是农户层面。关于农业信息化的表述，贾善刚（1999）将其定义为"计算机、微电子、通信、广电和遥感等多项信息技术在农业系统普遍应用的过程"。梅方权（2001）提出"农业信息化是农业全过程的信息化，应该用信息技术来武装现代农业，依靠信息网络化和数字化来支持农业经营管理，以及监测农业资源和环境，支持农业经济和农村社会的信息化发展"。董鸿鹏（2013）从农业信息传递、优化农户决策的视角将农业信息化定义为"通过严格规范的制度结构，以各种信息传播手段和技术，依靠信息数字化和网络化，实现农业科学技术、农业生产、农产品流通、生产要素流动信息和关系农民生活的信息在农业经营者、生产者、消费者和农业经济管理者之间比较有效地传递，促使农业和农村经济与农业资源、生态环境和农村社会各个方面和谐快速发展的全过程"。李亚玲（2008）将其定义为"以信息媒体技术装备农村相关领域，使信息资源在农村得以充分开发、利用，以加快农村经济发展和社会进步的进程"。路剑、李小北（2004）将其定义为"在农村全面发展和利用现代信息技术的过程中，通过让农户参与信息化活动，使信息化渗透到农户生产、经营、消费、学习等各个具体环节，从而极大地提高农户生产效率和生活水平，推动农村经济的发展"。

1.3.1.2　信息化测度与评价体系相关研究

在将信息化概念应用于各研究领域的过程中，如何有效评价信息化水平成为学术界与政界共同关注的焦点。从既有的研究来看，关于信息化测度与评价的方法主要分为多指标综合评价方法与单指标评价方法两类。

多指标综合评价方法主要被应用于区域层次或产业层次的信息化水平评价。其中，聚焦于区域层面的评价方法以信息化发展指数的应用最为广泛。国家统计局统计科研所信息化统计评价研究组（2011）提出优化后的信息化发展指数包括基础设施指数、产业技术指数、知识支撑指数、应用消费指数、发展效果指数 5 个分类指数和 12 个具体指标。此外，还有部分学者在信息化发展指数的基础上，简化或改进了信息化评价指标体系（欧沙 等，2019；孙杰 等，2019；茶洪旺、左鹏飞，2017；赵昕、茶洪旺，2015），提高了信息化评价指标的普遍适用性。另外，还有部分学者聚焦于产业层面提出了农业农村信息化水平的多指标评价体系。例如，严亮（2007）选取 4 个一级指标、14 个二级指标，从信息量、信息装备率、通信主体水平与信息系数四个层面测算了河南省农业信息化水平。韩海彬、张莉（2015）选择农村居民家庭每百户电视机拥有量、农村居民家庭每百户黑白电视机拥有量、农村居民家庭每百户彩色电视机拥有量以及农村邮件投递路线总长度构建农业农村信息化评价指标体系，利用熵值法计算农业信息化指数。王艾敏（2015）、陈灿等（2007）也采用了类似的处理方法。

单指标评价方法主要被应用于农户个体层面的信息化水平评价。其中，部分学者从信息技术接入视角，选择单一化指标表征农户信息化水平。例如，智能手机或电脑设备（Haruna Ahmad Sekabira，2017；宁泽逵，2017；Aker & Ksoll，2016；Aker & Mbiti，2010）、移动互联网或固定宽带互联网（朱秋博 等，2019；Zhou & Li，2017；周洋、华语音，2017；Aditya R. Khanal & Ashok K. Mishra，2016；Chang & Just，2009；Avlonitis & Karayanni，2000；Gloy & Akridge，2000）、智能手机使用年限（许竹青 等，2013；许竹青、陈洁，2012）、电话费或者宽带费等（侯建昀、霍学喜，2017）。还有部分学者从信息技术应用视角，选择单一化指标表征农户信息化水平。例如，移动支付平台（Sekabira，H.，M. Qaim，2016；Kikulwe et al.，2014；Munyegera & Matsumoto，2014；Mbiti & Weil，2011；Aker et al.，2011；Jack & Suri，2011；Susan & Zarazua，2011；Ndiwalana，2010）、"农信通"服务（许竹青 等，2013）、智能手机短信或定制信息等（杨柠泽 等，2018）。

1.3.1.3　信息素养与评价体系相关研究

1974 年，美国学者 Paul Zurkowski 首次提出信息素养（information literacy）的概念，将其解释为利用信息工具和信息源解决问题的能力。Connell & Franklin（1994）认为信息素养与批判性的思维能力有关。1995年，美国图书馆协会认为具备信息素养的人，能够识别何时需要信息，且能够获取、评价及使用所需要的信息（American Library Association，1995）。该定义奠定了信息素养内涵研究的基础，后续的关于信息素养的定义多是基于此的拓展与延伸（Barefoot，2006；Prague Declaration，2003；王吉庆，1998；马海群，1997）。

由于研究对象具有多样性，学术界将信息素养研究拓展至"三农"领域，提出了"农民信息素养（农民信息素质）"的概念（A. K. M. Eamin Ali Akanda & Roknuzzaman，2012；孙桂珍、王栓军，2009；余姣萍 等，2007；卢秀茹 等，2004），并对其概念表述进一步探索。其中，余姣萍等（2007）将农民信息素养定义为"发现和获取信息，对信息内容进行吸收和利用，满足自身信息需求的能力"。辛洪芹等（2007）将其定义为"具有信息意识，能比较熟练地利用多种途径和工具（尤其是计算机和网络），发现和获取与农业生产实践和日常生活密切相关的信息，对信息内容进行吸收和利用，同时能及时发布自己的信息，满足自身信息需求的能力"。Wang（2016）则将其定义为"具有信息意识，且能够利用信息工具（电脑、互联网等）搜寻、判断、选择所需要的信息，并将其利用到农业生产中的能力"。

在对信息素养概念进行解析的基础上，学术界对信息素养评价体系进行了较为深入的探索。从时间脉络梳理来看，Eisenberg 和 Berkowitz（1990）提出"big6 model"，从任务识别、信息搜寻、信息定位与获取、信息利用、信息合成与信息评估 6 个方面对一个人的信息素养进行量化。SCONUL Advisory Committee on Information Literacy（1999）提出"seven pillars model"，从信息需求识别能力、信息差距识别能力、定位信息能力、获取信息能力、筛选评价信息能力、组织应用和共享信息能力、构造合成新信息能力 7 个方面测度一个人的信息素养。此外，还有部分学者从其他视角开发了信息素养评价模型。例如，"six frames model"（Bruce et al.，2006）、"Hughes and Shapiro model"（Hughes & Shapiro，1996）、"Sundin's

model"（Sundin，2008）、"Horton model"（Horton，2008）。直至 2008 年
Catts 和 Lau 在既有的研究基础上，提出信息素养五阶段过程模型（见图
1-1），才奠定了信息素养量化研究的基础。

识别
他们的
信息需要

找到并评估
信息的质量

储存并检索
信息

合乎道德地
有效利用
信息

提供信息
以生成
和运用知识

图 1-1　信息素养五阶段过程模型

目前关于农民信息素养评价体系的研究，学术界并没有取得突出的或
创新性的进展，研究多为信息素养模型在"三农"领域应用的拓展
（Karan Singh，2015；A. K. M. Eamin Ali Akanda & Roknuzzaman，2012）或
者改进（余姣萍 等，2007；卢秀茹 等，2004）。例如，龚振炜（2014）在
参考 Catts 和 Lau（2008）信息素养过程模型的基础上，从信息需求意识、
信息价值评价、信息获取能力、信息理解能力和信息共享能力五个维度构
建了农民信息素养的测评体系。李淑英等[1]（2009）从信息意识、信息能
力、信息观念与信息伦理三个方面构建了农民信息素养测评体系。余姣萍
等（2007）从信息意识、信息能力和信息手段三个方面定性评价了农民信
息素养。陈哲、王明旭（2013）从信息意识、信息知识、信息能力、信息
道德四个方面分析和评价了农民信息素养。

1.3.2　农户生产决策与生产效率的影响因素研究

1.3.2.1　农户生产决策的影响因素研究

从既有的研究来看，农户生产决策研究主要聚焦于讨论在要素市场不
断活跃的过程中，土地要素、劳动力要素与技术要素的重新配置、转换与
自有生产要素匹配的作物类型或改善生产性投资和家庭农业劳动力投入等
方面（杨芳，2019）。将现有文献按照生产环节的差异分类，可细分为产
前生产决策研究与产中生产决策研究两类。其中，产前生产决策研究主要

---

① 李淑英，周早弘，吴胜. 基于层次分析法的农民信息素质的评价 [J]. 贵州农业科学，
2009，37（5）：205-208.

关注新品种或新产品的采用与种植结构的调整等；产中生产决策主要关注土地、资本、劳动与技术四大要素的配置问题。

（1）新品种或新产品采用决策相关研究

关于新品种或新产品采用决策的文献主要聚焦于一年生作物，系统分析了农户采用新品种或新产品的影响因素。例如，黄武等（2012）分析了影响花生种植户采用新品种的因素，发现户主年龄、人均收入、非农收入占比以及花生种植特征等是其重要影响因素。庄道元等（2013）以小麦补贴品种为例，研究发现户主性别、文化水平、是否示范户、经营规模以及对新品种认知水平等是影响农户选择补贴品种的重要因素。侯麟科等（2014）研究发现，风险规避型农户倾向于采用低风险农作物品种，但这种影响在不同种植规模上存在异质性。另外，还有部分学者研究了农户有机产品或转基因产品的生产决策（Fairweather，1999；Fairweather & Campbell，1996）。例如，薛艳等（2014）研究发现经济效益与风险态度是影响农户种植转基因作物的重要因素。

（2）种植结构调整决策相关研究

既有的关于种植结构决策影响因素的研究主要分为两类。

一类研究关注绝对量指标，即农业种植面积调整。例如，吕东辉等（2019）研究了价格波动对黑龙江省水稻、玉米与大豆种植面积变化的影响，结果发现相关作物价格波动是影响其面积变化的重要因素。苗珊珊、陆迁（2013）基于全国粮农数据也得到了类似的研究结论。但宋雨河、武拉平（2014）基于山东省蔬菜种植户数据研究发现，蔬菜价格变动并没有带来黄瓜、番茄等果类蔬菜面积的大规模调整。吕开宇等（2013）基于小麦与水稻种植户数据也得到了类似的结论。刘泽莹、韩一军（2019）综合检验了价格、政策与非农就业对农户小麦种植面积调整的影响，结果发现小麦种植面积调整对价格与政策比较敏感，但对非农就业的直接影响不敏感。此外，还有学者关注了农村劳动人口老龄化对小麦和棉花种植面积决策的影响（胡雪枝、钟甫宁，2013）。

另一类研究关注相对量指标，即种植结构变化。例如，刘帅、钟甫宁（2011）以"粮食播种面积占农作物总面积的比例"表征生产决策，研究发现实际价格与粮食可获得性是影响农户生产决策的重要因素。王世尧、王树进（2013）以"蔬菜播种面积和综合替代作物的播种面积之和的比值"表征种植决策,研究发现蔬菜种植经验的积累及预期相对价格和相对单位面积产量决定了农户的蔬菜种植决策。

(3)土地要素配置决策相关研究

既有的关于土地要素配置决策的研究主要表现在三个方面:

一是关注农户的最优土地经营规模。例如,倪国华、蔡昉(2015)研究了家庭农场与种粮大户的最优土地经营规模,并给出了基于农户视角的"农地经营规模决策图谱"。李文明等(2015)从产出、利润与成本三个方面综合分析了水稻种植户的适度经营规模。另外,还有学者针对不同作物,从不同视角对最优土地经营规模问题进行了探索(Zhang et al.,2020;关付新,2018;张成玉,2015;郭庆海,2014)。

二是关注经营规模扩大的影响因素,即什么因素影响了土地经营规模的大小。例如,施海波等(2019)分析了土地禀赋与支持政策对农户经营规模扩大的影响,研究发现在有支持政策的条件下,土地禀赋阻碍了农户经营规模的扩大。韩家彬(2019)研究了劳动人口老龄化对土地经营规模的影响,结果发现中青年农户比老年农户更倾向于扩大经营规模。另外,还有部分学者研究了家庭生命周期对土地经营规模扩大的影响(诸培新,2017;林善浪 等,2011)。

三是关注经营规模变化途径选择的影响因素,即什么因素影响了土地流转。学术界针对此问题进行了广泛且深入的讨论,主要聚焦于以下几个方面:①劳动力市场发育对土地租赁市场的影响(Huang et al.,2012;Deininger & Jin,2005;Yao,2000)。大部分研究表明非农就业机会与土地租赁决策紧密相关(钱龙,2017),但并不必然导致土地流转行为(钱忠好,2008)。②制度因素对土地租赁市场发展的影响(韩家彬 等,2018;Deininger et al.,2011;Krusekopf,2002),以及与此关联的地权稳定性对农户土地租赁决策的影响(胡新艳 等,2019)。例如,田传浩、贾生华(2004)研究发现,预期地权稳定性越低,农户租入土地的可能性与租入面积越小。③交易成本对土地租赁市场的影响(张溪,2017;侯建昀 等,2016;Jin & Deininger,2009;姚洋,2004;钱忠好,2003)。例如,冀县卿等(2015)研究发现交易成本会抑制土地供给与需求。吴鸯鸯等(2014)将农业税视为一种交易成本,研究农业税费改革对土地流转的影响,结果发现农业税费改革通过降低交易成本促进了农村土地流转。

（4）劳动要素配置决策相关研究

既有的关于劳动要素配置决策的研究主要聚焦于分析劳动力投入的影响因素。根据劳动力来源的差异性，可将现有文献划分为两类。

一类是关于家庭自有劳动力投入的影响因素研究。例如，钱龙（2017）系统分析了非农就业对留守劳动力劳动参与率和参与时间的影响，研究发现非农就业降低了留守农户的农业劳动供给。吴清华等（2019）则进一步研究发现只有处于 2.5 万元至 6.0 万元的非农收入才影响农业劳动参与率。李小云等（2015）研究发现，干旱并没有显著促进农户增加农业劳动力投入，但高雪等（2017）研究发现雨涝灾害显著促进农户增加了农业劳动力投入。此外，特殊群体（老人、女性）的劳动投入情况也受到了学术界的广泛关注。例如，部分学者采用不同的方法分析了新农保政策对农村老年人劳动供给的影响（李江一、李涵，2017；周云波、曹荣荣，2017；刘亚洲 等，2016）。还有部分学者则关注了男性外出务工对留守女性劳动供给的影响（Mu & Dominique，2011；Chen，2006）。

还有一类是关于雇工决策的影响因素研究。例如，张强强等（2018、2019）系统分析了农户雇工决策的影响因素。研究发现，户主年龄、文化水平、种植经验、家庭劳动力人数、兼业程度与经营规模等是影响苹果种植户劳动力外包决策的重要因素。胡振通（2019）以雇工放牧为研究对象，发现草场承包面积、净流转草场面积、草料费支出与家庭劳动力数量是影响雇工放牧的主要因素。此外，还有部分学者关注了某一特定因素对农户雇工决策的影响。例如，向云等（2018）研究发现劳动人口老龄化、兼业化与女性化程度均提高了雇工投入。还有部分学者关注了交易成本对雇工决策的影响。例如，蔡荣、蔡书凯（2014）以安徽省水稻种植农户为例，以交易成本理论和资源基础理论双重视角对农业生产外包行为进行实证研究。结果表明，信息不对称导致的交易成本是制约农户外包行为选择的重要因素。与此结果类似，曹峥林等（2017）以四川水稻种植户为例，研究交易成本对农户生产环节外包的影响。结果表明，地理和物资资产专用性、经营风险和市场风险显著抑制了农户生产环节外包行为。

（5）资本要素配置决策相关研究

从生产性资本投入的类型来看，农业生产性资本投入可分为生产性流动资本投入与生产性固定资本投入（杨芳，2019；钱龙，2016）两大类。

其中，生产性流动资本投入主要指化肥、有机肥、农药等，生产性固定资本投入则主要指农业生产机械、农田基础设施等。从生产性资本投入作用发挥的时效性来看，也可将其分为短期生产性资本投入与长期生产性资本投入（郜亮亮 等，2013；黄季焜、冀县卿，2012），其中，短期生产性资本投入主要指化肥、农药等，长期生产性资本投入主要指有机肥、农家肥、农业生产机械、农田基础设施等。

在上述分类标准的基础上，学术界对生产性资本投入决策进行了较为深入的探索，主要集中于以下几个方面：①非农就业对生产性资本投入的影响（Taylor & Lopez-Feldman，2010）。例如，钱龙（2016）系统分析了非农就业对生产性流动资本与生产性固定资本投入的影响，结果发现非农就业增加了农户对流动资本的投入，但对农业机械投入的影响不显著。陈铁、孟令杰（2007）研究发现非农就业显著降低了农户对田间基础设施、农业机械以及农家肥等长期资本的投入。②农地市场发育对生产性资本投入的影响（郜亮亮 等，2013；黄季焜、冀县卿，2012）。例如，张建等（2019）研究发现，村集体组织的土地租入户农业长期投资（农田道路、土地平整等）的概率和水平均高于自发流转户。郜亮亮等（2011）、应瑞瑶等（2018）分别以有机肥、农家肥为例，研究发现农户在租入地长期投资的施用概率与用量要少于自家地。郜亮亮、黄季焜（2011）进一步研究发现，农户在从非亲属租入的农地上的有机肥施用概率和施用量显著低于从亲属租入的农地。许庆、章元（2005）研究了土地调整对农户长期投资的影响，结果发现"减人减地"大幅度降低了农户对生产性固定资本的投入，但"减人减地""增人增地"都对农家肥的投入没有什么影响。③交易成本对生产性资本投入决策的影响。例如，Alene et al.（2008）、Olale 和 Cranfield（2009）分别建立了农户收益最大化函数与均值方差收益函数，实证分析了化肥市场交易成本对农户化肥投入的影响。结果表明，距离化肥市场的远近会抑制农户尤其是风险厌恶型农户施用化肥的概率及化肥施用量。此外，还有部分学者关注了正规借贷约束（柳凌韵、周宏，2017）、农业保险（张驰 等，2017；张哲晰 等，2018）对农业长期投资的影响，以及农药施用量的影响因素分析（高晶晶、史清华，2019；Liu & Huang，2013；米建伟 等，2012；黄季焜 等，2008）。

（6）技术选择决策相关研究

既有的关于技术选择决策的研究多以某一单项技术采用为例进行分

析，且大多聚焦于探索农户技术采纳的影响因素。例如，许朗、刘金金（2016）以节水灌溉技术为例，研究发现对节水灌溉技术的认知程度、家庭收入来源及其中农业收入所占比重、耕地面积、有效灌溉面积、政府对节水灌溉技术的宣传力度、农户对节水灌溉政策的满意度、农户对节水灌溉技术投资方式的满意度以及对水价的认知都是影响农户节水灌溉技术选择行为的重要因素。还有部分学者系统探索了亲环境农业技术（李想，2019；高杨 等，2017；毕茜 等，2014）、安全生产技术（薛宝飞、郑少锋，2019；朱萌 等，2016；唐博文 等，2010；罗小锋、秦军，2010）、果园精细管理技术（王静、霍学喜，2012）、病虫害防治技术与机械技术（朱萌 等，2015、2016）的影响因素。

还有部分学者有针对性地分析了劳动力市场变化对农户技术选择决策行为的影响。例如，张聪颖、霍学喜（2018）研究发现劳动力转移提高了农户采用测土配方施肥技术的概率。曹慧、赵凯（2019）研究发现非农就业对劳动节约型亲环境农业技术与劳动密集型亲环境农业技术采用的影响存在异质性。王全忠、周宏（2019）研究发现劳动力人数与雇工均价显著降低了农户采用水稻插秧机技术的概率。还有部分学者关注了交易成本对农户技术选择行为的影响。例如，宋金田、祁春节（2013）以柑橘种植农户为例，重点分析交易成本对农户农业技术需求的影响。结果表明，信息成本促进了农户对农业技术的需求，而执行成本则抑制了农户对农业技术的需求。侯建昀（2017）将交易成本细分为固定交易成本与可变交易成本，探讨了交易成本影响农户技术采纳行为的内在机理，并采用双栏模型分析了交易成本对农户测土配方施肥技术选择决策行为的影响。研究发现，技术市场的交易成本限制了农户的技术可得性。

除此之外，还有部分学者从生产要素结构视角拓展了农户生产技术选择决策领域的研究。例如，常向阳、姚华锋（2005）分析了要素禀赋对农户劳动节约型技术选择决策行为的影响。苏荟（2013）也得到了类似的结论。郑旭媛、徐志刚（2016）与薛超、周宏（2019）则进一步证实了要素禀赋对农业技术变迁的影响会受到生产条件的制约。王静、霍学喜（2014）以苹果种植农户为例，通过构建农户要素稀缺诱致性技术选择行为及技术交易制度安排分析框架，研究交易成本对农户诱致性技术选择行为的影响。结果表明不同技术交易制度安排所产生的信息成本、谈判成本及执行成本存在差异，且对农户劳动节约型技术采纳行为产生了差异化的影响。

（7）土地、劳动与资本要素投入的联合决策分析

在分析单一要素投入决策的基础上，部分学者认为不同要素配置决策并不是独立的，可能会存在一定程度上的联合决策。例如，Feng 和 Heerink（2008）采用双变量 Probit 模型对农户土地租赁决策与劳动力转移决策进行了联合分析，结果发现土地租赁决策与劳动力迁移决策之间存在负向关联关系。杜鑫（2013）进一步对农户劳动力转移决策、土地租赁决策与农业生产性资本投入决策进行了联合分析，结果发现农户劳动力转移概率与土地租入概率、家庭农业生产性资本投入之间存在负相关关系，与土地租出概率之间存在正相关关系；家庭农业生产性资本投入与土地租入概率之间存在正相关关系，与土地租出概率之间存在负相关关系。胡新艳等（2017）对农户非农就业转移、土地流转与资金借贷的联合决策进行了分析，结果发现非农就业转移与土地租出行为之间存在正向互动关系，非农就业转移与资金借贷行为之间存在显著的负向抑制关系，农地租入与资金借贷行为之间存在显著的正向促进关系。

1.3.2.2　生产决策对农业生产效率的影响研究

农业生产效率可分为效率与生产率（李谷成 等，2010）。其中效率指生产技术效率，生产率则包括全要素生产率（TFP）与单要素生产率。由于不同测度方式反映的含义不同，学术界就生产决策对生产效率的影响进行了广泛的讨论。

（1）生产决策对生产技术效率的影响

既有的关于生产决策与生产技术效率关系的实证研究主要侧重于土地流转对生产技术效率的影响。例如，黄祖辉、王建英、陈志刚（2014）基于江西省 2011 年 325 户稻农数据研究发现，发生土地流转的稻农的生产技术效率高于未发生土地流转的稻农。曾雅婷、吕亚荣、刘文勇（2018）基于粮食主产区 346 个农户的调查数据也得到了类似的结论。在此基础上，部分学者进一步探讨了租入或租出土地对生产技术效率的影响的差异性。例如，曲朦、赵凯、周升强（2019）基于河南、宁夏 873 份微观农户数据研究发现，耕地租出通过要素溢出正向影响小麦的生产技术效率。戚焦耳、郭贯成、陈永生（2015）基于江苏省的实地调研数据研究发现，不管是租出土地还是租入土地都有利于生产技术效率的提高，但租入土地对生产技术效率的影响效应大于租出土地的影响效应。

此外，还有部分学者关注劳动要素配置与资本要素配置对生产技术效

率的影响。例如，Zhang et al.（2019）基于陕西苹果种植户数据研究发现，雇工总体上提高了苹果的生产技术效率，但不同环节雇工对苹果生产技术效率的影响存在异质性。黄晨鸣、朱臻（2018）基于黑龙江、浙江与四川3省的调研数据研究发现，农业雇工投入比例与粮食生产技术效率呈现倒U形效应趋势，雇工投入比例在25%~50%时，农户的粮食生产技术效率最高。贾代伟等（2019）基于浙江省245个农户的数据研究发现，农户营林过程中雇佣劳动力对营林生产有负面影响，且雇工数量越多，生产技术效率损失越大。此外，林文声、王志刚、王美阳（2018）研究发现土地确权可以促进农户加大农业短期生产性资本投入从而提高农业生产技术效率。

（2）生产决策对生产率的影响

既有的关于生产决策与生产率关系的研究主要聚焦于土地生产率与劳动生产率。例如，邹朝晖、宋戈、陈藜藜（2017）研究发现，土地流转显著提高了玉米的土地生产率，但降低了水稻的土地生产率。刘卫柏等（2017）基于CIRS2016数据研究发现，土地流转可以显著提高农户的劳动生产率。还有部分学者分析了土地租入与租出对土地生产率或劳动生产率的异质性影响。例如，钱龙、洪名勇（2016）基于CFPS2012数据研究发现，租入土地显著提升了土地生产率，但对劳动生产率的影响不显著；租出土地则对劳动生产率与土地生产率都没有影响。刘颖、南志标（2019）则发现，农地租入和租出行为都能有效提高劳动力资源利用效率，而租出行为则在一定程度上降低了农地资源利用效率。冒佩华等（2015）研究发现，租入或租出土地都能有效提高农户的劳动生产率，但两者的作用机理存在差异性。此外，还有部分学者关注了劳动要素配置对农户土地生产率的影响。例如，王颜齐、郭翔宇（2018）利用黑龙江和内蒙古两地大豆种植户的面板数据研究发现，劳动力雇佣水平显著提高了农户的土地生产率。

1.3.3　信息化对农户生产决策与生产效率的影响

1.3.3.1　信息化对农户生产决策的影响

结合上文关于生产决策影响相关研究的综述，我们也可将信息化对农户生产决策的影响及相关研究按照产前生产决策与产中生产决策的分类方法进行梳理与分析。

（1）信息化对农户产前生产决策的影响及相关研究

既有的关于信息化影响农户产前生产决策的研究主要集中在新品种的

选择方面。例如，罗小锋、秦军（2010）研究发现，信息可获得性增加了农户采用新品种的可能性。张森等（2012）探讨了信息不对称程度对农户选择种子新品种行为的影响，研究发现市场上的信息不对称会促使农户增加新品种的数量。另外，作为农户传统的信息获取渠道，社会网络在产前生产决策上的作用也受到了学术界的关注。例如，杨芳（2019）系统分析了社会网络对农户种植粮食作物决策、种植经济作物决策以及种植结构决策的影响，结果发现无论是传统社会网络还是新型社会网络都促进了农户的"离农"趋势，但社会网络对"趋粮化"种植结构的影响在不同功能区表现出了明显的异质性。

（2）信息化对农户产中生产决策的影响及相关研究

从既有的文献来看，关于信息化影响农户产中生产决策的研究主要集中于两个方面。

其一是关注信息技术接入或信息技术应用的影响。例如，Kikulwe et al.（2014）研究发现，在肯尼亚情境下，智能手机移动支付对香蕉种植户劳动力雇佣、肥料与化学杀虫剂使用的影响。结果发现智能手机移动支付的使用能够促进农户显著增加劳动力雇佣、有机肥与化学杀虫剂的投入，但对矿物肥料的投入影响不明显。Ogutu et al.（2013）研究发现，信息通信技术项目的实施能够促进农户增加亩（1 亩≈666.67 平方米）均种子投入、亩均化肥投入与非劳动力总投入，但减少了农户男性雇工与自用工的投入。Chowdhury（2006）从交易成本视角切入，研究发现智能手机可以提高农户参与劳动雇佣市场的可能性。此外，还有部分学者关注了信息化对农户技术选择决策行为的影响。例如，Luh et al.（2014）研究发现，在中国台湾地区情境下，通过互联网获取信息能够显著促进农户采用转基因技术。Ma et al.（2017）研究发现，信息获取便利度提高能够增加苹果种植户有机生产行为。罗小锋、秦军（2010）研究了信息可获得性对农户采用无公害技术的影响，结果发现信息可获得性提高增加了农户采用无公害生产技术的概率。

其二是关注信息能力对农户产中生产决策的影响。例如，高杨、牛子恒（2019）研究发现，信息获取能力对菜农绿色防控技术采纳行为产生了显著的正向影响，且信息获取能力能够缓解风险厌恶心理对菜农绿色防控技术采纳行为的抑制作用。姜健等（2016）分析了信息获取能力对菜农施药行为转变的影响，结果发现信息获取能力通过信息使用因子直接影响了菜农转变施药行为。王绪龙、周静（2016）进一步探讨了信息获取能力、信息认知能力对菜农施药行为转变的影响，也得到了类似的研究结论。刘铮、周静（2018）研究了信息获取能力、环境风险感知能力对养殖户采纳亲环境行为的影响，结果发现信息获取能力通过信息处理能力直接影响养殖户采纳亲环境行为。

此外，作为农户传统的信息获取渠道，社会网络对农户产中生产决策的影响也受到了学术界的关注。例如，社会网络与土地要素配置决策的关系（杨芳，2019；李星光 等，2016；陈浩、王佳，2016）、社会网络与技术采纳决策的关系（杨志海，2018；乔丹 等，2017；耿宇宁 等，2017）、社会网络与生产性资本投入决策的关系（杨芳 等，2019；江激宇 等，2018）。

1.3.3.2　信息化对农业生产效率的影响

既有的关于信息化影响农业生产效率的实证研究主要围绕两条主线展开：

一条主线基于新古典经济学分析范式，认为信息是土地、资本与劳动以外的重要生产要素，应该内生到农户生产函数中并进行分析。例如，王艾敏（2015）以固定电话、移动电话（智能手机）、黑白电视机、彩色电视机与电脑表示信息要素投入，并将其内生于生产函数，研究信息化对生产效率的影响。结果发现，信息化发展对农村经济增长的影响具有双门槛效应，不存在信息技术生产率悖论。然而，由于信息具有流动性强与溢出效应明显的特点，在研究过程中，很难精确度量信息要素的投入成本。虽然部分学者使用信息基础设施作为信息成本的代理变量，但以此为基础的实证结果可能存在偏差。因此，为了进一步提高研究结果的精准性，部分学者根据内生增长理论，将信息基础设施以影响农业技术进步的形式引入生产函数，认为信息技术基础设施不仅可以作为一种投入要素，直接促进农业经济增长，还可以通过溢出效应间接提高农业的全要素生产率（Hulten et al.，2006）。例如，朱秋博等（2019）沿用这一思路，基于2004—2016年原农业部农村固定观察点数据，采用智能手机信号、固定宽带互联网和移动互联网的接入情况来衡量信息化水平，分析了信息化对农业全要素生产率的影响，研究发现信息化显著提高了农户农业全要素生产率。

另一条主线基于新制度经济学分析范式，将信息化作为条件变量，分析信息化对农业生产效率的影响。根据生产效率的内涵与外延，既有的研究可分为信息化与生产技术效率研究、信息化与生产率研究两类。其中，关于信息化与生产率的实证研究相对比较丰富。例如，韩海彬、张莉（2015）基于固定电话、移动电话（智能手机）、黑白电视机、彩色电视机与农村邮件投递路线总长测度信息化水平，实证分析了信息化对农业全要素生产率的影响。结果发现农业信息化对农业全要素生产率增长的影响存在显著的双门槛效应。Ogutu et al.（2013）运用 PSM 方法研究发现，在肯尼亚情境下，农户参与信息技术服务项目能够显著提升其土地生产率与劳动生产率。Houghton（2009）以耕牛数量作为生产力的代理变量，在斯威士兰、柬埔寨与洪都拉斯情境下，运用联立方程模型研究发现智能手机的使用能够显著提高农业生产力。关于信息化与农户生产技术效率的实证研究则相对较少。Abdul-Salam 和 Phimister（2017）通过建立随机前沿生产函数模型考察了农户信息获取能力对农业生产效率的影响，结果发现农户信息获取能力能显著降低农业的生产技术效率损失。霍明等（2015）研究发现社会信息化显著促进了农业生产技术效率提升，但传统信息媒介的作用远大于新型信息媒介的作用。

1.3.4 文献评价

综上所述，既有的研究为本书明确研究主题、设计技术路线及选择合适的实证研究方法奠定了基础，但存在四个方面的局限：

第一，既有的研究关于信息化的测度体系不系统，且缺乏对信息素养的考量。在信息社会的时代背景下，信息素养决定了农户获取与处理信息的效率，是保障农户享有信息红利的前提。因此，在研究过程中，应兼顾信息可得性与信息可及性，从信息技术接入、信息技术应用、信息素养提升三个层次设计信息化测评框架。

第二，既有的研究关于信息化如何影响农户生产决策的研究尚未形成一致的理论分析框架，且缺乏对信息化影响农户生产决策机理的阐释。此外，在实证研究过程中，既有的研究仅仅分析了信息技术接入、信息技术应用或信息素养提升某一方面的特征指标对农户生产决策的影响，缺少对这三个层次的综合分析与对比分析。

第三，既有的研究关于信息化如何影响农业生产效率的研究缺乏对信息技术接入、信息技术应用或信息素养提升三个层次的综合分析与对比分析，且缺少对信息化通过影响要素配置决策产生对农业生产效率的间接影响方面的关联研究。

第四，既有的研究更多地关注印度、非洲等欠发达国家或地区的信息化对农户生产决策与效率的影响，缺乏符合中国农户经营情境的实证研究。由于印度、非洲等国家或地区的信息化进程与农业生产要素市场发育程度均与中国存在较大差距，因此非常有必要开展基于中国农业情境的微观实证研究。

1.4　研究内容

本书在提出研究背景与研究问题的基础上，结合研究思路与目标，基于微观调查数据，运用规范分析与实证分析相结合的研究方法，探讨信息化对农户生产决策与效率的影响。具体研究内容规划如下：

1.4.1　信息化影响农户生产决策与效率的理论分析

本部分的研究内容主要包括三个方面：一是在参考既有的研究基础上，结合研究主题，对本书关注的关键词（农户、信息化、生产决策、生产效率）进行概念分析，准确把握其内涵与外延。二是在对信息化概念进行分析的基础上，兼顾信息可得性与信息可及性，从信息技术接入、信息技术应用、信息素养提升三个层次设计信息化测评体系。三是在对生产决策与生产效率概念进行分析的基础上，从要素投入视角切入，将生产决策细分为土地租赁决策、劳动力雇佣决策、生产性资本投入决策、要素稀缺诱致性技术选择决策，构建"信息化→生产决策→农业生产效率"的理论分析体系。

1.4.2　信息化影响农户生产决策与效率的实证分析

本部分基于山东、陕西、甘肃苹果种植户微观调查数据，按照"理论研究推导假设→实证研究验证假设"的思路，研究信息化对农户生产决策与效率的影响。具体包括：一是实证分析信息化对农户土地租赁决策的影响，二是实证分析信息化对农户农业劳动力雇佣决策的影响，三是实证分析信息化对农户生产性资本投入决策的影响，四是实证分析信息化对农户要素稀缺诱致性技术选择决策的影响，五是实证分析信息化对农户生产效率（生产技术效率、土地生产率、劳动生产率）的直接影响以及其通过影响要素配置产生的对农户生产效率的间接影响。

1.4.3 提高农户信息化与生产要素价格市场化水平的政策研究

本部分基于上述研究结论，围绕如何依托信息化推进生产要素价格市场化，提高农户生产要素配置水平与生产效率这一关键问题，提出针对性的建议。这主要包括三个方面内容：一是在实施"乡村振兴战略""数字乡村发展战略""互联网+农业"的关键时期，立足于矫正或完善农业农村信息化发展策略，建议政府部门从信息技术接入、信息技术应用与信息素养提升三个方面全面提升农户信息化水平，充分发挥信息资源在农业生产中的指导作用。二是立足于制定或矫正依托信息化推进生产要素价格市场化的政策，研究创新土地、劳动、资本与技术市场的运行模式，提高农户生产要素配置水平。三是立足于矫正信息化与要素配置扭曲，建议创新信息供给体系，降低要素配置扭曲带来的生产效率损失。

1.5　研究技术路线、研究方法与数据来源

1.5.1　技术路线

本书按照先总体设计后专题研究的原则，综合国内外研究成果与实地调查情况，明确研究主题与研究对象，凝练本书要研究的科学问题。在此基础上，遵循"问题凝练→理论研究→实证研究→政策研究"的研究思路，运用规范分析与实证分析相结合的研究方法展开研究。首先，厘清"农户""信息化""生产决策""生产效率"的概念边界，设计信息化测评框架，并构建"信息化→生产决策（土地租赁、农业劳动力雇佣、生产性资本投入、要素稀缺诱致性技术选择）→农业生产效率"理论分析框架；其次，结合研究目的，设计数据收集方案，对研究区域进行实地调查获取研究所需要的数据；再次，基于微观调查数据，运用合适的统计或计量方法，实证分析信息化对农户生产决策与效率的影响；最后，结合研究结论，提出具有针对性的政策建议。

本书的研究思路与技术路线如图1-2所示。

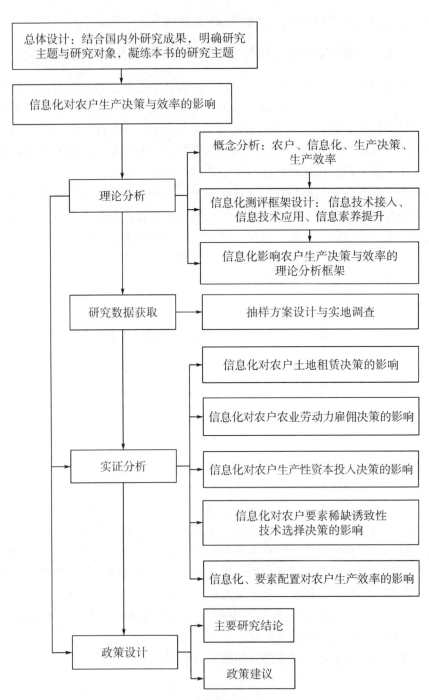

图 1-2　本书研究思路与技术路线

信息化对农户生产决策与效率的影响研究——以苹果种植户为例

1.5.2 研究方法

在研究背景介绍、研究问题凝练的基础上，结合研究目的与思路，本书综合运用规范分析与实证分析相结合的研究方法展开研究，具体研究方法包括：

1.5.2.1 规范分析方法

在梳理既有文献与相关理论的基础上，本书采用规范分析方法厘清"农户""信息化""生产决策""生产效率"的概念边界，设计信息化测评框架；从要素（土地、劳动、资本、技术）投入视角切入，将生产决策细分为土地租赁决策、农业劳动力雇佣决策、生产性资本投入决策与要素稀缺诱致性技术选择决策，构建信息化影响农户生产决策与效率的理论分析框架。

1.5.2.2 实证分析方法

围绕本书研究方案设计，将实证分析方法进一步细分为统计分析方法、计量分析方法。其中，统计分析方法包括：探索性因子分析、验证性因子分析、主成分分析法与熵权法；计量分析方法包括：Probit 模型、受限因变量 Tobit 模型、工具变量条件混合过程（CMP）估计方法以及中介效应模型。

（1）探索性因子分析与验证性因子分析方法

结合信息素养的内涵与特征，首先采用探索性因子分析方法设计信息素养量表；其次采用验证性因子分析方法检验信息素养量表的信度与效度。综合上述分析结果，确定测度信息素养的指标体系。

（2）主成分分析方法

根据信息素养的多维度属性，在确定信息素养指标体系的基础上，采用主成分分析方法确定信息素养指标体系的权重，以此作为量化信息素养的基础。

（3）熵权法

鉴于信息技术接入、信息技术应用以及信息化的多层次属性，本书采用熵权法确定其测度指标的权重。本书分别选取"是否接入智能手机""是否接入移动互联网""是否接入电脑""是否接入固定宽带互联网"4个指标和"通过移动网络获取农业信息的程度""通过固定宽带互联网获取农业信息的程度"2个指标分别综合表征信息技术接入与信息技术应用，采用熵权法确定各指标权重，以此作为量化信息技术接入水平与信息技术应用水平的基础。另外，在量化信息技术接入、信息技术应用与信息素养的基础上，采用熵权法确定信息技术接入、信息技术应用与信息素养的权重，以此作为量化信息化的基础。

（4）Probit 模型、受限因变量 Tobit 模型与工具变量条件混合过程（CMP）估计方法

从既有的研究来看，信息化与土地租赁决策之间、信息化与农业劳动力雇佣决策之间、信息化与生产性资本投入决策之间、信息化与要素稀缺诱致性技术选择决策之间均可能存在内生性。为了获得更可靠的研究结论，本书综合运用 Probit 模型、受限因变量 Tobit 模型与 CMP 估计方法，分析信息化对农户生产决策的影响。

（5）DEA-Tobit 模型、OLS 模型与工具变量条件混合过程（CMP）估计方法

从既有的研究来看，信息化与生产技术效率之间、信息化与土地生产率或劳动生产率之间均可能存在内生性。因此，为了获得稳健的研究结论，本书综合运用 DEA-Tobit 模型、OLS 模型与 CMP 估计方法，分析信息化对农户生产效率的影响。

（6）中介效应模型

本书采用中介效应模型分析信息化是否通过影响要素配置来间接影响农户的生产效率，并采用最新的中介效应检验流程进行验证。

1.5.3　数据来源

1.5.3.1　调研方案设计

本书以环渤海湾苹果优势区域与黄土高原苹果优势区域苹果种植户为研究对象。不同地区的要素禀赋存在差异，信息化进程与苹果产业发展水平也存在区域异质性。因此，为了使样本具有代表性，本书采用五阶段分层抽样方法设计调研方案，如图 1-3 所示。其中，在第一阶段，运用分层抽样与典型抽样相结合的方法，根据区域农村信息化水平的差异性选择样本省份；在第二阶段，采用典型抽样方法，根据苹果产业发展集中度水平选择样本县份；在第三阶段，采用随机抽样方法，选择样本乡镇；在第四阶段，采用随机抽样方法选择样本村；在第五阶段，采用随机抽样方法选择样本农户。

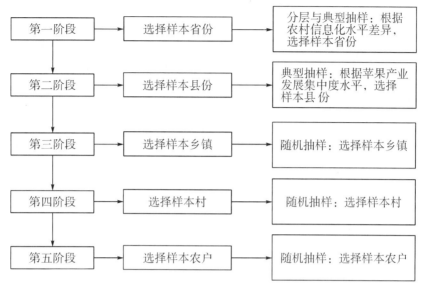

图 1-3　五阶段分层抽样方法

具体抽样方案如下：

（1）确定样本省份

根据原农业部发布的《苹果优势区域布局规划（2008—2015）》，中国苹果生产主要集中在环渤海湾和黄土高原两大优势产区，其中环渤海湾优势区域包括胶东半岛、泰沂山区、辽南及辽西部分地区、燕山、太行山浅山丘陵区；黄土高原优势区域包括陕西渭北和陕北南部地区、山西晋南和晋中、河南三门峡地区和甘肃的陇东及陇南地区，基本形成了以河北、山东、辽宁、陕西、山西、河南与甘肃 7 省为主导的分布格局。因此，本书选择河北、山东、辽宁、陕西、山西、河南与甘肃作为拟调研样本省份。在此基础上，本书参考既有的研究关于农村信息化的评价方法（韩海彬、张莉，2015），选择"农村每百人拥有彩色电视机数""农村每百人拥有移动电话（智能手机）数""农村每百人拥有计算机数" 3 个指标综合表征农村信息化，并基于 2016 年相关指标的统计数据[①]，采用熵权法分别计算河北、山西、辽宁、山东、河南、陕西与甘肃的信息化水平，并通过系统

---

①　关于农村信息化评价指标的数据来源于 2017 年《中国统计年鉴》。

聚类分析方法将这 7 个省划分为高、中、低三组①。其中，河北省、山东省属于高信息化水平区域；山西省、辽宁省、河南省与陕西省属于中等信息化水平区域；甘肃省属于低信息化水平区域。在此基础上，根据区域信息化水平与苹果产业集中度水平，本书采用分层抽样与典型抽样相结合的方法，选择山东省、陕西省与甘肃省作为研究的样本省份。

（2）确定样本县份

首先，根据统计学大样本容量 n 的确定原理，计算样本县域单位的容量，具体公式如下：

$$n_1 = \left(\frac{\mu_\alpha v}{1 - p_c} \right) = \left(\frac{1.96 \times 0.25}{1 - 0.8} \right)^2 \approx 6$$

其中，μ_α 取值 1.96，表示估计可靠性为 95% 时的临界值；v 为变异系数，一般在 0.3 左右，本书取 0.25；p_c 为抽样估计精度，在社会经济方面抽样估计中要求达到 0.8 左右，本书取 0.8；最后由此计算出县域单位容量 $n_1 = 6$。

其次，根据山东省、陕西省与甘肃省苹果基地县的数量②，按照比例抽样原则，确定不同样本省份的样本县份容量，具体分配方案如表 1-1 所示。

表 1-1　样本县份容量与分布　　　　　　单位：个

指标	山东	陕西	甘肃	合计
苹果基地县总量	19	23	11	53
样本县份容量	2	3	1	6
样本县份分布	栖霞、蓬莱	白水、洛川、富县	静宁	—

最后，根据苹果产业发展水平，采用典型抽样方法确定样本县份的分布情况（表 1-1）。其中，山东省选择栖霞市（县级市）与蓬莱市（县级市③）；陕西省选择白水县、洛川县与富县；甘肃省选择静宁县。

（3）确定样本乡镇、样本村与样本农户

根据统计抽样的基本原则，在选择既定参数的情况下，计算应抽取样本农户的最低容量，具体公式如下：

①　限于篇幅，在这一部分本书未介绍关于农村信息化水平的评价以及聚类分析的过程，感兴趣的读者可向笔者索要。

②　不同省份苹果基地县的数量由笔者根据国家苹果产业体系网站数据整理。

③　2020 年 6 月，国务院批复撤销蓬莱市，设立烟台市蓬莱区。

$$n_2 = \frac{Z_\alpha^2 P(1 - P) \times B}{e^2 \times r} = \frac{2.56^2 \times 0.5 \times (1 - 0.5) \times 1}{0.05^2 \times 0.9} \approx 728$$

其中，Z_α 取 2.56，表示抽样精度为 0.01 的临界值；P 为发生概率，本书取 0.5；B 为方案设计效果，本书取 1；e 为抽样误差，本书取 5%；r 为问卷应答率，本书取 90%。基于此，本书计算得到苹果种植户的最低样本容量约为 728。样本乡镇与样本农户的具体抽样方法为：首先，采用随机抽样方法，在每个样本县份随机选取 3 个样本乡镇；其次，采用随机抽样方法，在每个样本乡镇随机选取 2 个样本村；最后，采用随机抽样方法，在每个样本村随机选取 20~21 个苹果种植户作为调查对象。

1.5.3.2　数据获取与样本分布情况

根据上述抽样方案，国家苹果产业体系产业经济研究室组成的调研团队于 2018 年 7~8 月完成了数据收集工作，共计完成村级问卷 36 份、农户问卷 744 份。其中，有效问卷 734 份，问卷有效率达 98.66%。具体样本分布情况见表 1-2。为了保证调查问卷的科学性与完备性，在正式调查之前，产业经济研究室调研团队于 2018 年 6 月在陕西省咸阳市的乾县进行了预调查，并根据调查结果对问卷进行了修正与完善。在正式调查过程中，本书主要采用结构化问卷与面对面访谈相结合的方式，分别选择农业生产决策者与村干部作为农户问卷与村级问卷的调查对象，以保障问卷信息的完整性与可靠性。其中，农户问卷主要包括苹果种植户家庭基本信息、信息化水平、苹果生产投入与产出、苹果销售与农户家庭借贷、资产与消费五个版块；村级问卷主要包括村庄基本特征、村庄信息化基础设施与气象灾害三个版块。

表 1-2　样本分布情况

区域	陕西省			甘肃省	山东省		合计
县份	白水	富县	洛川	静宁	蓬莱	栖霞	6
样本量/个	118	136	125	116	118	121	734
占比/%	16.08	18.53	17.03	15.80	16.08	16.49	100.00

1.6　创新之处

本书的创新之处主要体现为以下三点：

第一，本书采用多指标综合评价方法（探索性因子分析、验证性因子分析、主成分分析、熵权法），兼顾信息可得性与信息可及性。从信息技术接入、信息技术应用与信息素养提升三个方面设计的信息化评价体系，丰富与拓展了信息化的研究边界与范畴，为后续的信息化相关研究提供了新的思路。同时，本书实证研究结论也基本证实了信息素养水平对农户生产决策与效率的影响效应大于信息技术接入与信息技术应用的影响效应，弥补了既有的研究忽视信息素养水平的不足。

第二，本书在对生产决策、生产效率进行概念分析的基础上，构建的"信息化→生产决策→生产效率"理论分析框架，是新制度经济学、信息经济学理论在生产决策与效率研究领域的具体应用，丰富与拓展了农户生产要素价格市场化行为研究的理论体系。

第三，本书关于信息化如何影响农户生产决策与效率的研究结论具有一定的创新性。其中，关于信息化与土地租赁决策、信息化与劳动力雇佣决策、信息化与生产性资本投入决策的研究结论证实了信息化对农户土地、劳动与资本要素配置水平的影响，为制定依托信息化推进生产要素价格市场化的政策提供了经验支持。关于信息化与要素稀缺诱致性技术选择决策的研究结论证实了信息化对农户劳动节约型技术选择决策行为的影响。丰富与拓展了信息化背景下，诱致性技术变迁理论在农业领域的应用案例，也引发了对农业诱致性技术演变趋势的新思考。关于信息化与要素配置对农户生产效率的影响的研究结论证实了信息化对农业产出效率的直接影响以及通过要素配置变化导致的间接影响，丰富与拓展了信息化影响生产效率的机理与路径研究。

2 信息化影响农户生产决策
与效率的理论分析

本章旨在探索构建信息化影响农户生产决策与效率的理论分析框架，为后文第 3 章至第 7 章的实证分析奠定理论基础。本章主要包括以下三部分内容：第一，科学定义"农户""信息化""农户生产决策""农业生产效率"等关键性术语的研究范畴与边界；第二，兼顾信息可得性与信息可及性，从信息技术接入、信息技术应用与信息素养提升三个方面设计信息化测评体系；第三，在既有的研究基础上，从土地、劳动、资本与技术要素切入，将生产决策细分为土地租赁决策、劳动力雇佣决策、生产性资本投入决策与要素稀缺诱致性技术选择决策，并构建"信息化→生产决策→生产效率"理论分析框架。

2.1 概念界定

清晰界定关键术语的内涵与外延是进行科学研究的前提与基础。本书最为关键的术语包括"农户""信息化""农户生产决策""农业生产效率"，本章将对这些关键术语的概念进行解释与阐述，为后文厘清研究的范畴与边界。

2.1.1 农户

农户是人类社会结构中最基本的经济组织（王静，2013），并非指农村居民个体，而是指以户为单位的家庭单元（杨芳，2019；冯晓龙，2017；钱龙，2016；钱杭，2004）。在家庭成员分工不断细化、人口不断流动的背景下，农户家庭也开始出现分化。从劳动力的配置结构来看，可将农户家庭划分为纯农户、兼业农户与非农户。其中，兼业农户又可分为以农业为主的Ⅰ兼业农户和以非农为主的Ⅱ兼业农户（钱龙，2015）。从家庭经营收入结构来看，可将农户家庭划分为专业化农户与普通农户（侯建昀、霍学喜，2016；张晓山，2008）。其中，专业化农户具有以专业化商品生产为主、生产项目高度集中、单一农产品销售收入占农业总收入的比重超过50%等特点。从农业经营规模来看，又可将农户家庭划分为传统小农户与新型经营主体如种植大户、家庭农场等。可见，农户这一概念具有多维属性，在开展研究之前，厘清农户的研究边界是十分有必要的。因此，结合研究主题与研究内容，将本书所研究的农户界定为"以商品经济为基本特征，从事苹果生产的农户家庭单元"。

2.1.2 信息化

1963年，日本社会学家梅棹忠夫在其发表的题为《信息产业论》的文章中首次提出信息化思想，认为信息化是通信现代化、计算机化和行为合理化的总称。随后，国内学者对信息化的表述进行了诸多探索。1997年召开的首届全国信息化工作会议，将信息化定义为"培育、发展以智能化工具为代表的新的生产力并使之造福于社会的历史过程"。2006年，中共中央办公厅、国务院办公厅印发的《2006—2020年国家信息化发展战略》，将信息化定义为"充分利用信息技术，开发利用信息资源，促进信息交流和知识共享，提高经济增长质量，推动经济社会发展转型的历史进程"。国家统计局统计科研所信息化统计评价研究组（2011）将信息化定义为"以高科技的信息技术为手段，对社会经济结构、产业结构等进行改造、改组或重新定向，通过提高产品与经济活动中信息与知识的含量，推动全社会达到更高级、更有组织、更高效率的经济发展水平的过程"。欧沙等（2019）将信息化定义为"通信技术和计算机技术在生产、生活和社会管理中实现普遍应用和推广的程度"。总的来看，目前关于信息化内涵的探讨只关注了信息技术接入与信息技术应用层面，这一点也在关于信息化水平评价的文献中得到了验证。

在信息化与农业现代化融合发展的过程中，学者们关于信息化表述的探索逐步外延至农业、农村与农户层面，并相继提出了农业信息化（董鸿鹏，2013；梅方权，2001；贾善刚，1999）、农村信息化（李亚玲，2008）

与农户信息化（路剑、李小北，2004）概念。由于不同研究对象的信息化内涵与研究方法具有明显的差异性，有必要在研究之前厘清信息化的研究范畴与边界。从研究主题与研究对象来看，本书主要聚焦于农户家庭层面的分析，因而本书研究与关注的是农户信息化，更具体地说是农户的信息化水平。此外，在数字化社会发展过程中，信息基础设施分配、数字技术开发和利用以及数字信息获取、处理能力的不平等，导致不同社会群体不能平等享用信息技术带来的红利，衍生了"信息贫困"与"信息分化"现象（张月琴 等，2018；丁建军、赵奇钊，2014）。而解决信息贫困与信息分化的关键在于提高全民信息素养，增强社会成员检索、吸收和利用信息的能力（郑素侠，2018；周向红，2016）。因此，除信息技术接入水平与信息技术应用水平之外，信息素养水平也应该是评价农户信息化水平的题中应有之义。

基于上述分析，本书研究的信息化涵盖了信息技术接入、信息技术应用与信息素养提升三个方面。其中，信息技术接入主要指的是农户接入智能手机、电脑、移动互联网以及固定宽带互联网的情况；信息技术应用主要指的是农户利用信息技术获取农业经营信息的程度；信息素养提升主要指的是农户具有信息意识，能够利用信息工具（电脑、互联网等）搜寻、判断、选择所需要的信息，且能够对信息进行吸收与利用，并将其利用到农业生产中的能力。

2.1.3　农户生产决策

农户生产决策实质上就是对"种什么""怎么种"等一系列农业生产问题的响应（孔祥斌 等，2010；梁流涛 等，2008），主要讨论在要素市场不断活跃的过程中，土地、劳动、资本等要素配置，生产技术选择、转换与自有生产要素匹配的作物类型等内容（杨芳，2019）。从生产周期来看，可将生产决策划分为产前决策与产中决策两大类，其中产前决策主要关注农户对新品种的选择以及种植结构的调整等（庄道元 等，2013；黄武 等，2012；刘帅、钟甫宁，2011）；产中决策主要关注农户对土地、劳动、资本与技术要素的配置或重组（李想，2019；高杨 等，2017；钱龙，2016；Deininger & Jin，2005）。此外，对应于不同作物或不同地理位置条件下的产前决策，不同生产环节以及不同生产特征条件下的产中决策也存在明显的差异性。本书在研究过程中无法涵盖生产决策的所有内容，因此，结合苹果的生产特征，本书将生产决策重点聚焦于产中决策，并从要素配置视角切入，将农户生产决策定义为"为了实现利润最大化目标，农户参与要素市场，对土地、劳动、资本与技术等要素配置进行调整的决策行为与偏好"。具体而言，本书聚焦于信息化对农户土地租赁决策、农业劳动力雇佣决策、生产性资本投入决策与要素稀缺诱致性技术选择决策的影响四个方面。

上文提及的四类生产决策的概念解释如下：一是土地租赁决策，主要是指在苹果生产过程中农户是否参与土地市场租入土地以及土地租入量；二是农业劳动力雇佣决策，主要是指在苹果生产过程中农户是否参与劳动力雇工市场以及雇工数量；三是生产性资本投入决策，主要是指在苹果生产过程中农户是否参与资本要素市场以及投资量；四是要素稀缺诱致性技术选择决策，主要是指在苹果生产过程中农户的生产技术选择偏向变化。

2.1.4 农业生产效率

农业生产效率在生产过程中是一个多维度综合性概念，总体上可划分为效率与生产率两类（李谷成 等，2010），其中生产率可进一步划分为全要素生产率、单要素生产率（土地生产率、劳动生产率）、成本利润率等；效率则主要是指反映技术利用状况的生产技术效率。同时，不同生产效率指标的侧重点及其政策含义有所不同。其中，全要素生产率反映的是农户在生产过程中对要素的综合使用情况；生产技术效率反映的是农户能够在多大程度上运用现有前沿技术达到最大产出的能力；单要素生产率中土地生产率反映的是农户对土地的利用效率，关乎如何保障食物安全，劳动生产率反映的是农户从事农业生产创收的能力，关乎如何增加农民收入。可见，单纯考虑某一项生产效率指标并不能全面反映整个农业生产过程，且聚焦的靶向政策比较单一，但在研究过程中，很难涵盖所有的生产效率指标，因此，综合考虑政策分析的靶向性与效率指标的全面性，本书研究的农业生产效率涵盖土地生产率、劳动生产率与生产技术效率。

2.2 信息化测评体系设计

2.2.1 关键信息技术识别

准确识别农村地区普遍应用的关键信息技术是设计信息化测评体系的基础与前提。随着新一代信息通信技术的发展，智能手机、电脑逐步替代了报纸、电视、广播等传统信息媒介的地位。据中国互联网络信息中心（CNNIC）发布的《2015 年农村互联网发展状况研究报告》统计数据，2015 年 12 月底，用智能手机上网的农户占比 87.1%，用台式机、笔记本电脑上网的农户分别占比 63.4%、25.6%。可见，以智能手机为平台的移动终端信息技术与以电脑为平台的固定终端信息技术已成为信息社会时代背景下农户接入与应用信息的关键信息技术。基于此，本书选择智能手机、电脑作为设计信息化测评体系的逻辑起点。

2.2.2 设计思路

本书借鉴 Busindeli（2016）关于农业信息获取传播媒体偏好的研究思路，从信息可得性（information available）与信息可及性（information accessible）两个方面设计信息化测评体系。其中，信息可得性反映的是农户对信息的获取水平，信息可及性反映的是农户对信息的利用水平。从信息传播的过程来看，信息环境中的农业经营相关信息被最终用于农户生产决策需要跨过两道门槛（如图 2-1 所示）。其中，第一道门槛决定了农户是否能够获取该信息以及信息量，即信息可得性；第二道门槛决定了农户是否能够有效吸收与利用该信息以及吸收利用的信息量，即信息可及性。由此可知，最终影响农户生产决策信息水平的是对信息可得性与信息可及性的综合考量。

从上文关于信息化概念的分析来看，信息技术接入与信息技术应用决定了农户能否跨过第一道门槛，表征了农户对生产经营相关信息的可得性；信息素养则决定了农户能否跨过第二道门槛，表征了农户对生产经营相关信息的可及性。因此，本书在研究过程中，兼顾信息可得性与信息可及性，从信息技术接入、信息技术应用与信息素养提升三个方面设计信息化测评体系。

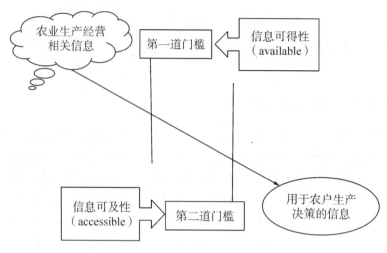

图 2-1　农户生产决策信息的流动过程示意

2.2.3　信息化水平测评指标体系构建

基于上述关于信息化测评体系的设计思路,本小节主要在既有的研究基础上,确定信息技术接入、信息技术应用与信息素养提升三个维度的评价指标体系。

2.2.3.1　信息技术接入评价指标体系

在上文对关键信息技术进行识别的基础上,参考既有的关于信息技术接入的研究(宁泽逵,2017;Haruna Ahmad Sekabira,2017;Zhou & Li,2017;周洋、华语音,2017;Aker & Ksoll,2016;Aditya R. Khanal & Ashok K. Mishra,2016;Aker & Mbiti,2010;Chang & Just,2009;Gloy & Akridge,2000;Avlonitis & Karayanni,2000),本书分别选取移动终端信息技术接入与固定终端信息技术接入两类指标评价农户的信息技术接入水平(如表 2-1 所示)。其中,关于移动终端信息技术接入的指标主要是:是否拥有智能手机、智能手机是否接入移动互联网;关于固定终端信息技术接入的指标主要是:是否拥有电脑、电脑是否接入固定宽带互联网。同时,本书采用熵权法确定这 4 个指标的权重,并综合评价农户的信息技术接入水平。

表 2-1　信息技术接入评价指标体系

维度	关键信息技术	评价指标	技术接入情况
信息技术接入	智能手机	是否拥有智能手机	1=是；0=否
		智能手机是否接入移动互联网	1=是；0=否
	电脑	是否拥有电脑	1=是；0=否
		电脑是否接入固定宽带互联网	1=是；0=否

　　为了进一步把握农户信息技术接入的特征，本书分别绘制了移动终端信息技术接入与固定终端信息技术接入的饼状图（如图 2-2、图 2-3 所示）。总的来看，本书的研究区域内移动终端信息技术接入水平较高。其中，拥有智能手机的农户占比 73.43%，远高于未拥有智能手机的农户占比（26.57%）；智能手机接入移动互联网的农户占比 64.85%，远高于智能手机未接入移动互联网的农户占比（35.15%）。本书的研究区域内固定终端信息技术接入水平相对较低。其中，拥有电脑的农户占比 42.37%，明显低于未拥有电脑的农户占比（57.63%）；电脑接入固定宽带互联网的农户占比 12.67%，远低于电脑未接入固定宽带互联网的农户占比（87.33%）。

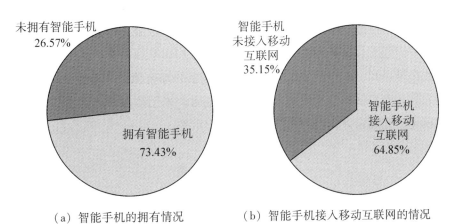

（a）智能手机的拥有情况　　　　（b）智能手机接入移动互联网的情况

图 2-2　移动终端信息技术接入（智能手机及移动互联网接入）的统计分析

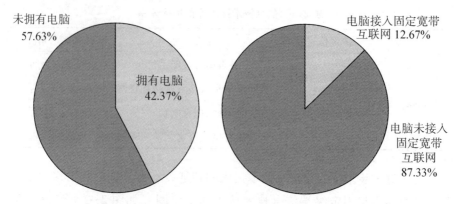

（a）电脑的拥有情况 （b）电脑接入固定宽带互联网的情况

图2-3　固定终端信息技术接入（电脑及固定宽带互联网接入）的统计分析

2.2.3.2　信息技术应用评价指标体系

为了反映农户利用关键信息技术有针对性地获取农业生产经营信息的程度，本书分别选择农户使用智能手机上网与使用电脑上网获取农业生产经营信息的综合值表征信息技术应用水平（见表2-2）。尤其需要说明的是，本书根据苹果生产的基本特征以及需求的信息类别，将生产经营信息划分为苹果种植政策信息、气候与天气变化信息、苹果生产资本要素（化肥、有机肥、农药等）市场价格信息、土地流转价格信息、苹果销售价格与销售行情信息、苹果品种与技术信息、农村金融服务信息7类。如果农户利用信息技术获取其中一类信息，则取值为1，获取两类信息则取值为2，以此类推可知，农户利用信息技术获取信息的综合值介于0到7，且数值越大表示农户信息技术应用水平越高。同时，采用熵权法确定这2个指标的权重，并综合评价农户的信息技术应用水平。

表 2-2　信息技术应用评价指标体系

维度	关键信息技术	信息类别	是否获取	信息获取综合值
信息技术应用	智能手机	苹果种植政策信息	1＝是；0＝否	取值 0~7
		气候与天气变化信息	1＝是；0＝否	
		苹果生产资本要素市场价格信息	1＝是；0＝否	
		土地流转价格信息	1＝是；0＝否	
		苹果销售价格与销售行情信息	1＝是；0＝否	
		苹果品种与技术信息	1＝是；0＝否	
		农村金融服务信息	1＝是；0＝否	
	电脑	苹果种植政策信息	1＝是；0＝否	取值 0~7
		气候与天气变化信息	1＝是；0＝否	
		苹果生产资本要素市场价格信息	1＝是；0＝否	
		土地流转价格信息	1＝是；0＝否	
		苹果销售价格与销售行情信息	1＝是；0＝否	
		苹果品种与技术信息	1＝是；0＝否	
		农村金融服务信息	1＝是；0＝否	

从图 2-4 可知，本书的研究区域内农户使用智能手机上网与使用电脑上网获取农业经营信息的水平差异非常明显。总的来看，使用智能手机上网获取不同类别信息的农户比例均远高于使用电脑上网获取对应信息的农户比例。其中，使用智能手机上网获取苹果种销政策信息的农户占比42.64%，使用电脑上网获取该信息的农户占比5.45%。使用智能手机上网获取气候与天气变化信息的农户占比63.62%，使用电脑上网获取该信息的农户占比8.86%。使用智能手机上网获取苹果资本要素市场价格信息的农户占比41.55%，使用电脑上网获取该信息的农户占比5.86%。使用智能手机上网获取土地流转价格信息的农户占比26.29%，使用电脑上网获取该信息的农户占比4.22%。使用智能手机上网获取苹果价格与销售行情信息的农户占比47.82%，使用电脑上网获取该信息的农户占比6.81%。使用智能手机上网获取苹果品种与技术信息的农户占比45.37%，使用电脑上网获取该信息的农户占比6.95%。使用智能手机上网获取农村金融服务信息的农户占比11.72%，使用电脑上网获取该信息的农户占比1.50%。

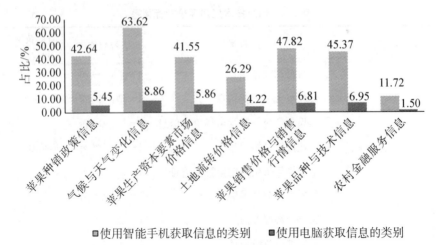

图2-4　使用智能手机与电脑获取信息类别的对比分析

图2-5、图2-6分别显示了农户使用智能手机上网、使用电脑上网获取农业经营信息综合值的分布情况。其中，使用智能手机上网获取0类信息、1类信息、2类信息、3类信息、4类信息、5类信息、6类信息与7类信息的农户占比分别为 36.10%、6.68%、6.40%、6.68%、8.31%、14.99%、14.58%与6.27%；使用电脑上网获取0类信息、1类信息、2类信息、3类信息、4类信息、5类信息、6类信息与7类信息的农户占比分别为90.46%、1.50%、1.23%、1.09%、0.54%、1.77%、2.45%与0.95%。

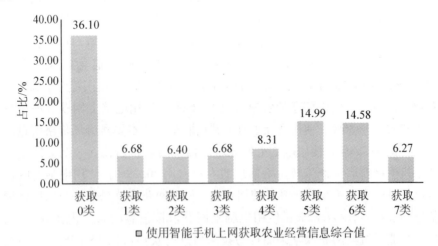

图2-5　使用智能手机上网获取农业经营信息综合值分析

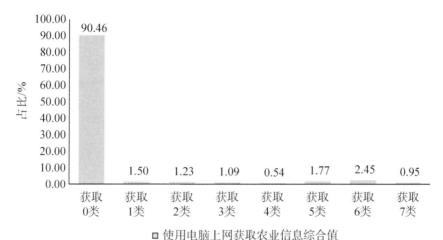

图 2-6　使用电脑上网获取农业信息综合值分析

2.2.3.3　信息素养评价指标体系

在梳理既有的信息素养研究的基础上，本小节主要借鉴 Catts 和 Lau （2008） 提出的信息素养五阶段过程模型，采用探索性因子分析与验证性因子分析方法，确定信息素养评价指标体系。具体步骤如下：

（1） 编制初始测量题项

参考量表的开发程序 （罗胜强、姜嬿，2014；Churchill，1979），本书采用文献演绎与归纳法，并结合苹果的生产特征，编制农户信息素养测量备选题项，并形成测量项目池。具体指标题项设计与文献来源如表 2-3 所示。

表 2-3　农户信息素养量表设计项目池

测量指标题项	参考文献来源
信息对我来说很重要	American Library Association（2000）；
我渴望获取有用的信息	孙贵珍等 （2010）；
信息可以改变我的生活	尹志超等 （2011）；
信息可以提高我的收入水平	严亮 （2007）；
价格合理，我愿意花钱买种植苹果信息	Karan Singh （2015）；
我希望学习现有苹果生产技术	A. K. M. Eamin Ali Akanda &
遇到苹果种销相关信息，我会记录下来	Roknuzzaman （2012）；
如果有条件，我会去学习电脑	Wang （2016）；
我希望我们村开展如何上网查信息培训	余姣萍等 （2007）；
我希望我的子女在学校学习使用电脑	孙贵珍、王栓军 （2009）；

表2-3（续）

测量指标题项	参考文献来源
遇到种植苹果方面问题，我知道收集哪些信息	李明德等（2016）；
当有多种农药时，我能判断哪种效果更好	吴优丽等（2014）；
我经常看农业科技频道	苑春荟等（2014）；
我能看懂村委会贴的通知	李习文等（2008）
如果村里有广播，我会认真听	
遇到困难时，我会通过各种方法收集信息	
我能利用所知道信息给苹果制定合理价格	
我能根据果园病虫害情况进行防治	
我不会网购	
我自己看不懂智能手机使用说明书	
苹果需要销售时，我知道收集哪些信息	
我能从大量信息中整理出主要意思	
信息的互相交流能够带动大家共同致富	
我熟悉农村医疗保险的相关信息	
我经常和别人讨论从智能手机上看到的信息	
需要外出务工时，我知道收集哪些信息	
我看不懂土地承包合同	
我经常使用智能手机向他人询问信息	
我熟悉中央发布的各项优惠政策	
收到中奖短信时，我能判断信息的真假	
我曾经教过别人使用某项技术	
我曾经告诉别人给他带来好处的信息	
获知招工信息时，我能判断信息的可靠性	
得到有用信息时，我乐意分享给身边的人	

注：表中题项均采用利克特量表（非常不同意→非常同意）进行测度。

（2）量表设计

本书运用 SPSS 23.0 软件对项目池中的 33 个题项进行探索性因子分析，以检验测度量表的结构效度，确定量表的最佳结构。从统计结果来看，33 个题项的 KMO 检验的 MSA 值为 0.864（>0.7），Bartlett 球形检验卡方值为 2 773.569（p<0.01），说明非常适合做因子提取。首先，采用主成分分析法，按特征值大于 1，经过最大方差旋转，析出 9 个公因子，累计方差贡献率达 60.226%（>50%）。其次，删除低载荷或交叉载荷的题项。参照侯杰泰等（2004）的判断标准，选择因子载荷节点为 0.45，依次删除在 9 个因子中载荷系数均低于 0.45 或在 2 个及以上因子中的载荷系数超过 0.45 的题项，最终剩余 18 个题项。再次，对剩余的 18 个题项进行可靠性分析，按照删除后标度值不能大于量表整体信度值的原则，删除题项"我能看懂村委会贴的通知"。最后，对剩余的 17 个题项再次进行探索性因子分析。统计结果显示（见表 2-4），KMO 检验的 MSA 值为 0.831（>0.7），Bartlett 球形检验卡方值为 1 271.339（$p<0.01$），说明非常适合进行因子提取；同时，5 个公因子对应的因子载荷均达到 0.5 以上（>0.4），因子累计方差贡献率为 61.605%（>50%），且题项在各因子上没有交叉载荷，说明所形成的信息素养量表具有良好的区别效度与聚合效度。在此基础上，本书采用 Cronbach's Alpha 系数检验了初始测量表的可靠性。从统计结果来看，问卷整体 Cronbach's Alpha 值为 0.845（>0.7），且各因子 Cronbach's Alpha 值均达到 0.6 以上（>0.35），这表明探索性因子分析形成的测度量表具有较好的内部一致性与稳定性。

表 2-4 农户信息素养评价指标的探索性因子分析

农户信息素养的测量题项	旋转后因子载荷系数				
	因子 1	因子 2	因子 3	因子 4	因子 5
因子 1：信息意识（Cronbach's Alpha=0.776/0.760）					
IAW_1 信息对我来说很重要	0.748	0.066	0.045	0.001	0.129
IAW_2 我渴望获取有用的信息	0.727	-0.025	0.028	0.061	0.153
IAW_3 信息可以改变我的生活	0.774	0.046	0.118	0.059	0.087
IAW_4 信息可以提高我的收入水平	0.780	0.151	0.064	0.043	0.117
因子 2：信息获取能力（Cronbach's Alpha=0.617/0.643）					
ICA_1 我熟悉农村医疗保险的相关信息	0.154	0.767	0.201	0.173	0.038
ICA_2 需要外出务工时，我知道收集哪些信息	0.073	0.530	0.411	0.208	0.139
ICA_3 我熟悉中央发布的各项优惠政策	0.008	0.731	0.017	0.033	0.211
因子 3：信息评价能力（Cronbach's Alpha=0.669/0.671）					
IEA_1 收到中奖短信时，我能判断信息的真假	0.099	0.163	0.722	0.044	0.082
IEA_2 我曾经教过别人使用某项技术	0.123	-0.004	0.597	0.124	0.388
IEA_3 获知招工信息时，我能判断信息的可靠性	0.022	0.166	0.794	0.228	0.093
因子 4：信息应用能力（Cronbach's Alpha=0.602/0.554）					
IAA_1 当有多种农药时，我能判断哪种效果更好	0.044	0.054	0.300	0.763	-0.020
IAA_2 我经常看农业科技频道	0.051	0.344	-0.007	0.681	0.139
IAA_3 我能根据果园病虫害情况进行防治	0.063	0.004	0.158	0.631	0.373

表2-4（续）

农户信息素养的测量题项	旋转后因子载荷系数				
	因子1	因子2	因子3	因子4	因子5
因子5：信息共享能力（Cronbach's Alpha=0.765/0.733）					
ISA_1 遇到困难时，我会通过各种方法收集信息	0.238	0.242	-0.157	0.249	0.673
ISA_2 我经常和别人讨论从智能手机上看到的信息	0.277	0.338	0.188	-0.068	0.657
ISA_3 我经常使用智能手机向他人询问信息	0.098	0.114	0.201	0.091	0.723
ISA_4 我曾经告诉过别人给他带来好处的信息	0.142	-0.035	0.387	0.220	0.688
特征值	5.012	1.174	1.226	1.056	2.004
解释方差贡献率（%）	29.485	6.908	7.213	6.211	11.788
Cronbach's Alpha	0.845/0.854				

注：表中 Cronbach's Alpha 值分别为第一次调研与第二次调研的信度值。

　　参考信息素养五阶段过程模型（Catts & Lau，2008），本书将5个公因子分别命名为信息意识、信息获取能力、信息评价能力、信息应用能力与信息共享能力。其中，信息意识测量题项包括4个（IAW_1、IAW_2、IAW_3、IAW_4）；信息获取能力测量题项包括3个（ICA_1、ICA_2、ICA_3）；信息评价能力测量题项包括3个（IEA_1、IEA_2、IEA_3）；信息运用能力测量题项包括3个（IAA_1、IAA_2、IAA_3）；信息共享能力测量题项包括4个（ISA_1、ISA_2、ISA_3、ISA_4）。

　　（3）量表检验

　　为了检验量表的独立性与有效性，本书运用 Amso21.0 结构方程软件，将探索性因子分析确定的17个题项视为观察变量，将信息意识、信息获取能力、信息评价能力、信息应用能力与信息共享能力5个因子视为潜变量，构造农户信息素养量表的验证性因子分析检验模型。并基于第二次调研数据，检验农户信息素养初始测量表的解释力，模型拟合效果如图2-7所示。

　　表2-5显示了农户信息素养量表测度模型的拟合指标情况。从拟合效果来看，基于探索性因子分析的5个维度与17个测量题项之间的关系存在且是稳固的，模型拟合度较高且模型较为简约。同时，模型中各路径系数相应的临界比值均大于3.29，且在 $p<0.001$ 水平通过了显著性检验[①]。为了进一步检验量表的可靠性，本书对第二次调研的454份样本进行了 Cronbach's Alpha 检验分析。从统计结果来看，问卷整体 Cronbach's Alpha 值为0.854（>0.7），且各因子值均达到了0.5以上（结果见表2-4）。可见，上文设计的信息素养量表具有良好的信度与内部一致性。

---

　　① 限于篇幅，本书未列出各路径系数的显著性结果，感兴趣的读者可向笔者索要。

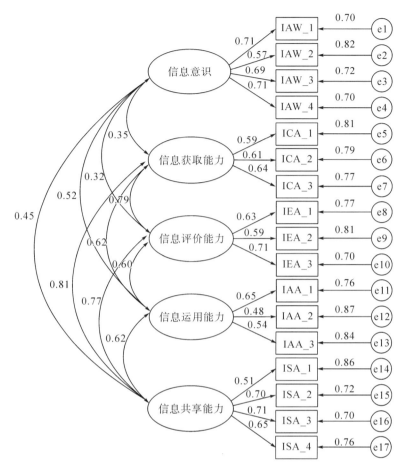

图 2-7 农户信息素养量表的路径分析

表 2-5 农户信息素养测度模型的拟合指标值

统计量检验	拟合指标	评价标准	模型结果	拟合情况
绝对适配度指数	GFI	>0.9	0.918	理想
	AGFI	>0.9	0.885	略低
	RMSEA	<0.08	0.069	理想
	CMIN/DF	<5	3.172	理想
增值适配度指数	NFI	>0.9	0.846	略低
	IFI	>0.9	0.889	略低
	CFI	>0.9	0.888	略低
简约适配度指数	PGFI	>0.5	0.654	理想
	PNFI	>0.5	0.678	理想
	PCFI	>0.5	0.711	理想

本书研究中参考了吴明隆（2010）的处理方法，通过计算各因子的平均方差抽取量进行判别效度检验，进一步检验各因子间的区分效度①。表 2-6 显示了各因子平均方差抽取量的平方根及其相关系数值。从统计结果来看，信息意识、信息获取能力、信息评价能力、信息应用能力与信息共享能力平均方差抽取量的平方根均大于对应的相关系数值，说明本书设计的农户信息素养量表具有良好的判别效度。

表 2-6　因子相关系数与描述性统计

因子	均值	标准差	1	2	3	4	5
信息意识	9.555	1.504	(0.673)				
信息获取能力	4.852	1.567	0.251**	(0.614)			
信息评价能力	4.949	1.756	0.243**	0.522**	(0.645)		
信息应用能力	5.421	1.150	0.361**	0.390**	0.384**	(0.561)	
信息共享能力	7.492	2.123	0.348**	0.564**	0.567**	0.415**	(0.647)

注：样本量为 N=454，** 表示在 1%水平显著（均为双尾检验显著性水平），对角线括号里的数值为平均方差抽取量（AVE）的平方根。

（4）进一步的讨论

由图 2-7 可知，在一阶五因素探索性因子分析模型中，信息获取能力、信息评价能力、信息应用能力与信息共享能力的相关系数均在 0.6 以上，说明农户信息素养测度模型可能存在二阶因子分析结构。基于此，本书运用 Amos21.0 结构方程软件，将信息获取能力、信息评价能力、信息应用能力与信息共享能力概括为信息能力，并将其与信息意识视为潜变量，将信息获取能力、信息评价能力、信息应用能力、信息共享能力及 17 个测量题项视为观察变量，构造二阶因子分析路径图进行模拟检验②，模型拟合指标如表 2-7 所示。对比表 2-5 与表 2-7 中相对应的拟合指标可知，二阶两因素模型并不优于一阶五因素模型，这也进一步说明农户信息素养一阶五因素测度模型是有效的，且能够有效评价农户的信息素养水平。

---

① 判别效度检验的判断标准如下：如果平均方差抽取量的平方根大于行与列的相关系数值，则说明因子之间具有良好的区分效度（Fornell & Larcker，1981），否则不能有效区分各因子。

② 限于篇幅，本书未提供二阶两因素结构拟合图，感兴趣的读者可向笔者索要。

表 2-7　农户信息素养测度模型：二阶两因素模型的拟合指标值

统计量检验	拟合指标	评价标准	模型结果	拟合情况
绝对适配度指数	GFI	>0.9	0.913	理想
	AGFI	>0.9	0.884	略低
	RMSEA	<0.08	0.070	理想
	CMIN/DF	<5	3.203	理想
增值适配度指数	NFI	>0.9	0.837	略低
	IFI	>0.9	0.882	略低
	CFI	>0.9	0.881	略低
简约适配度指数	PGFI	>0.5	0.681	理想
	PNFI	>0.5	0.702	理想
	PCFI	>0.5	0.738	理想

　　基于上述分析结果，本书从信息意识、信息获取能力、信息评价能力、信息应用能力与信息共享能力 5 个方面设计了信息素养评价指标体系，具体如表 2-8 所示。同时，本书采用主成分分析法确定农户信息素养评价指标的权重，并综合评价农户的信息素养水平。

表 2-8　农户信息素养评价指标体系

一级指标	二级指标	三级指标
信息素养	信息意识	信息对我来说很重要
		我渴望获取有用的信息
		信息可以改变我的生活
		信息可以提高我的收入水平
	信息获取能力	我熟悉农村医疗保险的相关信息
		需要外出务工时，我知道收集哪些信息
		我熟悉中央发布的各项优惠政策
	信息评价能力	收到中奖短信时，我能判断信息的真假
		我曾经教过别人使用某项技术
		获知招工信息时，我能判断信息的可靠性
	信息应用能力	当有多种农药时，我能判断哪种效果更好
		我经常看农业科技频道
		我能根据果园病虫害情况进行防治
	信息共享能力	遇到困难时，我会通过各种方法收集信息
		我经常和别人讨论从智能手机上看到的信息
		我经常使用智能手机向他人询问信息
		我曾经告诉过别人给他带来好处的信息

2.2.3.4 信息化水平评价指标体系集成

结合上述关于信息技术接入、信息技术应用与信息素养提升的评价指标体系，本小节对信息化评价指标体系进行了集成，具体见表2-9。同时，采用熵权法确定信息技术接入水平、信息技术应用水平与信息素养水平的权重，并综合评价农户的信息化水平。

表2-9 信息化评价指标体系集成

维度		评价指标
信息化水平	信息技术接入水平	是否拥有智能手机
		智能手机是否接入移动互联网
		是否拥有电脑
		电脑是否接入固定宽带互联网
	信息技术接入水平	使用智能手机获取农业生产经营信息综合值（0~7）
		使用电脑获取农业生产经营信息综合值（0~7）
	信息素养水平	信息对我来说很重要
		我渴望获取有用的信息
		信息可以改变我的生活
		信息可以提高我的收入水平
		我熟悉农村医疗保险的相关信息
		需要外出务工时，我知道收集哪些信息
		我熟悉中央发布的各项优惠政策
		收到中奖短信时，我能判断信息的真假
		我曾经教过别人使用某项技术
		获知招工信息时，我能判断信息的可靠性
		当有多种农药时，我能判断哪种效果更好
		我经常看农业科技频道
		我能根据果园病虫害情况进行防治
		遇到困难时，我会通过各种方法收集信息
		我经常和别人讨论从智能手机上看到的信息
		我经常使用智能手机向他人询问信息
		我曾经告诉过别人给他带来好处的信息

2.3 信息化影响农户生产决策与效率的分析框架

在上文关于"农户""信息化""农户生产决策""农业生产效率"概念分析的基础上，结合信息化评价体系，本节试图将信息化、农户生产决策与农业生产效率三大主题联系起来，构建一个逻辑自洽的理论分析框架（如图 2-8 所示）。

2.3.1 信息化影响农户生产决策的机理分析

正如上述概念分析部分对农户生产决策研究边界与范畴的界定，本书研究的生产决策主要是指农户对土地（土地租赁）、劳动（农业劳动力雇佣）、资本（生产性资本投入）与技术（要素稀缺诱致性技术选择）要素的调整。从这种意义上来看，本书关注的生产决策是农户对生产要素配置的市场化行为。一般而言，市场交易主要依赖信息，但在许多农村地区，由于供需双方离市场较远，相关的市场信息往往严重缺乏（Lio & Liu，2006），尤其是发展中国家仍然面临普遍的信息不对称问题（Svensson & Yanagizawa，2008）。信息不充分与不对称产生的道德风险及逆向选择问题（Quiggin et al.，1993；Akerlof，1970）增加了农户参与要素市场的交易成本，阻碍了农户参与要素市场时对土地要素（Jin & Deininger，2009；姚洋，2004；钱忠好，2003）、劳动要素（蔡荣、蔡书凯，2014）、资本要素（Olale & Cranfield，2009；Alene et al.，2008）与技术要素（宋金田、祁春节，2013）的配置或重组，制约了要素市场的发育。

随着信息化的发展，信息通信技术以及以信息通信技术为平台衍生的信息服务，通过信息扩散机制有效减少了信息不对称和交易成本，促进农户更多地参与土地、劳动、资本等要素投入市场（Kikulwe et al.，2014；Luh et al.，2014；Ogutu et al.，2013；Chowdhury，2006），提高农村地区与核心要素市场之间的交易效率（Lio & Liu 2006；Forestier et al.，2002；Grimes，2000）。此外，需要说明的是，关于技术选择决策，本书从生产要素结构视角，关注了农户在要素投入过程中的要素稀缺诱致性技术，并选择劳动节约型技术进行分析。由于不同要素市场存在异质性，信息化对农户参与劳动力市场和机械市场的影响可能存在差异，导致劳动与机械要素的相对价格发生变化，从而诱致以相对丰裕要素来替代相对稀缺要素。例如，Ogutu et al.（2013）研究发现信息通信技术项目的实施有助于促使农户更好地获得和使用优良的投入要素，从而对技能较低的劳动力形成替代。

基于上述分析，本书将信息化与土地租赁决策、农业劳动力雇佣决策、生产性资本投入决策以及要素稀缺诱致性技术选择决策纳入统一的分析框架进行分析，并探讨信息化对农户生产决策的影响。

2.3.2 信息化、生产决策影响农业生产效率的机理分析

既有的关于信息化影响农业生产效率的实证研究主要围绕两条主线展开：

一条主线基于新古典经济学分析范式，认为信息是土地、资本与劳动以外重要的生产要素，应该内生到农户生产函数中并进行分析。例如，王艾敏（2015）基于固定电话、移动电话（智能手机）、黑白电视机、彩色电视机与电脑表示信息要素投入，并将其内生于生产函数，研究信息化对生产效率的影响。结果发现，信息化发展对农村经济增长的影响具有双门槛效应，不存在信息技术生产率悖论。然而，信息具有流动性强与溢出效应明显的特点，在研究过程中很难精确度量信息要素的投入成本，虽然部分学者使用信息基础设施作为信息成本的代理变量，但以此为基础的实证结果可能存在偏差，因此，为了进一步提高研究结果的精准性，部分学者根据内生增长理论，将信息基础设施以影响农业技术进步与否的形式引入生产函数，认为信息技术基础设施不仅可以作为一种投入要素直接促进农业经济增长，还可以通过溢出效应间接提高农业的全要素生产率（Hulten et al.，2006）。例如，朱秋博等（2019）沿用这一思路，基于2004—2016年原农业部农村固定观察点数据，采用智能手机信号、固定宽带互联网和移动互联网接入情况来衡量信息化水平，分析了信息化对农业全要素生产率的影响。研究发现，信息化显著提高了农户农业全要素生产率。

另一条主线基于新制度经济学分析范式，将信息化作为条件变量，分析信息化对农业生产效率的影响。例如，韩海彬、张莉（2015）基于固定电话、移动电话（智能手机）、黑白电视机、彩色电视机与农村邮件投递路线总长测度信息化水平，并实证分析了信息化对农业全要素生产率的影

响。结果发现，农业信息化对农业全要素生产率增长的影响存在显著的双门槛效应。Ogutu et al. (2013) 运用 PSM 方法研究发现，在肯尼亚情境下，农户参与信息技术服务项目能够显著提升其土地生产率与劳动生产率。Houghton (2009) 以耕牛数量作为生产力的代理变量，在斯威士兰、柬埔寨与洪都拉斯情境下，运用联立方程模型研究发现智能手机的使用能够显著提高农业生产力。关于信息化与农户生产技术效率的实证研究则相对较少。Abdul-Salam 和 Phimister (2017) 通过建立随机前沿生产函数模型考察了农户信息获取能力对农业生产效率的影响，结果发现农户信息获取能力能显著降低农业的生产技术效率损失。霍明等 (2015) 研究发现社会信息化显著促进了农业生产技术效率的提升，但传统信息媒介的作用远大于新型信息媒介的作用。

在实际生产过程中，当前信息化与农业发展的融合仍然处于起步阶段，沿用新古典经济学的理论分析体系探讨信息化水平对生产效率的影响面临诸多局限。首先，交通与区位等时空因素的限制，加之我国产销分离的农业生产模式，导致新古典经济学理论的"信息对称且充分"的假设条件无法得到满足，农户可能长期处于信息不足与不对称情境。其次，受到信息资费产品的约束，用于生产决策的信息成本无法精准测量。基于此，本书按照新制度经济学的理论分析体系，将信息化作为外生条件变量来分析信息化对农业生产效率的影响。从理论上来看，一方面，信息化加快了信息流通速度，使得农业信息能够快速渗透到生产的各个环节，有助于农户及时采取抵御天气、病虫害等自然风险的适应性措施，同时能够促使农户更有效地利用当前最合适的技术和最优化的结构进行生产，从而直接带来生产效率的提升（朱秋博 等，2019）；另一方面，信息化加快了信息在农村地区的流通速度，显著降低了信息传递和搜寻的成本，能够打破信息不对称的壁垒（Aker et al., 2016），促进农户更多地参与土地、劳动、资本等要素投入市场（Kikulwe et al., 2014；Luh et al., 2014；Ogutu et al., 2013；Chowdhury, 2006），优化土地、劳动、资本等要素的配置结构，从而间接影响农业生产效率。基于此，本书将信息化、生产决策与农业生产效率纳入统一的分析框架，分析信息化对农业生产效率的直接影响以及对农户生产决策所发挥的间接影响。具体如图 2-8 所示。

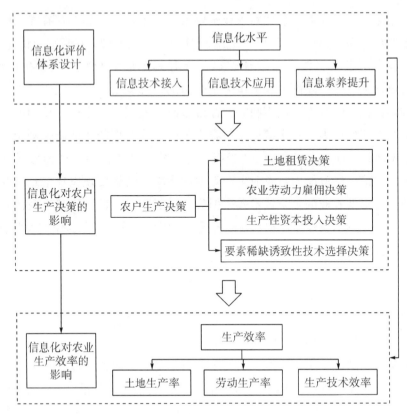

图 2-8　信息化影响农户生产决策与效率的理论分析框架

2.4　本章小结

本章在既有的研究基础上，首先对本书研究中的关键概念——"农户""信息化""农户生产决策""农业生产效率"进行了界定，并阐述了其研究范畴与研究边界。其次，兼顾信息可得性与信息可及性，从信息技术接入、信息技术应用与信息素养三个方面设计信息化测评体系，并明确了不同维度信息化的评价指标与评价方法，为后续实证分析中量化信息化水平奠定了基础。最后，根据前文对关键术语概念的分析以及信息化测评体系，将信息化、生产决策（土地租赁决策、农业劳动力雇佣决策、生产性资本投入决策与要素稀缺诱致性技术选择决策）与农业生产效率纳入统一的分析框架，为后续实证分析奠定理论基础。

3 信息化对农户土地租赁决策的影响分析

在我国现行体制下，土地流转成为实现土地集约化、专业化、组织化与规模化经营，提高农业生产效率，加快农业现代化建设的重要途径。然而，信息不对称严重制约了土地租赁市场的发育（李星光 等，2016），导致土地流转效率低与资源配置结构不合理等诸多问题（石冬梅，2013）。进入 20 世纪 90 年代以来，以信息通信技术为基础的信息化发展打破了信息不对称壁垒（Aker et al.，2016），在有效推动农村土地市场化领域起到了重要作用。在这种背景下，信息化如何影响农户土地租赁决策呢？为了回答这一问题，本章基于山东、陕西与甘肃苹果种植户微观调查数据，采用 Probit 模型、Tobit 模型及条件混合过程（CMP）估计方法，实证分析信息化对农户土地租赁决策的影响。

3.1 引言

2016 年，中共中央办公厅、国务院办公厅印发《关于完善农村土地所有权承包权经营权分置办法的意见》①，提出深化农村土地制度改革，实行所有权、承包权、经营权分置并行，加快放活土地经营权，破除了农村土地租赁市场发展的外部约束。然而，土地租赁市场发展仍然面临复杂的内

---

① 中共中央办公厅 国务院办公厅印发《关于完善农村土地所有权承包权经营权分置办法的意见》[N/OL]. 2016 年第 32 号.（2016 - 10 - 30）[2025 - 04 - 23]. http://www.gov.cn/gongbao/content/2016/content_5133019.htm.

部约束，尤其是信息不对称问题。已有的研究表明，农村土地经营权流转中的信息不对称会导致流转效率低与资源配置不合理（石冬梅，2013）。同时，由于信息不对称，农户参与土地租赁市场面临高额的信息搜寻成本、合约谈判成本与执行成本（邓大才，2007；钱忠好，2003），阻碍了土地租赁市场的发展。进入 20 世纪 90 年代以来，以信息通信技术为基础的信息化发展打破了信息不对称壁垒（Aker et al.，2016），为有效解决土地租赁市场中的信息不对称问题提供了新的思路。那么，信息化如何影响农户土地租赁决策呢？在"三权分置"背景下，回答这个问题对加快农村土地市场化以及推动新型工业化、信息化、城镇化与农业现代化同步发展具有重大意义。

如何有效提高土地流转效率一直是学术界关注的焦点问题。从既有的文献来看，既有的研究从多方面探讨了影响土地租赁市场发展的因素。其中，部分学者关注了劳动力市场发育对土地租赁市场的影响（Huang et al.，2012；Deininger & Jin，2005；Yao，2000），且大部分研究表明非农就业机会与土地租赁决策紧密相关（钱龙，2017），但并不必然导致土地流转行为（钱忠好，2008）。部分学者关注了制度因素对土地租赁市场发展的影响（Deininger et al.，2011；Krusekopf，2002），以及与此关联的地权稳定性对农户土地租赁决策的影响（胡新艳 等，2019）。例如，田传浩、贾生华（2004）研究发现，预期地权稳定性越低，农户租入土地的可能性与租入面积越小。还有部分学者关注了交易成本对土地租赁市场的影响（姚洋，2004；钱忠好，2003）。例如，冀县卿等（2015）研究发现交易成本会抑制土地供给与需求。吴鸾莺等（2014）将农业税视为一种交易成本，研究农业税费改革对土地流转的影响，结果发现农业税费改革通过降低交易成本促进了农村土地流转。此外，还有部分学者关注了信息不对称对土地市场发育的约束，并研究了社会网络对农户土地租赁决策的影响（李星光 等，2016；陈浩、王佳，2016）。例如，杨芳（2019）研究发现，传统社会网络抑制了农户土地租入与租出，但新型社会网络则促进了农户租入土地。

可以看出，既有的研究对影响土地租赁市场的因素进行了深入探索，对本书的研究具有重要的借鉴与启示意义，但仍然存在有待深化研究的领域。随着信息化的发展，信息获取手段日趋丰富，农户获取与处理信息的能力都有所提升，土地租赁市场面临的信息不对称问题有所缓解，但仍缺少探讨信息化对农户土地租赁决策的影响的实证研究。基于此，本书探讨了信息化对农户土地租赁决策的影响机理，并基于山东、陕西与甘肃苹果种植户数据，实证分析了信息化对农户土地租赁决策的影响。

3.2 信息化影响农户土地租赁决策的理论分析

在 Jin 和 Deininger（2009）理论模型的基础上，本书将信息化作为外生条件变量引入，建立农户参与土地租赁市场的决策模型，从交易成本视角探讨信息化对苹果种植户土地租赁决策的影响机理。假设苹果种植户 i 在进行生产决策时仅面临劳动力与土地两种要素的约束，且具有固定的劳动力禀赋 $\overline{L_i}$、土地禀赋 $\overline{A_i}$ 以及一定的农业生产能力 α_i。为了简化模型，进一步假设不存在劳动力雇佣市场，但苹果种植户 i 可以将家庭劳动力 $\overline{L_i}$ 在从事农业生产 l_i^a 与非农生产 l_i^o 之间自由配置，即农户可以自由选择耕种自有土地或租入的土地，或者从事非农生产。如果家庭劳动力选择外出务工，则其面临外生给定的工资 w_i。同时，苹果种植户可以选择参与土地租赁市场，租入土地或者租出土地，以实现既定劳动力禀赋下的最优土地资源配置。假设苹果种植户 i 的实际经营面积为 A_i，那么其苹果种植产量 Q_i 可以表示为农业劳动力 l_i^a、土地经营面积 A_i、农业生产能力 α_i 与家庭特征 Z_i 的函数。若生产函数 $f(\cdot)$ 服从 Cobb-Douglass 形式，苹果种植产量可表示为 $Q_i = f(\alpha_i, l_i^a, A_i; Z) = \alpha_i^{1-\beta_1-\beta_2}(l_i^a)^{\beta_1}(A_i)^{\beta_2}$（$\beta_1 + \beta_2 = 1$）。由于农业生产能力不可交易，可以将生产函数进一步简化为 $f(l_i^a, A_i; Z_i) = (l_i^a)^{\beta_1}(A_i)^{\beta_2}$，且该生产函数具有规模报酬递减的特征（Conning & Robinson，2007），即 $\beta_1 + \beta_2 < 1$。同时，农业生产函数具备标准的经济学属性，例如，生产要素的边际产出大于 0，且满足要素边际递减规律，即 $f' > 0$、$f'' < 0$；劳动的边际产出随土地规模的增加而增加，即 $f_{l_aA} > 0$ 等。

根据农户参与土地租赁市场的类型，可以将苹果种植户划分为三种类型：①租入土地户，即当 $A_i > \overline{A_i}$ 时，农户选择租入土地，那么租入土地面积为 $A_i - \overline{A_i}$；②自给自足户，即当 $A_i = \overline{A_i}$ 时，农户选择既不租入土地也不租出土地；③租出土地户，即 $A_i < \overline{A_i}$ 时，农户选择租出土地，那么租出土

地面积为 $\overline{A_i} - A_i$。现有的研究表明，农户参与土地租赁市场面临交易成本的约束（冀县卿 等，2015；姚洋，2004；钱忠好，2003）。假设苹果种植户 i 租入土地与租出土地面临的交易成本分别为 TC_i^{in}、TC_i^{out}，且交易成本会随土地交易量的增加而成比例增大，那么，基于净收益最大化的苹果种植户 i 的最优决策函数可表示为：

$$\text{Max}_{l_i^a,\ l_i^o,\ A_i} R_i = p_i f(\alpha_i,\ l_i^a,\ A_i;\ Z_i) + w l_i^o + D^{out}\left[\,(\overline{A_i} - A_i)(r_i - TC_i^{out})\,\right] -$$
$$D^{in}\left[\,(A_i - \overline{A_i})(r_i + TC_i^{in})\,\right] \tag{3-1}$$

$$s.t. \qquad l_i^a + l_i^o \leq \overline{L_i} \tag{3-2}$$

式（3-1）中，p_i 表示苹果销售价格，w_i 表示家庭劳动力从事非农生产的工资；D^{out} 是苹果种植户租出土地的指示变量（若租出土地，该变量取值为1，否则取值为0）；D^{in} 是苹果种植户租入土地的指示变量（若租入土地，该变量取值为1，否则取值为0）；r_i 为村庄内土地流转的价格；Z_i 表示户主个体与家庭特征变量。

从理论上来看，信息化水平的提升，增加了农户用于市场决策的信息丰裕度以及信息处理效率（朱秋博 等，2019），能够降低信息不对称导致的交易不确定性，从而降低土地流转的交易费用（罗必良、李尚蒲，2010；李孔岳，2009）。在此基础上，本书将信息化作为外生条件变量引入模型（3-1），并令苹果种植户 i 的信息化水平为 I_i。那么，苹果种植户 i 参与土地租入与租出市场的交易成本分别可以表示为 $TC^{in}(I)$、$TC^{out}(I)$，且交易成本 $TC^{in}(I)$、$TC^{out}(I)$ 是苹果种植户 i 信息化水平 I_i 的减函数，即满足 $\partial TC^{in}(I)/\partial I < 0$、$\partial TC^{out}(I)/\partial I < 0$。将 $TC^{in}(I)$、$TC^{out}(I)$ 代入式（3-1），可以得到考虑信息化水平的苹果种植户 i 的最优决策函数，具体如下：

$$\text{Max}_{l_i^a,\ l_i^o,\ A_i} R_i = p_i f(\alpha_i,\ l_i^a,\ A_i;\ Z_i) + w_i l_i^o + D^{out}\left[\,(\overline{A_i} - A_i)(r_i - \right.$$
$$\left. TC_i^{out}(I_i))\,\right] - D^{in}\left[\,(A_i - \overline{A_i})(r_i + TC_i^{in}(I_i))\,\right] \tag{3-3}$$

$$s.t. \qquad l_i^a + l_i^o \leq \overline{L_i} \tag{3-4}$$

结合式（3-3）、式（3-4），苹果种植户 i 最优决策的拉格朗日方程为：

$$L = p_i f(\alpha_i,\ l_i^a,\ A_i;\ Z_i) + w l_i^o + D^{out}\left[\,(\overline{A_i} - A_i)(r_i - TC_i^{out}(I_i))\,\right] -$$
$$D^{in}\left[\,(A_i - \overline{A_i})(r_i + TC_i^{in}(I_i))\,\right] - \lambda(l_i^a + l_i^o - \overline{L_i}) \tag{3-5}$$

对 A_i 求导，得到如下一阶条件：

当 $A_i^* < \overline{A_i}$ 时，苹果种植户 i 租出土地，那么，

$$p_i f_{A_i}(\alpha_i,\ l_i^a,\ A_i;\ Z_i) = r_i - TC^{out}_{\ i}(I_i) \qquad (3\text{-}6)$$

当 $A_i^* > \overline{A_i}$ 时，苹果种植户 i 租入土地，那么，

$$p_i f_{A_i}(\alpha_i,\ l_i^a,\ A_i;\ Z_i) = r_i + TC^{in}_{\ i}(I_i) \qquad (3\text{-}7)$$

当 $A_i^* > \overline{A_i}$ 时，苹果种植户 i 既不租入土地也不租出土地，那么，

$$r_i - TC_i^{out}(I_i) < p_i f_{A_i}(\alpha_i,\ l_i^a,\ A_i;\ Z_i) < r_i + TC_i^{in}(I_i) \qquad (3\text{-}8)$$

由式（3-6）~式（3-8）可知，苹果种植户 i 是否参与土地租赁市场取决于土地的边际产出、村庄内土地流转租金与参与土地租赁市场的交易成本。如果土地的边际产出大于租金与交易成本之和，则苹果种植户倾向于租入土地；如果土地的边际产出小于租金与交易成本之差，则苹果种植户倾向于租出土地；如果土地边际产出介于两者之间，则苹果种植户倾向于保持自给自足，既不租入土地也不租出土地。在此基础上，结合上文关于信息化与交易成本的讨论，本书绘制了信息化影响农户参与土地租赁市场的示意图（如图 3-1 所示）。从理论上来看，随着信息化水平的提高，农户参与土地租赁市场的交易成本下降，促使 $r_i - TC_i^{out}(I_i)$ 向右移动，而 $r_i + TC_i^{in}(I_i)$ 向左移动，会进一步缩小农户保持自给自足的决策空间，提高农户参与土地租赁市场的可能性。

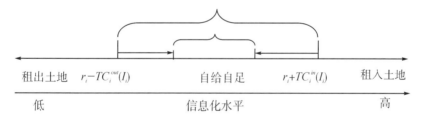

图 3-1 交易成本视角的信息化影响农户参与土地租赁市场的分析

以上述逻辑及分析为基础，本书拟探讨信息化对农户土地租入或租出面积的影响机理。假设租入土地户与租出土地户的土地禀赋分别为 $\overline{A_0}$、$\overline{A_1}$。在信息充分对称的情境中，苹果种植户参与土地租赁市场的交易成本为零，当 $MR = r$ 时，苹果种植户达到最优的经营规模，即图 3-2 中的 E_1 点，此时对应的实际经营面积为 A_1，那么，租入户的土地租入面积为 $A_1 - \overline{A_0}$，租出户的土地租出面积为 $\overline{A_1} - A_1$。在实际生产中，受土地租赁市场中信息不对称、资产专用性、交易频率等因素的影响，农户参与土地租赁市

场面临较高的交易成本，因此，在 E_1 点不能实现帕累托最优。在此情形下，根据上文的分析，土地租入户面临的交易成本为 TC^{in}、土地租出户面临的交易成本为 TC^{out}。那么，当 $MR = r + TC^{in}$ 时，土地租入户达到最优的经营规模，即图 3-2 中的 E_2 点，此时，对应的实际经营面积为 A_2，租入土地户的土地租入面积为 $A_2 - \overline{A_0}$；当 $MR = r - TC^{out}$ 时，土地租出户达到最优的经营规模，即图 3-2 中的 E_3 点，此时对应的实际经营面积为 A_3，土地租出户的土地租出面积为 $\overline{A_1} - A_3$。对比分析图 3-2 中的 E_1 点、E_2 点、E_3 点，可以发现，参与土地租赁市场的交易成本会降低农户的土地供给或需求。在此基础上，结合上文关于信息化与交易成本的讨论可知，随着信息化水平的提升，一方面促使 $r + TC^{in}$ 曲线向下移动，并与 MR 曲线相交于 E'_2 点，此时对应的实际经营面积为 A'_2，土地租入的土地租入面积变化为 $A'_2 - \overline{A_0}$，且大于 $A_2 - \overline{A_0}$；另一方面促使 $r - TC^{out}$ 曲线上移，并与 MR 曲线相交于点 E'_3，此时对应的实际经营面积为 A'_3，土地租出户的土地租出面积变化为 $\overline{A_1} - A'_3$，且大于 $\overline{A_1} - A_3$。

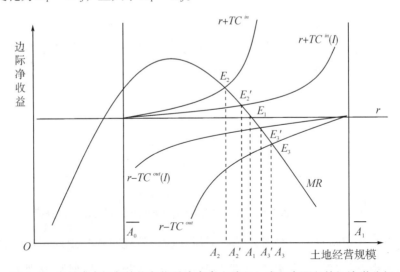

图 3-2　交易成本视角的信息化影响农户土地租入或租出面积的经济学分析

基于以上分析，本书从理论上阐述了信息化对农户土地租赁决策的影响。但受到数据可得性的限制，后文只关注了信息化对农户土地租入决策的影响。基于此，本书提出以下假说：

假说 1：信息化提高了农户参与土地市场租入土地的可能性。

假说 2：信息化增加了农户基于市场的土地租入量。

3.3 信息化影响农户土地租赁决策的实证分析

3.3.1 计量模型、变量选择与内生性问题讨论

3.3.1.1 信息化影响农户土地租赁决策的基准模型

在理论分析中，本书关注的土地租入决策可细分为两步决策过程：一是决定是否参与土地市场租入土地；二是决定参与土地市场的土地租入量。因此，在实证分析部分，本书关注的被解释变量包括"是否租入土地"与"土地租入量"。当选择"是否租入土地"时，被解释变量是二分类变量，应选择 Probit 模型进行估计；当选择"土地租入量"时，被解释变量是包括 0 值的受限变量，应选择 Tobit 模型进行估计。基于此，参考郜亮亮等（2014）、程令国等（2016）研究的实证分析，本书将基准模型设置如下：

$$y_i = \beta_0 + \beta_1 I_i + \sum \lambda_n X_i + \varepsilon_i \tag{3-9}$$

式（3-9）中，y_i 表示第 i 个农户的土地租入决策，包括是否租入土地与土地租入量；I_i 表示第 i 个农户的信息化水平；X_i 表示影响第 i 个农户土地租入决策的控制变量；ε_i 表示模型的误差项。在模型估计中，我们通过判断系数 β_1 的显著性与方向，判断信息化对农户土地租赁决策的影响。

3.3.1.2 变量选择、定义与说明

基于理论分析部分，令 $D^{in} = 1$、$D^{out} = 0$，将生产函数 $f(l_i^a, A_i; Z_i) = (l_i^a)^{\beta_1} (A_i)^{\beta_2}$ 代入式（3-5），并分别对 l_i^a、l_i^o、A_i 求导可得：

$$p_i \beta_1 (l_i^a)^{\beta_1-1} A_i^{\beta_2} = w_i \tag{3-10}$$

$$p_i \beta_2 (l_i^a)^{\beta_1} A_i^{\beta_2-1} = r_i + TC_i^{in}(I_i) \tag{3-11}$$

由式（3-10）、式（3-11）可得净收益最大化条件下农户的最优经营规模为：

$$A^* = w^{\left(\frac{\beta_1}{\beta_1+\beta_2-1}\right)} \beta_1^{\left(\frac{\beta_1}{1-\beta_1-\beta_2}\right)} \beta^{\left(\frac{\beta_1}{\beta_1+\beta_2-1}\right)} (r + TC^{in}(I))^{\left(\frac{1-\beta_1}{\beta_1+\beta_2-1}\right)} \tag{3-12}$$

那么，土地租入面积则为：

$$A^{**} = w^{\left(\frac{\beta_1}{\beta_1+\beta_2-1}\right)} \beta_1^{\left(\frac{\beta_1}{1-\beta_1-\beta_2}\right)} \beta^{\left(\frac{\beta_1}{\beta_1+\beta_2-1}\right)} (r + TC^{in}(I))^{\left(\frac{1-\beta_1}{\beta_1+\beta_2-1}\right)} - \overline{A} \tag{3-13}$$

由式（3-13）可知，苹果种植户的土地租入决策取决于非农就业工

资、土地流转租金、信息化水平、土地初始禀赋、影响土地流转交易成本的其他控制变量、影响苹果生产的户主个体特征以及区域虚拟特征。基于此，本书在参考相关研究的基础上，选择上述变量进行实证分析（具体变量设置、定义与说明见表3-1）。

（1）土地租入决策

该变量是本书的被解释变量，包括是否租入土地与土地租入量。其中，是否租入土地是二分类变量，并将其定义为：如果农户租入土地，则取值为1，否则取值为0。关于土地租入量，本书参考Deininger和Jin（2005）、钱龙（2017）的研究，采用土地租入比例进行测度，具体计算公式为：租赁面积/（年初经营面积+租赁面积）。

（2）信息化水平

该变量是本书的关键解释变量。既有的研究多采用信息技术普及率作为信息化的代理变量（朱秋博等，2019；Kikulwe et al., 2014），重点关注了信息获取的手段，但没有充分考虑农户对信息的利用能力。从理论上来说，将某一信息利用于生产决策需要跨过两道门槛：一是农户是否能够获得该信息，这与农户信息技术接入与应用水平有关；二是农户是否有能力利用该信息，这与农户信息素养有关。因此，本书根据信息化测评体系，从信息技术接入水平、信息技术应用水平及信息素养提升三个方面测度农户信息化水平。具体步骤如下：首先，选择"是否拥有智能手机""是否接入移动互联网""是否拥有电脑""是否接入固定宽带互联网"，采用熵权法测度信息技术接入水平；选择"通过移动网络获取农业信息的程度""通过固定宽带互联网获取农业信息的程度"，采用熵权法测度信息技术应用水平。其次，采用主成分分析方法，从信息意识、信息获取能力、信息评价能力、信息应用能力与信息共享能力五方面测度信息素养水平。最后，采用熵权法确定信息接入水平、信息技术应用水平及信息素养水平的权重，综合评价信息化水平。根据理论分析，预期信息化水平对农户土地租入决策具有正向影响。

（3）土地流转租金、土地初始禀赋与非农就业工资水平

为了进一步消除变量内生性导致的估计偏误，本书参考程令国等（2016）的研究方法，选择"村级平均土地流转租金"作为土地流转租金的代理变量。从理论上来说，土地租金越高，农户参与土地租赁市场的资金约束和潜在风险越大，农户越倾向于保持自给自足。因此，预期该变量对农户土地租入行为与土地租入比例具有负向影响。参考Jin和Deininger（2009）

的处理方法，选择劳均年初苹果种植面积作为土地初始禀赋的代理变量。从理论上来说，在既定劳动力水平下，苹果种植户初始种植面积越大，其租入土地的动力越小。因此，预期该变量对农户土地租入行为与土地租入比例具有负向影响。选择"村庄内参与非农就业家庭的比例"作为非农就业工资水平的代理变量，以此来反映外部非农就业环境。一方面，非农就业工资反映了农户从事农业生产的机会成本。非农工资越高，从事苹果种植的机会成本越大，对农户扩大经营规模的激励越小。另一方面，非农就业的外部环境越好，村庄内部其他成员退出农业生产的可能性越大，反而为留守劳动力创造了良好的土地交易环境，会增加留守农户租入土地的可能性与租入面积。因此，预期该变量对农户土地租入行为与土地租入比例的影响方向不确定。

（4）资产专用性变量

该变量具体包括实物资产专用性、人力资本专用性与地理位置专用性。其中，参考侯建昀（2016）的处理方法，本书采用是否有拖拉机、是否有割草机、是否有修剪机来表征实物资产专用性。从理论上来说，实物资产专用性越强，苹果种植户越倾向于租入土地，因此预期三个变量的影响方向为正。参考黄祖辉等（2008）的研究方法，本书采用受教育年限、种植经验与健康状况来表征人力资本专用性。从理论上来说，一方面，受教育年限越长，苹果种植户获得非农就业机会的可能性越大，越不利于其租入土地；另一方面，受教育年限越长，苹果种植户学习与使用农业新技术的可能性越大，从而激励农户租入土地，实现规模化生产，因此预期该变量对农户土地租入行为与土地租入比例的影响方向不确定。此外，种植经验越丰富、身体越健康的农户越倾向于租入土地，以扩大经营规模，提高土地配置效率（程令国 等，2016；吴莺莺 等，2014），因此预期这两个变量对农户土地租入行为与土地租入比例具有正向影响。本书参考侯建昀等（2016）采用苹果种植户到其最远果园的距离来衡量地理位置的专用性。从理论上来说，苹果种植户到其最远果园的距离越远，地理位置的专用性越强，进行土地流转的交易费用越小（罗必良、李尚蒲，2010），越倾向于租入土地，因此预期该变量对农户土地租入行为与土地租入比例具有正向影响。

（5）户主个体特征

该变量具体包括受访者年龄与受访者性别，主要反映苹果种植户生产能力的大小。从理论上来说，年龄较小的男性户主可能生产能力更强，越倾向于流入土地，因此预期受访者性别对农户土地租入行为与土地租入比例具有正向影响，但受访者年龄则对此具有负向影响。

（6）区域虚拟特征

为了控制未观察到的不同区域制度、经济、市场环境等对农户土地租赁行为与土地租赁比例的影响，本书以甘肃省苹果种植户为参照组，引入省份虚拟变量来控制这一层面的影响。

表 3-1　变量定义、说明与预期影响方向

变量	定义与说明	预期影响方向
被解释变量		
是否租入土地	二分类变量；1＝是，0＝否	—
土地租入比例	土地租入比例＝果园租赁地面积/经营总面积	—
关键解释变量		
信息化水平	基于熵权法计算的信息化水平综合值	+
租金、初始土地禀赋与非农就业工资水平		
土地流转租金	村庄土地流转平均租金（元/亩）	—
土地禀赋	人均土地禀赋＝经营面积/劳动力人数（亩/人）	—
非农就业情况	村庄参与非农就业家庭的比例（%）	+/-
实物资产专用性		
是否有拖拉机	1＝是，0＝否	+
是否有割草机	1＝是，0＝否	+
是否有修剪机	1＝是，0＝否	+
人力资本专用性		
受访者受教育年限	受教育年限（年）	+/-
受访者种植经验	苹果种植年限（年）	+
受访者健康情况	1＝非常不健康；2＝比较不健康；3＝比较健康；4＝非常健康	+
地理位置专用性		
与最远地块的距离	里程数（千米）	+
户主个体特征		
受访者性别	1＝男，0＝女	+
受访者年龄	年龄（岁）	—
区域虚拟特征		
陕西	1＝是，0＝否	+/-
山东	1＝是，0＝否	+/-

3.3.1.3 内生性讨论与拟解决方法

从已有的文献来看，本书关注的信息化水平变量可能是内生的，其原因如下：

第一，在信息化测评体系中，本书采用主观化量表测度信息素养水平，可能会因不同农户对题项的认知差异产生测量误差。同时，在设定计量模型时，可能会遗漏共同影响农户信息化水平与土地租入决策的变量，比如生活习惯或接受新鲜事物的能力等。

第二，信息基础设施的布局并不是随机的，铺设时间及地点的差异会影响农户信息技术接入与应用水平。

第三，信息化水平与农户土地租入决策可能存在反向因果关系，即选择土地租入的农户信息化水平较高的可能性更大。

关于内生性问题，本书关注的信息化水平属于多指标综合评价值，一定程度上缓解了单个信息化指标的内生性。同时，参考已有的研究，本书运用工具变量法解决信息化水平变量的内生性，并采用 Roodman（2011）提出的条件混合过程方法（CMP）对计量模型进行估计。相较于传统工具变量两阶段最小二乘法，CMP 估计方法能够更好地解决内生变量的非连续性问题（卿石松、郑加梅，2016）。CMP 方法也属于两阶段估计过程，其中，第一阶段寻找潜在内生变量的工具变量，并检验其与内生变量的相关性；第二阶段将工具变量代入模型进行回归，根据内生性检验参数 atanhrho_12 值来检验潜在内生变量的外生性。如果 atanhrho_12 参数值显著不为 0，则说明模型存在内生性问题，采用 CMP 方法估计计量模型是有效的。

3.3.2 描述性统计分析

3.3.2.1 模型关键变量的描述性统计分析

表 3-2 显示了模型主要变量的描述性统计结果。从土地租入行为与土地租入比例来看，样本农户租入土地的比例较小，仅为 26%，租入土地农户的土地租入比例平均为 49%。从信息化水平来看，样本农户的信息化综合评价值平均为 1.43。此外，样本农户所在村庄的土地租金平均为 933.92 元/亩，家庭人均土地初始禀赋为 3.12 亩/人，从事非农就业的家庭比例为 17.32%。从实物资产专用性来看，样本农户拥有拖拉机的比例为 47%，拥有割草机的比例为 43%，但拥有修剪机的比例仅为 1%。从人力资本专用性来看，样本农户的身体状况整体较好，受教育年限平均为 8.36 年，苹果

种植年限平均为 23.06 年。从地理位置专用性来看，农户与其最远地块的距离平均为 2.71 千米。从户主个体特征来看，样本农户的平均年龄为 51.80 岁，且 89% 是男性。

表 3-2　模型主要变量的描述性统计结果

变量	样本量/户	最小值	最大值	均值	标准差
是否租入土地	734	0	1	0.26	0.44
土地租入比例	188	0	1	0.49	0.23
信息化水平	734	0.13	3.83	1.43	0.97
村级果园流转租金/元/亩	734	178.33	2 500.00	933.92	484.17
人均土地禀赋/亩/人	734	0	12	3.12	1.78
本村人口外出务工比例/%	734	0	60	17.32	17.50
是否有拖拉机	734	0	1	0.47	0.50
是否有割草机	734	0	1	0.43	0.50
是否有修剪机	734	0	1	0.01	0.10
受访者受教育年限/年	734	0	16	8.36	2.95
受访者种植经验/年	734	1	47	23.06	8.11
受访者健康状况	734	1	4	3.27	0.70
与最远一块果园距离/千米	734	0.01	40	2.71	2.81
受访者性别	734	0	1	0.89	0.31
受访者年龄/岁	734	21	76	51.80	9.21

3.3.2.2　不同信息化水平组模型关键变量的差异性分析

本书以信息化水平的均值为分割点，将整体样本分为高信息化与低信息化两个分样本，并采用独立样本 T 检验，分析不同信息化水平组模型主要变量的差异性，结果见表 3-3。从土地租入行为与土地租入比例来看，高信息化水平农户参与土地市场租入土地的概率比低信息化水平农户高 13%，土地租入比例则高 7%，且均在 1% 水平显著，这在一定程度上说明了信息化水平高的农户参与土地市场租入土地的可能性以及土地租入比例较高，但两者是否具有因果关系，仍需要进一步验证。从控制变量来看，除村级土地流转租金、是否有拖拉机、是否有修剪机、与最远地块的距离在高信息化水平与低信息化水平两个样本之间不具有显著的统计学差异外，其余变量在10%水平存在显著的统计学差异，这在一定程度上说明了本书选择的控制变量是有效的。

表 3-3　不同信息化水平组模型主要变量的差异性分析

变量	信息化水平		均值差
	高水平组	低水平组	
是否租入土地	0.32	0.19	0.13*** (4.144)
土地租入比例	0.160	0.09	0.07*** (3.675)
村级果园流转租金/元/亩	937.19	930.67	6.52 (0.182)
人均土地禀赋/亩/人	3.25	3.00	0.25* (1.922)
本村人口外出务工比例/%	15.15	19.48	−4.33*** (−3.378)
是否有拖拉机	0.50	0.45	0.05 (1.475)
是否有割草机	0.51	0.35	0.16*** (4.289)
是否有修剪机	0.02	0.01	0.01 (1.428)
受访者受教育年限/年	9.04	7.69	1.343*** (6.328)
受访者种植年限/年	21.62	24.49	−2.872*** (−4.868)
受访者健康状况	3.38	3.17	0.211*** (4.165)
与最远一块果园距离/千米	2.86	2.57	0.29 (1.372)
受访者性别	0.92	0.86	0.06** (2.218)
受访者年龄/岁	47.95	55.62	−7.67*** (−12.406)

注：***、**、*分别表示在1%、5%、10%水平具有显著的统计学差异；括号内为t值。

3.3.3　计量结果与分析

3.3.3.1　信息化影响农户土地租赁决策的基准回归结果

本书选择"您家附近10户家庭中使用智能手机的比例"作为信息化水平的工具变量，运用 Probit 模型、Tobit 模型及 CMP 估计方法估计模型(3-9)，检验信息化水平对农户土地租入决策的影响（结果见表 3-4）。之所以选择"您家附近10户家庭中使用智能手机的比例"这一工具变量，是因为这一变量能够较好地反映农户所处区域的信息化水平。已有的文献表明，一个区域的信息技术普及与利用程度对个人的信息化水平具有重要影响（周广肃、孙浦阳，2017；周洋、华语音，2017）。"您家附近10户家庭中使用智能手机的比例"对农户个体层面的土地租入决策而言是外生的，满足工具变量的基本条件。从内生性检验结果来看，在第一阶段信息化水平估计方程中（表3-4回归1~回归2），工具变量"您家附近10户家庭中使用智能手机的比例"在1%水平显著正向影响信息化水平，且内生性检验参数 atanhrho_12 值在1%水平显著不为0，这说明信息化水平变量是内生的，且本书选择的工具变量及 CMP 估计方法是有效的。模型估计结果与分析如下：

第一，无论是对于土地租入行为还是对于土地租入比例而言，信息化水平的估计系数均为正，且至少在5%水平通过了显著性检验，这表明信息化不仅增加了农户参与土地市场租入土地的概率，也增加了农户参与土地市场的土地租入量，假说1与假说3均得到验证。具体来看，Probit 模型估计结果表明（表3-4回归1第2列），在其他因素保持不变的条件下，信息化水平每提升1个单位，农户参与土地市场租入土地的概率将增加22.4%。Tobit 模型估计结果表明（表3-4回归2第2列），在其他因素保持不变的条件下，信息化水平每提升1个单位，农户参与土地市场租入土地的比例将增加17.7%。

第二，土地租金、土地初始禀赋与非农就业工资水平对农户土地租入行为与土地租入比例的影响。土地租金在5%水平分别正向显著影响农户的土地租入行为与土地租入比例，这表明土地租金越高，农户参与土地市场租入土地的可能性与土地租入量越大，与理论预期相反。可能的原因是，一方面，土地租金一定程度上反映了村域土地租赁市场的发育程度，租金越高，租赁契约的稳定性可能越大；另一方面，与一年生作物不同，苹果树生命周期较长，其潜在的种植收益差异较为明显。一般而言，处于丰果期的苹果园租金偏高，但潜在收益也较大。因此，租金越高，越有可能激励农户参与土地市场租入土地，并增加土地租入量。土地禀赋在1%水平负向显著影响农户的土地租入行为与土地租入比例，这表明土地禀赋越丰裕，农户参与土地市场租入土地的可能性与土地租入量越大，与理论预期相符，但与侯建昀等（2016）、马贤磊等（2015）的结论不一致。非农就业工资水平在10%水平正向显著影响农户的土地租入行为与土地租入比例，这表明村庄外出务工家庭比例越大，农户参与土地市场租入土地的可能性与土地租入量越大，与吴鸾莺等（2014）的研究结论相符。可能的原因是，劳动力外流为实现村庄内部规模化经营创造了条件，正向激励了留守劳动力参与土地市场租入土地的积极性。

第三，资产专用性对农户土地租入行为与土地租入比例的影响。从表征实物资产专用性的变量来看，是否有拖拉机、是否有割草机、是否有修剪机至少在5%水平正向显著影响农户的土地租入行为与土地租入比例，这表明实物资产专用性越强，农户参与土地市场租入土地的可能性与土地租入量越大，与侯建昀等（2016）关于土地流入的研究结论一致。从表征人力资本专用性的变量来看，受访者受教育年限在1%水平负向显著影响农户的土地租入行为与土地租入量，这表明文化水平越高，农户参与土地市场租入土地的可能性与土地租入比例越小，这与侯建昀等（2016）、马贤磊等（2015）关于土地流入行为研究的结论不一致。可能的原因是，文化水平高的农户更容易抓住非农就业机会，从而转为兼业生产或从事非农生产，抑制了其参与土地市场租入土地的可能性。此外，种植经验与自评健康对农户土地租入行为与土地租入量的影响不显著。从表征地理位置专用性的变量来看，与最远地块距离在1%水平正向显著影响农户的土地租入行为与土地租入量，这表明地理位置专用性越强，农户参与土地市场租入土地的可能性与土地租入量越大，与理论预期相符。

第四，户主个体特征对农户土地租入行为与土地租入比例的影响。年龄在5%水平正向显著影响农户的土地租入行为，但对土地租入比例的正向影响不显著，这与马贤磊等（2015）关于土地流入行为的影响结论一致，但与其关于土地流入率的影响结论不一致。可能的原因是，年龄大的农户，种植经验比较丰富，倾向于流入土地，但苹果种植生产劳动强度较大，受到身体条件的制约，其土地租入比例并没有明显增加。此外，性别对农户土地租入行为与土地租入比例的影响未通过显著性检验。

第五，区域虚拟特征对农户土地租入行为与土地租入比例的影响。从变量估计结果来看，山东省与陕西省苹果种植户参与土地市场租入土地的可能性与土地租入比例均大于甘肃省苹果种植户。可能的原因是，一方面，甘肃省的土地市场发育程度可能滞后于山东省与陕西省；另一方面，山东省与陕西省的劳动力市场发展加快，非农就业比例较高，为农户参与土地租入市场提供了良好的环境。

表 3-4 信息化影响农户土地租赁行为与土地租赁面积比例的估计结果

变量	被解释变量:是否租入土地（CMP-Probit）回归 1		被解释变量:土地租入比例（CMP-Tobit）回归 2	
	第一阶段	第二阶段	第一阶段	第二阶段
信息化水平	—	0.904*** [0.224] (4.04)	—	0.550** [0.177] (2.11)
土地流转租金	—	0.270** (2.45)	—	0.144** (2.55)
土地禀赋	0.011 (0.66)	-0.244*** (-4.20)	0.011 (0.66)	-0.200*** (-7.81)
非农就业工资水平	-0.001 (-0.73)	0.005* (1.67)	-0.001 (-0.73)	0.003* (1.77)
是否有拖拉机	—	0.237** (2.33)	—	0.161*** (2.87)
是否有割草机	—	0.312*** (2.67)	—	0.188*** (3.03)
是否有修剪机	—	1.070** (2.40)	—	0.524*** (3.41)
受访者受教育年限	0.062*** (5.63)	-0.065*** (-3.02)	0.062*** (5.63)	-0.041** (-2.13)
受访者种植经验	0.005 (1.13)	0.004 (0.56)	0.005 (1.13)	0.003 (0.63)
受访者健康	0.022 (0.52)	0.100 (1.21)	0.022 (0.52)	0.062 (1.31)
与最远地块的距离	—	0.054*** (2.99)	—	0.025*** (4.94)
受访者性别	0.100 (0.94)	0.087 (0.48)	0.100 (0.94)	0.057 (0.52)
受访者年龄	-0.042*** (-10.38)	0.030** (2.15)	-0.042*** (-10.38)	0.017 (1.37)
陕西	—	0.670*** (3.16)	—	0.494*** (4.60)
山东	—	0.300* (1.67)	—	0.250** (2.10)

表3-4(续)

变量	被解释变量:是否租入土地（CMP-Probit）回归1		被解释变量:土地租入比例（CMP-Tobit）回归2	
	第一阶段	第二阶段	第一阶段	第二阶段
您家附近10户家庭中使用智能手机的比例	0.006*** (4.69)	—	0.006*** (4.69)	—
常数项	2.331*** (7.23)	-5.427*** (-6.99)	2.331*** (7.23)	-3.020*** (-3.49)
atanhrho_12	-0.702** (-2.08)		-0.620* (-1.85)	
Wald 检验	767.14***		736.60***	
样本量/户	734	734	734	734

注：***、**、* 分别表示在1%、5%、10%水平显著；小括号内为稳健标准误下的z值；中括号内为信息化的边际效应值。

3.3.3.2　信息化影响农户土地租入决策的区域异质性分析

上述分析表明，在整体层面，信息化正向显著影响农户的土地租入行为与土地租入比例。但不同地区信息化水平与土地市场发育程度具有明显的区域差异，这可能导致信息化影响农户土地租入决策的区域异质性。因此，本书按照地理区域划分标准，将整体样本分为东部地区与西部地区两个分样本①，分别采用Probit模型、Tobit模型及CMP方法对农户土地租入决策的基准模型进行拟合回归，以验证信息化对农户土地租入决策影响结果的稳健性。

从农户土地租入行为的分样本拟合结果②（表3-5）来看，在第一阶段关于信息化的方程估计中，工具变量"您家附近10户家庭中使用智能手机上网的比例""您家附近10户家庭中使用移动支付的比例"在1%水平与信息化显著相关，且内生性检验参数atanhrho_12值在10%水平显著不为0，这表明在东部地区与西部地区农户土地租入行为模型估计中，工具变量及CMP估计方法的选择是有效的。第二阶段方程估计结果显示，在东

---

① 东部地区样本包括山东省烟台市的蓬莱区与栖霞市，西部地区样本包括陕西省渭南市的白水县、延安市的富县与洛川县以及甘肃省平凉市的静宁县。

② 限于篇幅，表3-5未显示第一阶段与第二阶段模型中控制变量的估计结果，感兴趣的读者可向笔者索要。

部地区与西部地区，信息化水平在1%水平正向显著影响农户的土地租入行为，与基准结果一致，这说明信息化水平正向影响农户土地租入行为这一结论在区域层面是稳健的。但从影响力度来看，信息化水平影响东部地区与西部地区农户土地租入行为的边际效应分别为0.217、0.197，这表明信息化水平对东部地区农户土地租入行为的影响大于对西部地区农户的影响。

从农户土地租入比例的分样本拟合结果①（表3-6）来看，在第一阶段关于信息化的方程估计中，工具变量"您家附近10户家庭中使用智能手机上网的比例""您家附近10户家庭中使用移动支付的比例""村内是否有网络通信营业点"分别与信息化水平显著相关，且内生性检验参数 atanhrho_12 值在10%水平显著不为0，这表明在东部地区与西部地区农户土地租入比例模型估计中，工具变量及CMP估计方法的选择是有效的。第二阶段方程估计结果显示，在东部地区与西部地区，信息化水平在5%水平正向显著影响农户的土地租入比例，与基准结果一致，这说明信息化水平正向影响农户土地租入比例这一结论在区域层面是稳健的。但从影响力度来看，信息化水平影响东部地区与西部地区农户土地租入比例的边际效应分别为0.218、0.153，这表明信息化水平对东部地区农户土地租入比例的影响大于对西部地区农户的影响。

出现上述现象的原因可能是，一方面，相较于东部地区，西部地区信息化进程滞后，农户获取与处理信息的效率较低，导致信息化水平影响农户参与土地租入市场决策的边际效应小于东部地区；另一方面，相较于东部地区，西部地区土地市场发育滞后，农户参与土地市场可能面临更复杂的内部约束与外部约束，以至于信息化水平影响农户参与土地租入市场的效应偏低。

---

① 限于篇幅，表3-6未显示第一阶段与第二阶段模型中控制变量的估计结果，感兴趣的读者可向笔者索要。

表 3-5　信息化影响农户土地租入行为的区域异质性分析

变量	被解释变量:是否租入土地			
	东部地区(回归1)		西部地区(回归2)	
	第一阶段	第二阶段	第一阶段	第二阶段
信息化水平	—	1.001*** [0.217] (4.29)	—	0.738*** [0.197] (2.71)
控制变量	已控制	已控制	已控制	已控制
您家附近10户家庭中 使用移动支付的比例	—	—	0.006*** (4.45)	—
您家附近10户家庭中 使用智能手机上网的比例	0.009*** (4.55)	—	—	—
常数项	3.036*** (5.23)	−10.056*** (−5.05)	2.103*** (5.70)	−4.038*** (−3.73)
atanhrho_12	−0.623* (−1.75)		−0.578* (−1.87)	
Wald 检验	310.28***		420.70***	
样本量/户	239	239	495	495

注: ***、**、* 分别表示在1%、5%、10%水平显著;小括号内为稳健标准误下的 z 值;中括号内为信息化的边际效应值。

表 3-6　信息化影响农户土地租入比例的区域异质性分析

变量	被解释变量:土地租入比例			
	东部地区		西部地区	
	第一阶段	第二阶段	第一阶段	第二阶段
信息化水平	—	0.650** [0.218] (2.22)	—	0.481** [0.153] (2.31)
控制变量	已控制	已控制	已控制	已控制
您家附近10户家庭中 使用智能手机的比例	0.008*** (4.04)	—	—	—
您家附近10户家庭中 使用移动支付的比例	—	—	0.006*** (4.29)	—
村内是否有网络通信 营业点	—	—	−0.243*** (−3.14)	—
常数项	3.136*** (5.33)	−5.214*** (−3.75)	2.265*** (6.06)	−2.028*** (−2.58)
atanhrho_12	−0.642* (−1.74)		−0.586** (−2.29)	
Wald 检验	302.22***		494.55***	

表3-6(续)

变量	被解释变量:土地租入比例			
	东部地区		西部地区	
	第一阶段	第二阶段	第一阶段	第二阶段
样本量/户	239	239	495	495

注:***、**、*分别表示在1%、5%、10%水平显著;小括号中为稳健标准误下的z值;中括号内为信息化的边际效应值。

3.3.3.3　不同维度信息化对农户土地租赁决策的影响

从信息化测评体系来看,信息化的三个维度即信息技术接入、信息技术应用与信息素养提升对农户信息处理效率的影响存在差异,可能会导致其影响农户土地租入决策的异质性。基于此,本书采用 Probit 模型、Tobit 模型及 CMP 方法分别估计农户土地租入决策的基准模型,探讨信息技术接入水平、信息技术应用水平与信息素养水平对农户土地租入决策的影响,以进一步验证上文研究结果的稳健性。

从不同维度信息化影响农户土地租入决策的拟合结果①(表 3-7)来看,内生性检验结果表明,信息素养水平在土地租入行为模型与土地租入比例模型中具有内生性,但信息技术接入水平与信息技术应用水平是外生的。因此,本书以 CMP 估计的 Probit 模型结果分析信息素养水平对农户土地租入行为的影响,以最小二乘法估计的 Probit 模型结果分析信息技术接入水平与信息技术应用水平对农户土地租入行为的影响;同时,以 CMP 估计的 Tobit 模型结果分析信息素养水平对农户土地租入行为的影响,以最大似然法估计的 Tobit 模型结果分析信息技术接入水平与信息技术应用水平对农户土地租入比例的影响。具体来看,信息技术接入水平、信息技术应用水平与信息素养水平在1%水平正向显著影响农户的土地租入行为,与基准模型结果一致;同时,信息技术接入水平、信息技术应用水平与信息素养水平在5%水平正向显著影响农户的土地租入比例,与基准模型结果一致。这说明信息化水平正向影响农户土地租入决策的结论在不同维度层面是稳健的。但从影响力度来看,信息技术接入水平、信息技术应用水平与信息素养水平影响农户土地租入行为的边际效应分别为 0.204、0.027、0.358;同时,信息技术接入水平、信息技术应用水平与信息素养

---

① 限于篇幅,表3-7未显示第一阶段模型的估计结果以及第二阶段模型中控制变量的估计结果,感兴趣的读者可向笔者索要。

水平影响农户土地租入比例的边际效应分别为 0.121、0.015、0.253。这表明信息素养水平对农户土地租入决策的影响最大，信息技术接入水平的影响次之，信息技术应用水平的影响最小。

出现上述现象，可能的原因是，土地流转相关的信息比较复杂，包括多个方面（何静，2015）：一是土地有关的法律信息与制度信息，例如《中华人民共和国土地管理法》《中华人民共和国农村土地承包法》；二是有关土地本身的相关信息，比如土地的位置、土地肥力等；三是有关土地市场的相关信息，例如供给信息、价格信息等。在此情形下，相较于信息获取水平，农户参与土地市场的决策效率可能更依赖于农户对信息的处理效率，即信息素养水平。然而，之所以信息技术应用水平的影响效应小于信息技术接入水平的影响效应，可能是因为农户使用信息技术针对性获取市场信息的能力仍然处于较低水平。

表 3-7　不同维度信息化影响农户土地租入行为与土地租入比例的估计结果

变量	被解释变量：是否租入土地			被解释变量：土地租入比例		
	回归 1（Probit）	回归 2（Probit）	回归 3（CMP）	回归 4（Tobit）	回归 5（Tobit）	回归 6（CMP）
信息技术接入水平	0.788*** [0.204] (4.16)			0.435*** [0.121] (4.67)		
信息技术应用水平		0.105*** [0.027] (3.27)			0.055*** [0.015] (3.50)	
信息素养水平			1.334*** [0.358] (3.63)			0.793** [0.253] (2.15)
控制变量	已控制	已控制	已控制	已控制	已控制	已控制
您家附近 10 户家庭中使用智能手机的比例	—	—	0.004*** (4.68)	—	—	0.004*** (4.68)
常数项	−4.434*** (−4.56)	−4.107*** (−4.36)	−6.171*** (−6.87)	−1.858*** (−3.93)	−0.1.754** (−3.68)	−4.351*** (−3.13)
atanhrho_12	—	—	−0.659** (−2.23)	—	—	−0.573** (−1.99)
Wald（F）检验	138.50***	134.34***	476.51***	18.33***	16.64***	442.80***
Pseudo R2	0.1926	0.1864	—	0.2196	0.2108	—
样本量/户	734	734	734	734	734	734

注：***、**、* 分别表示在 1%、5%、10% 水平显著，括号内为稳健标准误下的 t 值或 z 值。

3.4 本章小结

本章旨在分析信息化对农户土地租赁决策的影响。本章从理论上阐述了信息化影响农户土地租赁决策的作用机理，提出研究假说，并基于山东、陕西与甘肃省苹果种植户微观调查数据，采用 Probit 模型、Tobit 模型及 CMP 估计方法进行实证分析，以验证研究假说的真伪。研究结果表明：

第一，信息化可显著促进农户参与土地市场，提高租入土地的可能性与土地租入比例，且该结论在区域层面具有稳健性，但信息化水平对农户土地租入决策的影响存在明显的区域差异性。具体而言，信息化水平对东部地区农户土地租入行为与土地租入比例的影响大于对西部地区农户的影响。

第二，不同维度信息化对农户土地租入决策的影响存在差异性。具体而言，信息素养水平对农户土地租入行为与土地租入比例的影响最大，信息技术接入水平的影响次之，而信息技术应用水平的影响最小。

第三，村级土地租金、土地初始禀赋、非农就业工资水平、资产专用性也是影响农户土地租入决策的重要因素。具体而言，村级土地租金、村庄内从事非农就业家庭的比例、实物资产专用性、地理位置专用性可显著促进农户参与土地市场，提高租入土地的可能性与土地租入比例；土地初始禀赋、受教育年限制约了农户参与土地市场租入土地的可能性与土地租入比例。

基于上述研究结论，本章得到两点启示：

第一，相关部门应依托乡村振兴战略，全面提高农户的信息化水平，有效规避信息不对称导致的道德风险或逆向选择，提高农户对劳动资源的配置效率。首先，应加快信息基础设施建设，实现移动网络基站与光纤电缆铺设对农村的全面覆盖，为农户接入互联网奠定基础；同时，应联合三大网络运营商（中国移动、中国电信与中国联通）推出适合农村地区的资费产品，有效降低农户接入移动互联网及固定宽带互联网的准入门槛，综合提升农户的信息技术接入水平。尤其是信息化进程滞后的西部地区更应该重视农户的信息技术接入与应用水平。其次，在顶层设计上，政府部门应建立以信息技术及互联网为平台的信息供给体系，并依托当前相对成熟的技术推广模式，指导农户使用信息技术获取劳动力市场信息，有效降低农户搜寻信息的成本，提高农户的信息技术应用水平。最后，在农村地区开展信息教育及培训，培养农户的信息意识，不断提高农户对信息获取、评价、应用及共享的能力。

第二，依托信息技术平台，创新农村土地市场的交易形式。首先，依托智能手机或电脑等信息设备，建设基于固定网络终端（网站）或者移动互联网终端（手机App）的农村土地市场交易平台。其次，引导有意愿参与土地市场的农户，通过交易平台发布租入或租出的信息。最后，需要配套出台关于网络交易平台的法律法规或依托第三方规制，保障信息安全，防范道德风险。在此基础上，农户可以通过大数据快速搜寻满足其需求的土地供给方或土地需求方，提高土地相关信息的搜寻效率，减少信息不对称导致的土地资源配置扭曲。

4 信息化对农户雇佣农业劳动力决策的影响分析

在青壮年劳动力外流以及农业劳动力老龄化、女性化的现实背景下，农业生产过程中劳动力短缺问题突出，尤其是劳动密集型作物的生产更是如此。已有的研究表明，雇工生产是有效配置人力资源，提高农业领域生产技术效率和资源配置效率的有效方式（王颜齐、郭翔宇，2018）。然而，由于信息不充分以及雇主与雇工之间的信息不对称，农户参与劳动力雇佣市场面临较高的交易成本（Shyamal，2006），制约了农户的雇工效率。进入 20 世纪 90 年代以来，以信息通信技术为基础的信息化发展打破了信息不对称壁垒（Aker et al.，2016），为实现劳动力跨区域流动提供了良好的信息环境，无疑会改变农户参与劳动力雇佣市场的决策情境。那么，信息化如何影响农户参与农业劳动力雇佣决策呢？为了回答这一问题，本章基于山东、陕西与甘肃苹果种植户微观调查数据，采用 Probit 模型、Tobit 模型及条件混合过程（CMP）估计方法，实证分析信息化对农户参与农业劳动力雇佣决策的影响。

4.1 引言

在农业劳动力持续向非农产业转移的过程中，我国农业劳动力逐步表现出了老龄化与女性化的特点，季节性劳动力短缺成为制约农业生产效率提升的关键问题。在这种背景下，农村内部要素市场不断发育，雇工生产成为当前农村经济社会条件下一种客观存在的经济现象（王颜齐、郭翔宇，2018），尤其是以生产劳动密集型作物为主的区域。雇工生产为缓解农忙季节的用工压力，提高资源配置效率（Zhang et al.，2019）提供了新的契机。然而，由于存在信息不对称以及信息不对称引起的道德风险或逆向选择问题，在与雇工缔结雇佣合约的过程中，农户面临较高的交易成本，制约了其参与劳动力市场的效率（曹峥林 等，2017）。随着信息通信技术的发展，信息不对称困境正在改善（Aker et al.，2016），这无疑会影响农户在生产经营过程中的劳动力配置。在此情形下，研究信息化如何影响农户参与劳动力雇佣决策，对完善农村劳动力市场运行机制，推进信息化背景下的劳动力市场变革具有重大的理论与现实意义。

既有的关于劳动力雇佣的研究主要从三个方面展开：一是关于农业雇工受雇的现状分析。例如，王颜齐等（2017）分析了土地规模化流转背景下的雇工特征，发现青壮年劳动力雇佣难、雇佣雇工成本高、雇工群体农业技能水平偏低且劳动强度较大是当前农户雇工面临的主要问题。任守云、叶敬忠（2011）以河北省1个村庄为案例，讨论了农户雇工与换工现象背后隐藏的劳动力价值问题。二是关于农户雇工决策的影响因素分析。其中，部分学者从整体上分析了影响农户雇工决策的因素。例如，张强强等（2018、2019）研究发现，年龄、受教育程度、种植经验、家庭劳动力人数、兼业化程度与经营规模等是影响苹果种植户劳动力外包决策的重要因素。胡振通（2019）分析了牧区雇工放牧行为，研究发现草场承包面积、净流转草场面积、草料费支出与家庭劳动力数量是影响雇工放牧的主要因素。还有部分学者关注了某一特定因素对农户雇佣行为的影响。例如，蔡荣、蔡书凯（2014）以安徽省水稻种植农户为例，研究发现信息不对称导致的交易成本是制约农户外包行为选择的重要因素。与此结果类似，曹峥林等（2017）以四川省水稻种植户为例，分析交易成本对农户生产环节外包的影响。研究结果表明，地理距离和物资资产专用性、经营风险和市场风险显著抑制了农户生产环节外包。随着信息技术的发展，部分学者探讨了信息化对农户雇工决策行为的影响。例如，Kikulwe et al.（2014）在肯尼亚情境下，研究智能手机移动支付对香蕉种植户劳动力雇佣行为的影响，结果发现智能手机移动支付的使用能够显著增加劳动力雇佣行为。Chowdhury（2006）从交易成本视角切入，研究发现智能手机的使用可以提高农户参与劳动雇佣市场的可能性。但Ogutu et al.（2013）的研究发现信息通信技术项目的实施减少了农户男性雇工与自用工的投入。三是关于雇工决策的作用及效率。就雇工决策的作用而言，Zhang et al.

（2019）研究发现，雇工提高了苹果种植户的生产技术效率。Benjamin 和 Kimhi（2006）研究发现农业雇工通过替代家庭用工投入，影响了家庭成员投入农业劳动力生产的劳动力分配。还有学者证实了雇工在提高农业收入与促进经济增长方面的作用（Dupraz et al.，2015）。就雇工决策的效率而言，石弘华、杨英（2005）研究发现，雇工自营制下的"按天计酬"与"转包反雇"是有效率的。王颜齐、郭翔宇（2011）则发现，"计件工资+事后客观评估"合约效率优于"固定工资+过程监督"合约。

可以看出，既有的研究成果为进一步研究信息化对农户雇工决策的影响奠定了良好的基础，对本书的研究具有重要的借鉴与启示意义，但仍然存在三个方面的局限：首先，在信息化测度方面，既有的研究只考虑了信息技术接入或应用水平的某一方面，未考虑农户在信息利用能力上的差异性。从理论上来说，将某一信息用于农户生产决策需要跨过两道门槛，其一取决于农户是否能获取该信息，其二取决于农户是否有能力使用该信息。因此，应从信息可得性与信息可及性两个方面综合评价农户的信息化水平。其次，在理论层面，既有的研究对于信息化影响农户雇佣决策机理的阐述不清晰。最后，在研究对象方面，既有的研究主要关注信息化对非洲等欠发达地区农户雇佣决策的影响，但非洲等欠发达地区的农村地区信息化进程与劳动力市场发育程度均与我国存在较大差异，因此有必要开展针对我国农村地区农户的实证研究。鉴于此，本书基于山东、陕西与甘肃苹果种植户微观调查数据，从理论上阐述信息化对农户农业劳动力雇佣决策的影响机理，并采用计量模型实证分析信息化对农户农业劳动力雇佣决策的影响。

4.2　信息化影响农户雇佣农业劳动力决策的理论分析

假设农户 i 具有固定的土地禀赋 A_i 与劳动力禀赋 L_i，其中劳动力禀赋 L_i 可以在从事农业生产 l_i^a 与非农生产 l_i^o 之间自由分配（令从事非农生产的工资为 w_i），且农户可以通过农业劳动力雇工市场雇工，以实现最优的土地与劳动资源配置。同时，参考 Sanjaya et al.（2006）的研究方法，本书将农户的生产函数设定为 $Q = \alpha_i \cdot f(A_i, l_i^a)$，其中 α_i 为反映其他要素投入与生产技术水平的参数。

在此基础上，本书参考 Chowdhury（2006）的研究思路，假设存在以下两种情境：

情境 I：在该情境中，假设存在信息不对称与信息不完全问题。农户缺乏有效的交易信息，导致其不能进入劳动力雇工市场，并通过土地禀赋 A_i 与劳动力 l_i^a 进行农业生产，保持自给自足的生产状态。那么，基于净收益最大化的农户 i 的最优决策函数可表示为：

$$\text{Max}_{A_i, \ l_i^a, \ l_i^o} p_i \alpha_i \cdot f(A_i, \ l_i^a) + w_i l_i^o \tag{4-1}$$

$$s.t. \qquad l_i^a + l_i^o \leqslant L_i \tag{4-2}$$

式（4-1）中，p_i 表示农产品价格。

由式（4-1）、式（4-2）可得净收益最大化条件下的拉格朗日方程，具体如下：

$$L = p\alpha \cdot f(A_i, \ l_i^a) + w_i l_i^o - \lambda(l_i^a + l_i^o - L_i) \tag{4-3}$$

对 l_i^a 求导，可得如下一阶条件：

$$p_i \alpha_i \cdot f_{l_i^a}(A_i, \ l_i^a) = \lambda \tag{4-4}$$

那么，在存在信息不对称与信息不完全情境下的劳动力边际产出 Mp_i^m 为：

$$Mp_i^m = f_{l_i^a}(A_i, \ l_i^a) = \lambda / p_i \alpha_i \tag{4-5}$$

情境 II：在该情境下，假设信息是充分且对称的，农户通过获取有效的交易信息，可以自由进入劳动力雇工市场，重新配置农业劳动力资源，并通过土地禀赋 A_i 与配置后的劳动力 l_i 进行农业生产。那么，基于净收益最大化的农户 i 的决策函数可表示为：

$$\text{Max}_{A_i, \ l_i, \ l_i^o} p_i \alpha_i \cdot f(A_i, \ l_i) + w_i l_i^o - r_i(l_i - l_i^a) \tag{4-6}$$

$$s.t. \qquad l_i^a + l_i^o \leqslant L_i \tag{4-7}$$

式（4-6）中，r_i 表示雇工的价格。

由式（4-6）、式（4-7）可得该情境下净收益最大化条件的拉格朗日方程为：

$$L = p_i \alpha_i \cdot f(A_i, \ l_i) + w_i l_i^o - r_i(l_i - l_i^a) - \lambda(l_i^a + l_i^o - L_i) \tag{4-8}$$

对 l_i 求导，可得如下一阶条件：

$$p_i \alpha_i \cdot f_{l_i}(A_i, \ l_i) = r_i \tag{4-9}$$

那么，在信息充分且对称情境下的劳动力边际产出 Mp_i^s 为：

$$Mp_i^s = f_{l_i}(A_i, \ l_i) = r_i / p_i \alpha_i \tag{4-10}$$

基于以上分析可知，信息不充分或信息不对称导致的劳动边际产出损

失为 $Mp_i{}^s - Mp_i{}^m$。在信息充分且对称的情境下，农户参与劳动力市场不存在交易成本，在这种情形下，如果 $Mp^s < Mp^m$，农户将持续搜寻合适的交易机会，以便寻求最优的劳动配置效率。假设农户 i 面临 N 种可选择的交易机会，那么，当且仅当满足 $Mp_{iN}^s \geq Mp_i{}^m$ 时，农户选择进入劳动力雇工市场，可进一步表示为：

$$E(Mp_N^s \mid Mp_N^s \geq Mp^m,\ Mp_{N-1}^s < Mp^m,\ \cdots,\ Mp_1^s < Mp^m)$$
$$= E(Mp_N^s \mid Mp_N^s \geq Mp^m) \qquad (4-11)$$

假设信息充分且对称情境下的劳动边际产出 $Mp_i{}^s$ 的随机概率分布函数为 $\varphi(Mp_i{}^s)$，那么，劳动投入边际产量的期望函数可写为：

$$E(Mp_i{}^s) = \int \varphi(Mp_i{}^s) Mp_i{}^s dMp_i{}^s \qquad (4-12)$$

进一步假设农户 i 在自给自足状态下的劳动投入的边际产出 $Mp_i{}^m$ 是已知的，且满足条件：$Mp_i{}^m < E(Mp_i{}^s)$。在实际生产决策过程中，信息不充分与信息不对称使得农户进入劳动力市场面临高昂的交易成本。此时，农户是否进入劳动力雇工市场则取决于雇工后的劳动预期边际产值、交易成本与自给自足状态下的劳动边际产值三者的组合（McCall，1970），即如果雇工后的劳动预期边际产值与交易成本的差值大于自给自足状态下的劳动边际产值，农户将选择进入劳动力雇工市场。假设农户进入劳动力市场雇工所面临的交易成本为 TC_i，那么农户持续搜索交易机会的预期净边际产量为：

$$E(Mp_i) = \int \varphi(Mp_i{}^s) Mp_i{}^s dMp_i{}^s - TC_i \qquad (4-13)$$

式（4-13）中，Mp_i 为交易成本 TC_i 的边际产量净值。

由式（4-12）可知，市场均衡条件为 $E(Mp_i) = Mp_i{}^m$。将均衡条件代入式（4-13）可得，均衡状态下交易成本的临界值，即为：

$$TC_i{}^* = \int \varphi(Mp_i{}^s)(Mp_i{}^s - Mp_i{}^m) dMp_i{}^s = E(R_i) \qquad (4-14)$$

式（4-14）中，$TC_i{}^*$ 表示农户 i 进入劳动力雇工市场所面临交易成本的临界值；$E(R_i)$ 表示农户 i 参与劳动力市场的预期边际收益。

可见，在既定的预期边际收益下，农户选择是否进入劳动力雇工市场的最优策略如下：

（1）当预期交易成本大于临界交易成本，即 $TC_i > TC_i{}^*$ 时，农户 i 将选择不进入劳动力雇工市场，保持自给自足；

（2）当预期交易成本小于临界交易成本，即 $0 \leqslant TC_i < TC_i^*$ 时，农户 i 会搜寻合适的交易机会，并进入农业劳动力雇工市场。

已有的研究表明，以信息通信技术为基础的信息化发展在破除信息不对称壁垒方面发挥了巨大作用（Aker et al.，2016），有效降低了农户参与市场的交易成本。在此基础上，假设农户 i 的信息化水平为 I_i，则交易成本 TC_i 是信息化的减函数。进一步假设，交易成本函数为 $TC_i = \varphi(I_i; Z_i)$，其中，Z_i 为影响交易成本的其他因素，则农户雇工的交易成本与其信息化水平之间的关系满足 $\partial TC_i / \partial I_i < 0$。由此可知，信息化水平越高，农户进入劳动力雇佣市场的交易成本越趋近 0，参与劳动力雇工市场的可能性则越大。基于此，提出本书的研究假说 1：

假说 1：信息化提高了农户参与劳动力雇工市场的可能性。

在上述逻辑分析的基础上，本书进一步分析信息化对农户参与劳动力雇工市场雇工数量的影响机理，如图 4-1 所示。假设农户的初始劳动力禀赋为 L_0。那么，在信息充分且对称的情境下，农户参与劳动力市场不存在交易成本，当劳动投入的边际净收益等于雇工价格，即 $MR = r$ 时，达到市场均衡状态，此时均衡点为 E_1，对应的农业劳动力投入量为 L_1，那么，农户参与劳动力雇工市场的雇工数量为 $L_1 - L_0$。然而，在实际生产决策中，市场交易信息不充分或信息不对称导致农户进入劳动力市场面临较高的交易成本。假设交易成本随着雇工数量的增加而增加，那么农户支付的雇工价格等于实际价格与交易成本之和。在此情形下，当劳动的边际净收益与交易成本的差值等于雇工价格，即 $MR = r + TC$ 时，达到市场均衡状态，此时均衡点为 E_2，对应的农业劳动力投入量为 L_2，那么，农户参与劳动力雇工市场的数量为 $L_2 - L_0$。对比 $L_1 - L_0$ 与 $L_2 - L_0$ 可知，交易成本的存在显著减少了农户参与劳动力雇工市场的数量。结合上文的分析结论可知，交易成本是信息化的减函数（$\partial TC / \partial I < 0$），即随着信息化水平的提高，农户参与劳动力雇工市场的交易成本会随之下降，导致曲线 $r + TC$ 下移至曲线 $r + TC(I)$，此时均衡点为 E_3，对应的劳动力投入量为 L_3。那么，此时考虑信息化的影响后，农户参与劳动力雇工市场的数量转为 $L_3 - L_0$，且满足 $(L_3 - L_0) > (L_2 - L_0)$。基于此，提出本书的研究假说 2：

假说 2：信息化增加了农户参与劳动力雇工市场的数量。

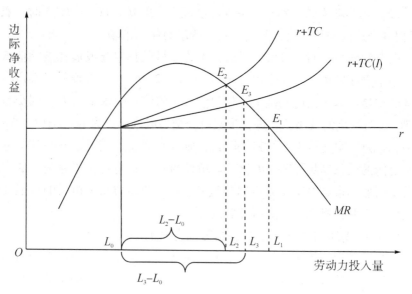

图 4-1 信息化影响农户参与劳动力雇工市场数量的经济学分析

4.3 信息化影响农户雇佣农业劳动力决策的实证分析

4.3.1 计量模型、变量选择与内生性问题讨论

4.3.1.1 信息化影响农户农业劳动力雇佣决策的基准模型

结合理论分析，本书分析的劳动力雇佣决策可细分为两步决策：一是决定是否参与劳动力雇工市场；二是决定参与劳动力雇工市场的数量。可见，本书关注的被解释变量包括"是否雇佣劳动力"与"劳动力雇佣数量"。当选择"是否雇佣劳动力"时，被解释变量是二分类变量，应选择 Probit 模型进行估计；当选择"劳动力雇佣数量"时，被解释变量是包含 0 值的受限变量，应选择 Tobit 模型进行估计。因此，本书的基准模型设定如下：

$$y_i = \beta_0 + \beta_1 I_i + \sum \lambda_n X_i + \varepsilon_i \qquad (4-15)$$

式（4-15）中，y_i 表示第 i 个农户的农业劳动力雇佣决策，包括是否雇佣劳动力与雇佣数量；I_i 表示第 i 个农户的信息化水平；X_i 表示影响第 i 个农户农业劳动力雇佣决策的控制变量；ε_i 表示模型的干扰项。在模型估计中，本书主要通过判断系数 β_1 的显著性与影响方向判断信息化对农户农业劳动力雇佣决策的影响。

4.3.1.2 变量选择、定义与预期影响方向

为了验证信息化对农户农业劳动力雇佣决策的影响，在结合理论分析，并参考已有文献的基础上，本书引入一系列变量进行实证分析，具体包括：被解释变量农户农业劳动力雇佣决策，关键解释变量信息化水平，以及资产专用性、户主个体与家庭特征、区域虚拟特征等控制变量。变量设置与说明如下（具体见表4-1）：

（1）农户农业劳动力雇佣决策

该变量是本书的被解释变量，包括是否雇佣劳动力与劳动力雇佣数量。其中，是否雇佣劳动力是二分类变量，将其定义为：如果农户在施肥、病虫害防治、套袋、摘袋、疏花疏果或修剪环节中任一环节存在雇工行为，则取值为1，否则取值为0；劳动力雇佣数量是包含0值的受限变量，将其定义为在施肥、病虫害防治、套袋、摘袋、疏花疏果与修剪环节中农户雇工的总量。

（2）信息化

该变量是本书的关键解释变量。既有的研究多采用信息技术普及率作为信息化的代理变量（朱秋博 等，2019；Kikulwe et al.，2014），重点关注了信息获取的手段，但没有充分考虑农户对信息的利用能力。从理论上来说，将某一信息利用于生产决策需要跨过两道门槛：一是农户是否能够获取该信息，这与农户信息技术接入与应用水平有关；二是农户是否有能力使用该信息，这与农户信息素养有关。因此，本书根据信息化测评体系，从信息技术接入水平、信息技术应用水平及信息素养提升三个方面测度农户信息化水平。具体步骤如下：首先，选择"是否拥有智能手机""是否接入移动互联网""是否拥有电脑""是否接入固定宽带互联网"，采用熵权法测度信息技术接入水平；选择"通过移动网络获取农业信息的程度""通过固定宽带互联网获取农业信息的程度"，采用熵权法测度信息技术应用水平。其次，采用主成分分析方法，从信息意识、信息获取能力、信息评价能力、信息应用能力与信息共享能力五方面测度信息素养水平。最后，采用熵权法确定信息接入水平、信息技术应用水平及信息素养水平的权重，综合评价信息化水平。根据理论分析，预期信息化对农户农业劳动力雇佣决策具有正向影响。

（3）资产专用性

该变量具体包括人力资本专用性、地理位置专用性与实物资产专用性。其中，参考黄祖辉等（2008）的研究方法，本书选择受访者受教育年限、受访者种植经验与受访者健康状况表征人力资本专用性。从理论上来说，文化水平越高，农户获取非农就业机会的可能性越大，越倾向于释放家庭劳动力，进行雇工生产。然而，文化水平越高，农户获取并使用劳动节约型技术的可能性也越大，可能会抑制其参与劳动力雇工市场。基于此，本书预期受教育年限对农户劳动力雇佣行为与雇工数量的影响方向不确定。种植经验越丰富、身体越健康的农户，参与劳动力雇工市场的可能性越小，预期该变量对农户劳动力雇佣行为与雇工数量的影响方向为负。选择村庄与乡镇政府的距离表征地理位置专用性。从理论上来说，地理位置专用性在一定程度上反映了农户参与非农市场的交易成本，距离越远，农户越倾向于从事农业生产，越不利于农户参与劳动力雇工市场。因此，预期该变量对农户劳动力雇佣行为与雇工数量的影响方向为负。参考侯建昀（2017）的研究方法，本书选择是否有拖拉机、是否有割草机与是否有修剪机表征实物资产专用性。从理论上来说，一方面实物资产专用性越强，农户由务农转为非农的机会成本越大，越倾向于固守家庭劳动力从事农业生产以减少雇工；另一方面实物资产专用性越强，农户选择低效生产的机会成本越大，越倾向于增加雇工来应对家庭劳动力短缺的困境。因此，预期该类变量对农户劳动力雇佣行为与雇工数量的影响方向不确定。

（4）户主个体与家庭特征

户主个体特征变量包括受访者性别与年龄。从理论上来说，年轻的男性农户体力充沛，生产能力较强，对雇工生产的需求偏低。因此，预期性别对农户劳动力雇佣行为与雇工总量的影响方向为负，年龄对农户劳动力雇佣行为与雇工总量的影响方向为正。家庭禀赋特征变量包括家庭劳动力禀赋、经营面积与土地流转租金。从理论上来说，家庭农业劳动力占比越大，农户进行雇工生产的可能性越小，预期该变量对农户劳动力雇佣行为与雇工数量的影响方向为负；土地经营面积越大，在劳动密集型生产环节出现劳动力不足的可能性越大，越倾向于进行雇工生产，预期该变量对农户劳动力雇佣行为与雇工数量的影响方向为正；土地流转租金越高，进行规模化生产的成本越高，农户越倾向于增加雇工来提高生产效率，降低生产风险，因此，预期该变量对农户劳动力雇佣行为与雇工数量的影响方向为正。

（5）区域虚拟特征

为了控制未观察到的不同区域制度、经济与市场环境等因素对农户农业劳动力雇佣决策的影响，本书以甘肃省作为参照组，引入省份虚拟变量来控制这一层面的影响。

表4-1　变量选择、定义与预期影响方向

变量	定义与说明	预期影响方向
被解释变量		
是否雇佣劳动力	二分类变量；在施肥、病虫害防治、套袋、摘袋、疏花疏果与修剪环节中是否雇工？1=是，0=否	—
雇佣劳动力的数量	在施肥、病虫害防治、套袋、摘袋、疏花疏果与修剪环节中的雇工总量①	—
关键解释变量		
信息化水平	基于熵权法计算的综合评价值	+
人力资本专用性		
受访者受教育年限	受教育年限（年）	+/-
受访者种植经验	种植苹果年限（年）	—
受访者健康状况	1=非常不健康；2=比较不健康；3=比较健康；4=非常健康	—
地理位置专用性	村庄与乡镇政府的距离（千米）	—
实物资产专用性		
是否有拖拉机	1=是；0=否	+/-
是否有割草机	1=是；0=否	+/-
是否有修剪机	1=是；0=否	+/-
家庭禀赋与个体特征变量		
受访者性别	1=男；0=女	—
受访者年龄	年龄（岁）	+
劳动力禀赋	种植苹果的劳动力/家庭劳动力总量（人）	—
土地经营面积	苹果挂果面积（亩）	+
土地流转租金	村庄苹果地流转平均租金（元/亩）	+
区域虚拟变量		
陕西	1=是；0=否	+/-
山东	1=是；0=否	+/-

① 根据实际情况，一个成年劳动力连续工作8小时即为1个工。

4.3.1.3　内生性讨论与拟解决方法

从已有的文献来看，本书关注的信息化水平变量可能是内生的，其原因如下：第一，在信息化测评体系中，本书采用主观化量表测度信息素养水平，可能会因不同农户对题项的认知差异产生测量误差；同时，在设定计量模型时，可能会遗漏共同影响农户信息化水平与劳动力雇佣决策的变量，比如生活习惯或接受新鲜事物的能力等。第二，信息基础设施的布局并不是随机的，铺设时间及地点的差异会影响农户信息技术接入与应用的水平。第三，信息化水平与农户农业劳动力雇佣决策可能存在反向因果关系，即参与劳动力雇工市场的农户的信息化水平可能也较高。

关于内生性问题，本书关注的信息化水平属于多指标综合评价值，一定程度上缓解了单个信息化指标的内生性。同时参考已有的研究，本书运用工具变量法解决信息化水平变量的内生性，并采用 Roodman（2011）提出的条件混合过程方法（CMP）对计量模型进行估计。相较于传统工具变量两阶段最小二乘法，CMP 估计方法能够更好地解决内生变量的非连续性问题（卿石松、郑加梅，2016）。CMP 方法也属于两阶段估计过程，其中，第一阶段寻找潜在内生变量的工具变量，并检验其与内生变量的相关性；第二阶段将工具变量代入模型进行回归，根据内生性检验参数 atanhrho_12 值来检验潜在内生变量的外生性。如果 atanhrho_12 参数值显著不为 0，则说明模型存在内生性问题，采用 CMP 方法估计计量模型是有效的。

4.3.2　描述性统计分析

4.3.2.1　模型主要变量的描述性统计结果与分析

表 4-2 显示了模型主要变量的描述性统计结果。从农户劳动力雇佣决策来看，样本农户存在雇工行为的比例为 64%，雇工数量平均为 36.37 个工。从信息化水平来看，样本农户信息化水平综合评价值平均为 1.43。从人力资本专用性情况来看，样本农户身体健康状况良好，受教育年限平均为 8.36 年，种植苹果年限平均为 23.06 年。从地理位置专用性来看，样本村庄与乡镇政府的距离平均为 9.67 千米。从实物资产专用性来看，样本农户拥有拖拉机的比例为 47%，拥有割草机的比例为 43%，拥有修剪机的比例仅为 1%，即 47% 的农户购置了拖拉机，43% 的农户购置了割草机，1% 的农户购置了修剪机。从户主个体特征来看，样本农户的平均年龄为

51.80 岁，且男性户主的比例为 89%。从家庭禀赋特征来看，样本农户家庭农业劳动力占比平均为 74%，土地经营规模平均为 7.38 亩，村庄土地流转租金平均为 933.92 元/亩。

表 4-2 模型主要变量的描述性统计结果

变量	样本量/户	最小值	最大值	均值	标准差
是否雇佣劳动力	734	0	1	0.64	0.48
雇工数量/个工	734	0	1 313	36.37	73.69
信息化水平	734	0.13	3.83	1.43	0.97
受访者受教育年限/年	734	0	16	8.36	2.95
受访者种植经验/年	734	1	47	23.06	8.11
受访者健康状况	734	1	4	3.27	0.70
村庄与乡镇政府的距离/千米	734	0	30	9.67	8.20
是否有拖拉机	734	0	1	0.47	0.50
是否有割草机	734	0	1	0.43	0.50
是否有修剪机	734	0	1	0.01	0.10
劳动力禀赋/人	734	0.2	1	0.74	0.26
土地经营面积/亩	734	1	60	7.38	4.41
村庄土地流转租金/元/亩	734	178.33	2 500.00	933.92	484.17
受访者性别	734	0	1	0.89	0.31
受访者年龄/岁	734	21	76	51.80	9.21

4.3.2.2 不同生产环节农户劳动力雇佣行为与雇工数量的差异性分析

表 4-3 显示了样本苹果种植户在不同生产环节参与劳动力雇工市场的情况及其区域差异。从整体来看，样本区域内苹果种植户在不同生产环节参与劳动力雇工市场的比例存在差异性。其中，样本苹果种植户在套袋环节参与劳动力雇工市场的比例最大，占 51.63%；在摘袋环节参与劳动力雇工市场的比例次之，占 40.05%；在施肥环节、疏花疏果环节与修剪环节中参与劳动力雇工市场的比例差异不大，占比分别为 23.02%、26.98%与 23.57%；在病虫害防治环节参与劳动力雇工市场的农户比例最小，占比为 4.09%。此外，从不同环节雇工总量的差异性来看，样本苹果种植户

在摘袋环节平均雇工数量最大，为 25.18 个工；在病虫害防治环节的平均雇工数量最小，为 9.53 个工；另外，在施肥环节、疏花疏果环节与修剪环节的平均雇工数量分别为 17.58 个工、22.66 个工、12.87 个工。之所以农户农业劳动力雇佣决策在不同环节呈现差异性，可能是因为不同环节对雇工需求的迫切性以及雇工质量存在差异。比如，在套袋与摘袋环节，生产周期较短，时间紧任务重，用工量大，容易出现劳动力短缺问题；但在病虫害防治环节，用工量则相对较小，且雇工的监督成本较高。

从区域差异来看，在施肥环节，陕西样本苹果种植户参与劳动力雇工市场的农户比例最高，占比 30.34%，依次大于山东（18.83%）与甘肃（7.76%）；但山东样本苹果种植户在该环节的平均雇工数量最大，为 24.93 个工，依次大于甘肃（16.00 个工）与陕西（14.83 个工）。在病虫害防治环节，陕西样本苹果种植户参与劳动力雇工市场的农户比例最高，占比 4.75%，依次大于山东（4.18%）与甘肃（1.72%）；但山东样本苹果种植户在该环节的平均雇工数量最大，为 18.50 个工，依次大于甘肃（6.50 个工）与陕西（4.89 个工）。在套袋环节，陕西样本苹果种植户参与劳动力雇工市场的比例最高，占比 54.88%，依次大于山东（53.56%）与甘肃（37.07%）；但山东样本苹果种植户在该环节的平均雇工数量最大，为 25.48 个工，依次大于甘肃（23.71 个工）与陕西（21.43 个工）。在摘袋环节，山东样本苹果种植户参与劳动力雇工市场的农户比例最高，占比 49.37%，依次大于陕西（40.37%）与甘肃（19.83%）；且山东样本苹果种植户在该环节的平均雇工数量最大，为 36.28 个工，依次大于陕西（17.77 个工）与甘肃（17.48 个工）。在疏花疏果环节，陕西样本苹果种植户参与劳动力雇工市场的农户比例最高，占比 31.13%，依次大于山东（27.20%）与甘肃（12.93%）；但山东样本苹果种植户在该环节的平均雇工数量最大，为 25.66 个工，依次大于陕西（22.66 个工）与甘肃（18.40 个工）。在修剪环节，陕西样本苹果种植户参与劳动力雇工市场的农户比例最高，占比 35.88%，依次大于山东（11.72%）与甘肃（7.76%）；且陕西样本苹果种植户在该环节的平均雇工数量最大，为 13.76 个工，依次大于甘肃（10.67 个工）与山东（9.23 个工）。

表 4-3　不同环节农户劳动力雇佣行为与雇工数量的描述性统计结果

生产环节	存在雇工行为的农户比例/%				平均雇工数量/个工			
	合计	陕西	甘肃	山东	合计	陕西	甘肃	山东
施肥	23.02	30.34	7.76	18.83	17.58	14.83	16.00	24.93
病虫害防治	4.09	4.75	1.72	4.18	9.53	4.89	6.50	18.50
套袋	51.63	54.88	37.07	53.56	23.06	21.43	23.71	25.48
摘袋	40.05	40.37	19.83	49.37	25.18	17.77	17.48	36.28
疏花疏果	26.98	31.13	12.93	27.20	22.66	21.55	18.40	25.66
修剪	23.57	35.88	7.76	11.72	12.87	13.76	10.67	9.23

4.3.3　计量结果与分析

4.3.3.1　信息化影响农户农业劳动力雇佣决策的基准回归结果

本书分别采用 Probit 模型、Tobit 模型及 CMP 估计方法分析信息化对农户劳动力雇佣行为与雇工数量的影响。从内生性检验结果来看，无论在雇佣行为模型还是在雇佣量模型中，内生性检验参数 atanhrho_12 值均未通过显著性检验，这说明信息化在基准模型中不存在内生性或内生性较弱[①]。因此，本书以最小二乘法估计的 Probit 模型结果为准分析信息化对农户劳动力雇佣行为的影响，以最大似然法估计的 Tobit 模型结果为准分析信息化对农户农业劳动力雇工数量的影响。具体估计结果与分析如下：

第一，无论是农业劳动力雇佣行为还是农业劳动力雇工数量，信息化水平的估计系数均为正，且在 5% 水平通过了显著性检验，这表明信息化不仅提高了农户参与劳动力雇工市场的可能性，也增加了农户参与劳动力雇工市场的数量，假说 1 与假说 2 均得到验证。具体来看，Probit 模型的估计结果表明（表 4-4 回归 1 第 2 列），在其他因素不变的情况下，信息化水平每提升 1 个单位，农户参与劳动力雇工市场的概率将增加 4.20%。Tobit 模型估计结果表明（表 4-4 回归 2 第 2 列），在其他因素不变的情况下，信息化水平每提升 1 个单位，农户参与劳动力雇工市场的数量将增加 4.996 个工。

---

① 限于篇幅，本书未显示基于 CMP 估计方法的估计结果，感兴趣的读者可向笔者索要。

第二，资产专用性对农户农业劳动力雇佣决策的影响。从表征人力资本专用性的变量来看，健康状况对农户农业劳动力雇佣行为的负向影响不显著，但在5%水平负向显著影响农户农业劳动力雇工数量，这表明身体越健康的农户参与劳动力雇工市场的数量越小，与理论预期相符，但其参与劳动力雇工市场的概率并没有显著下降。可能的原因是，在苹果生产中的某些环节，劳动强度大且生产周期短，虽然健康农户在劳作中具备一定的体力优势，但受到生产周期短的制约，可能仍然有一定的雇工需求，但相比之下，其雇工数量要小于身体状况稍差的农户。此外，受教育年限与种植经验对农户劳动力雇佣行为与雇工数量的影响均不显著。从表征地理位置专用性的变量来看，村庄与乡镇政府的距离在5%水平负向显著影响农户农业劳动力雇佣行为，但对农业劳动力雇工数量的负向影响不显著，这表明村庄与乡镇政府距离越远，农户参与劳动力雇工市场的概率越小，但雇工数量并没有显著下降。可能的原因是，村庄与乡镇政府距离越远，农户寻求非农就业机会的成本越大，越倾向于依靠家庭劳动力进行苹果生产。而地理位置专用性对农户雇工数量的负向影响不显著，可能是因为劳动力市场内的潜在雇佣对象大部分在本村或相邻村庄，而镇域或更大范围的劳动力市场发育程度仍较低。从表征实物资产专用性的变量来看，是否有拖拉机、是否有割草机、是否有修剪机无论是对农户农业劳动力雇佣行为还是雇工数量的影响均不显著。

第三，户主个体与家庭特征对农户农业劳动力雇佣决策的影响。从个体特征的影响来看，年龄因素在10%水平正向显著影响农户农业劳动力的雇工数量，但对农户农业劳动力雇佣行为的正向影响不显著，这表明年龄越大的农户，参与劳动力市场的雇工数量越多，但参与劳动力雇工市场的概率并没有显著提升。可能的原因是，一般而言，年龄偏大的农户的经营规模偏小，劳动强度不大，因此雇工需求可能不会因年龄增长而显著增加。但受到体力条件的制约，年龄越大，其参与劳动力雇工市场的数量可能越大。此外，性别对农户农业劳动力雇佣决策的负向影响不显著。从家庭特征的影响来看，土地经营面积在1%水平正向显著影响农户农业劳动力雇佣行为与雇工数量，这表明经营规模越大，农户参与劳动力雇工市场的概率以及雇工数量越大。可能的原因是，一般而言，经营面积越大的家庭，在劳动密集型生产环节出现劳动力不足的可能性越大，对雇工的需求也就越大。村庄土地流转租金分别在1%、5%水平正向显著影响农户农业劳动力雇佣行为与雇工数量，这表明村庄内土地流转租金越大，农户参与劳动力雇工市场的概率以及雇工数量越大，与理论预期相符。可能的原因是，对于苹果生产而言，劳动力投入不足会严重影响生产的成本收益率，而土地流转租金在一定程度上反映了农户选择低效率生产的机会成本。因此，为了进一步分摊成本与风险，农户会倾向于增加雇工数量，提高农业生产效率。此外，劳动力禀赋对农户农业劳动力雇佣决策的负向影响不显著。

第四，区域虚拟特征对农户农业劳动力雇佣决策的影响。从估计结果（表4-4回归1第2列与回归2第2列）来看，陕西苹果种植户参与劳动力雇工市场的概率比甘肃苹果种植户高14.3%，但其参与劳动力雇工市场的数量并没有表现出明显差异；山东苹果种植户参与劳动力雇工市场的概率比甘肃苹果种植户高11.3%，且雇工数量平均高15.097个工。总的来看，这种区域差异性基本与描述性统计结果一致。

表4-4　信息化影响农户农业劳动力雇佣行为与雇工数量的基准回归结果

变量	被解释变量：是否雇佣劳动力		被解释变量：雇工数量	
	回归1：Probit 模型		回归2：Tobit 模型	
	估计系数	边际效应	估计系数	边际效应
关键解释变量				
信息化水平	0.131**	0.042**	9.160**	4.996**
	(2.13)	(2.16)	(2.42)	(2.34)
人力资本专用性				
受访者受教育年限	0.000 3	0.000 1	0.973	0.528
	(0.02)	(0.02)	(0.90)	(0.90)
受访者种植经验	0.001	0.000 4	−0.360	−0.195
	(0.17)	(0.17)	(−0.80)	(−0.81)
受访者健康状况	−0.099	−0.032	−10.480**	−5.682***
	(−1.29)	(−1.29)	(−2.53)	(−2.60)
地理位置专用性				
村庄与乡镇政府的距离	−0.013**	−0.004**	−0.589	−0.320
	(−2.08)	(−2.09)	(−1.54)	(−1.57)
实物资产专用性				
是否有拖拉机	−0.047	−0.015	−10.951	−5.937
	(−0.43)	(−0.43)	(−1.54)	(−1.59)

表4-4(续)

变量	被解释变量：是否雇佣劳动力		被解释变量：雇工数量	
	回归1：Probit 模型		回归2：Tobit 模型	
	估计系数	边际效应	估计系数	边际效应
是否有割草机	−0.026	−0.008	1.102	0.598
	(−0.23)	(−0.23)	(0.18)	(0.18)
是否有修剪机	0.726	0.235	−9.102	−4.935
	(1.27)	(1.27)	(−0.50)	(−0.51)
家庭禀赋与个体特征				
劳动力禀赋	−0.158	−0.051	−7.093	−3.846
	(−0.70)	(−0.70)	(−0.61)	(−0.61)
土地经营面积	0.127***	0.041***	13.753***	7.456***
	(6.71)	(7.37)	(4.46)	(5.21)
土地流转租金	0.292***	0.095***	14.881**	8.068**
	(2.80)	(2.84)	(2.48)	(2.42)
受访者性别	−0.106	−0.034	−5.997	−3.251
	(−0.66)	(−0.66)	(−0.69)	(−0.69)
受访者年龄	0.007	0.002	0.742*	0.402*
	(0.91)	(0.91)	(1.76)	(1.75)
区域虚拟变量				
陕西	0.443***	0.143***	−2.324	−1.260
	(2.76)	(2.81)	(−0.23)	(−0.23)
山东	0.350*	0.113**	27.845**	15.097***
	(1.94)	(1.96)	(2.57)	(2.65)
常数项	−2.692***	—	−191.725***	—
	(−3.06)		(−3.78)	
Wald（F）检验	97.65***	—	6.21***	—
Pseudo R2	0.1294	—	0.0625	—
样本量/户	734	734	734	734

注：***、**、* 分别表示在1%、5%、10%水平显著，括号内为稳健标准误下的z值或t值。

4.3.3.2 信息化影响农户农业劳动力雇佣决策的区域异质性分析

上述分析表明，在整体层面上，信息化正向显著影响农户农业劳动力雇佣行为与雇工数量，但不同地区信息化水平与劳动力市场发育程度具有明显的区域差异，这可能导致信息化影响农户农业劳动力雇佣决策的区域异质性。因此，本书按照地理区域划分标准，将整体样本分为东部地区与西部地区两个分样本①，分别采用 Probit 模型、Tobit 模型及 CMP 方法对影响农户农业劳动力雇佣决策的基准模型进行拟合回归，以验证信息化影响农户农业劳动力雇佣决策结果的稳健性。

从劳动力雇佣行为的分样本拟合结果（表 4-5）来看，内生性检验结果表明，信息化在东部地区模型中是内生的②，但在西部地区模型中是外生的③。因此，本书以 CMP 估计的 Probit 模型结果分析信息化对东部地区农户农业劳动力雇佣行为的影响，以最小二乘法估计的 Probit 模型结果分析信息化对西部地区农户农业劳动力雇佣行为的影响。具体来看，在东部地区，信息化水平仍然在 1% 水平正向显著影响农户农业劳动力雇佣行为，与基准模型结果一致，且影响力度超过了整体样本。但在西部地区，虽然信息化水平对农户农业劳动力雇佣行为的影响仍然保持正向，但并未通过显著性检验。之所以出现这种现象，可能是因为西部地区的信息化进程滞后，信息化水平提升对降低劳动力市场交易成本的作用还未凸显出来。

从劳动力雇工数量的分样本拟合结果（表 4-6）来看，内生性检验结果表明④，信息化在东部地区模型中是内生的，但在西部地区模型中是外生的。因此，本书以 CMP 估计的 Tobit 模型结果分析信息化对东部地区农户农业劳动力雇工数量的影响，以最大似然法估计的 Tobit 模型结果分析信息化对西部地区农户农业劳动力雇工数量的影响。具体来看，在东部地区与西部地区，信息化分别在 10%、5% 水平正向显著影响农户农业劳动力雇工数量，与基准模型估计结果一致，这说明信息化正向影响农户农业劳动力雇佣数量这一结论具有区域层面的稳健性。但从影响力度来看，信息

---

① 东部地区样本包括山东省烟台市的蓬莱区与栖霞市，西部地区样本包括陕西省渭南市的白水县、延安市的富县与洛川县以及甘肃省平凉市的静宁县。

② 工具变量"与最近网络通信营业厅的距离""您家附近 10 户家庭中使用移动支付的比例"在东部样本模型中与信息化存在显著的相关性，且内生性检验参数 atanhrho_12 值在 10% 水平显著不为 0，说明工具变量及 CMP 方法的选择是有效的。限于篇幅，表 4-5 未显示第一阶段估计结果以及第二阶段控制变量的估计结果，感兴趣的读者可向笔者索要。需要说明的是，本书选择"与最近网络通信营业厅的距离""您家附近 10 户家庭中使用移动支付的比例"作为信息化的工具变量，是因为这两个变量可以反映区域信息化水平，但农户个体层面的劳动力雇佣决策是外生的，满足工具变量的条件。

③ 限于篇幅，表 4-5 未显示西部地区 CMP 方法的估计结果以及控制变量的估计结果，感兴趣的读者可向笔者索要。

④ 关于表 4-6 中估计结果及内生性的说明同表 4-5。

化对东部地区农户农业劳动力雇工数量的影响（边际效应 34.457）大于对西部地区农户的影响（边际效应 4.249）。

表 4-5　信息化影响农户农业劳动力雇佣行为的区域异质性

变量	被解释变量：是否雇佣劳动力		
	东部地区（CMP-Probit）		西部地区（Probit 模型）
	第一阶段	第二阶段	
信息化水平	—	0.872*** (3.19)	0.072 (0.97)
控制变量	已控制	已控制	已控制
与最近网络通信营业厅的距离	-0.012** (-1.96)	—	—
您家附近 10 户家庭中使用移动支付的比例	0.007*** (2.97)	—	—
常数项	3.708*** (6.16)	-5.026*** (-2.84)	-2.198** (-2.03)
atanhrho_12	-0.728* (-1.74)		—
Wald 检验	243.55***		62.01***
样本量/户	239	239	495

注：***、**、*分别表示在 1%、5%、10%水平显著，括号内为稳健标准误下的 z 值。

表 4-6　信息化影响农户农业劳动力雇工数量的区域异质性

变量	被解释变量：劳动力雇佣数量		
	东部样本（CMP-Probit）		西部样本（Tobit 模型）
	第一阶段	第二阶段	
信息化水平	—	68.621* [34.457] (1.69)	7.004** [4.249] (2.35)
控制变量	已控制	已控制	已控制
您家附近 10 户家庭中使用移动支付的比例	0.007*** (3.26)	—	—
常数项	3.516*** (5.98)	-415.742** (-2.01)	-145.619*** (-3.29)
atanhrho_12	-0.570* (-1.66)		—

信息化对农户生产决策与效率的影响研究——以苹果种植户为例

表4-6(续)

变量	被解释变量：劳动力雇佣数量		西部样本（Tobit 模型）
	东部样本（CMP-Probit）		
	第一阶段	第二阶段	
Wald（F）检验	319.44***		6.53***
样本量/户	239	239	495

注：***、**、*分别表示在1%、5%、10%水平显著，括号内为稳健标准误下的 z 值。

4.3.3.3 不同生产环节的差异性分析

在实际生产中，不同生产环节面临的雇工环境不同，且对雇工的技术要求存在差异，导致农户在不同环节参与劳动力雇工市场可能面临差异化的交易成本，以至于信息化在不同环节对农户劳动力雇佣决策的影响可能存在差异性。基于此，本书从施肥、病虫害防治、套袋、摘袋、疏花疏果与修剪六个环节切入，分别采用 Probit 模型、Tobit 模型及 CMP 方法对农户农业劳动力雇佣决策的基准模型进行拟合回归。

从劳动力雇佣行为的分样本拟合结果（表4-7）来看，内生性检验结果表明，信息化变量在回归1、回归3与回归5中是内生的，应以 CMP 估计的 Probit 模型结果为准进行分析；但信息化变量在回归2、回归4与回归6中是外生的，应以最小二乘法估计的 Probit 模型结果为准进行分析。具体来看，在施肥、套袋、摘袋与疏花疏果环节，信息化正向显著影响了农户农业劳动力雇佣行为，但在病虫害防治与修剪环节，信息化对农户农业劳动力雇佣行为的影响不显著。这表明，信息化提高了农户在施肥、套袋、摘袋与疏花疏果环节参与劳动力雇工市场的概率，但对其在病虫害防治与修剪环节参与劳动力雇工市场的概率无显著影响。

从劳动力雇佣行为的分样本拟合结果（表4-8）来看，内生性检验结果表明，信息化变量在回归5中是内生的，应以 CMP 估计的 Tobit 模型结果为准进行分析；但信息化变量在其余回归中均是外生的，应以最大似然法估计的 Tobit 模型结果为准进行分析。具体来看，在施肥、套袋、摘袋与疏花疏果环节，信息化正向显著影响了农户农业劳动力雇工数量，但在病虫害防治与修剪环节，信息化对农户农业劳动力雇工数量的影响不显著。这表明，信息化提高了农户在施肥、套袋、摘袋与疏花疏果环节参与劳动力雇工市场的数量，但对其在病虫害防治与修剪环节参与劳动力雇工市场的数量无显著影响。

之所以出现上述现象，可能是因为在不同环节中，农户参与劳动力雇工市场面临差异化的交易成本，且信息化水平提升在降低交易成本方面的作用在不同环节同样表现出异质性。在施肥、套袋、摘袋与疏花疏果环节，评价雇工劳作成效的评价标准比较成熟，可以即时评价雇工的干活质量，不容易发生道德风险或逆向选择，且劳动监督成本相对较低，信息化对这些环节劳动力雇佣决策的正向效应更明显；但在病虫害防治与修剪环节，没有相对成熟的评价标准，且只能依赖于事后评价，很容易导致道德风险或逆向选择，劳动监督成本非常大，信息化对这两个环节劳动力雇佣决策的影响效应还未凸显出来。

表 4-7　信息化影响农户不同环节劳动力雇佣行为的差异性

变量	被解释变量：是否雇佣劳动力					
	施肥	病虫害防治	套袋	摘袋	疏花疏果	修剪
	回归 1	回归 2	回归 3	回归 4	回归 5	回归 6
信息化水平	0.826***	0.035	0.732***	0.150**	0.791***	−0.006
	(3.25)	(0.32)	(3.18)	(2.45)	(3.49)	(−0.10)
控制变量	已控制	已控制	已控制	已控制	已控制	已控制
您家附近 10 户家庭中使用智能手机的比例	0.006***	—	0.006***	—	0.006***	—
	(4.82)		(4.82)		(4.82)	
常数项	−4.919***	−3.791**	−3.395***	−2.926***	−5.441***	−4.805***
	(−5.73)	(−2.54)	(−3.81)	(−3.29)	(−5.95)	(−4.50)
atanhrho_12	−0.644*	—	−0.614**	—	−0.653**	—
	(−1.85)		(−2.12)		(−2.14)	
Wald 检验	573.44***	49.81***	637.15***	117.75***	622.48***	104.82***
Pseudo R2	—	0.1176	—	0.1352	—	0.1617
样本量/户	734	734	734	734	734	734

注：***、**、*分别表示在 1%、5%、10%水平显著，括号内为稳健标准误下的 z 值。

表 4-8　信息化影响农户不同环节农业劳动力雇工数量的差异性

变量	被解释变量：劳动力雇佣数量					
	施肥	病虫害防治	套袋	摘袋	疏花疏果	修剪
	回归 1	回归 2	回归 3	回归 4	回归 5	回归 6
信息化水平	5.965 ***	1.102	3.329 *	5.878 **	27.858 **	0.338
	(2.96)	(0.45)	(1.95)	(2.24)	(2.16)	(0.32)
控制变量	已控制	已控制	已控制	已控制	已控制	已控制
您家附近 10 户家庭中使用智能手机的比例	—	—	—	—	0.006 ***	—
					(4.82)	
常数项	−127.900 ***	−73.386 *	−34.401	−139.557 ***	−193.177 ***	−84.563 ***
	(−3.65)	(−1.96)	(−1.64)	(−3.59)	(−3.97)	(−5.21)
atanhrho_12	—				−0.612 **	
					(−2.04)	
Wald（F）检验	3.33 ***	3.42 ***	7.86 ***	3.18 ***	495.17 ***	9.10 ***
Pseudo R2	0.0402	0.0928	0.0554	0.0704	—	0.0755
样本量/户	734	734	734	734	734	734

注：***、**、*分别表示在 1%、5%、10%水平显著，括号内为稳健标准误下的 z 或 t 值。

4.3.3.4　不同维度信息化对农户农业劳动力雇佣决策的影响

从信息化测评体系来看，信息化的三个维度即信息技术接入、信息技术应用与信息素养提升对农户信息处理效率的影响存在差异性，可能会导致其影响农户农业劳动力雇佣决策的异质性。基于此，本书采用 Probit 模型、Tobit 模型及 CMP 方法分别估计农户农业劳动力雇佣决策的基准模型，探讨信息技术接入水平、信息技术应用水平与信息素养水平对农户农业劳动力雇佣决策的影响，以进一步验证上文研究结果的稳健性。

从不同维度信息化影响农户农业劳动力雇佣决策行为的拟合结果（表 4-9）来看，内生性检验结果表明，信息技术接入水平与信息素养水平在模型中具有内生性，但信息技术应用水平是外生的。因此，本书以 CMP 估计的 Probit 模型结果分析信息技术接入水平与信息素养水平对农户农业劳动力雇佣决策行为的影响，以最小二乘法估计的 Probit 模型结果分析信息技术应用水平对农户农业劳动力雇佣决策行为的影响。具体来看，信息技术接入水平、信息技术应用水平与信息素养水平在 5%水平正向显著影响农户农业劳动力雇佣决策行为，与基准模型结果一致，这说明信息化正向影响农户农业劳动力雇佣决策行为的结论在不同维度层面是稳健的。但从影响力度来看，信息技术接入水平对农户农业劳动力雇佣决策行为的促进效应最大（边际效应 0.457），信息素养的促进效应次之（边际效应 0.449），信息技术应用水平的促进效应最小（边际效应 0.020）。

从不同维度信息化影响农户农业劳动力雇工数量决策的拟合结果（表 4-10）来看，内生性检验结果表明，信息技术接入水平与信息素养水平在模型中具有内生性，但信息技术应用水平是外生的。因此，本书以 CMP 估计的 Tobit 模型结果分析信息技术接入水平与信息素养水平对农户农业劳动力雇工数量决策的影响，以最大似然法估计的 Tobit 模型结果分析信息技术应用水平对农户农业劳动力雇工数量决策的影响。具体来看，信息技术接入水平、信息技术应用水平与信息素养水平在 5% 水平正向显著影响农户农业劳动力雇工数量，与基准模型结果一致，这说明信息化正向影响农户农业劳动力雇工数量的结论在不同维度层面是稳健的。但从影响力度来看，信息技术接入水平对农户农业劳动力雇工数量决策的促进效应最大（边际效应 53.990），信息素养的促进效应次之（边际效应 10.392），信息技术应用水平的促进效应最小（边际效应 2.351）。

之所以出现上述现象，可能是因为当前农村劳动力市场仍然主要聚集在村庄内部或相邻村庄，农户所获取的市场信息相对简单，需要针对性获取的深层次信息较少，且对信息处理能力的要求不高，以至于信息素养水平在生产决策中的作用小于信息技术接入的作用。之所以信息技术应用水平的作用最小，可能是当前农户利用信息技术针对性获取信息的要求不高。

表 4-9　不同维度信息化影响农户农业劳动力雇佣决策行为的估计结果

变量	被解释变量：是否雇佣劳动力				
	回归 1：CMP 估计		回归 2	回归 3：CMP 估计	
	第一阶段	第二阶段	Probit	第一阶段	第二阶段
信息技术接入水平	—	1.494 *** ［0.457］ （2.82）		—	
信息技术应用水平	—		0.061 ** ［0.020］ （2.04）	—	
信息素养水平				—	1.582 *** ［0.449］ （3.93）
控制变量	已控制	已控制	已控制	已控制	已控制
常数项	0.988 *** （7.26）	-3.794 *** （-4.06）	-2.605 *** （-2.99）	3.640 *** （19.44）	-7.156 *** （-6.44）

表4-9(续)

变量	被解释变量：是否雇佣劳动力				
	回归1：CMP 估计		回归2	回归3：CMP 估计	
	第一阶段	第二阶段	Probit	第一阶段	第二阶段
您家附近10户家庭中使用智能手机上网的比例	0.003 *** (5.67)	—	—	—	—
村庄内苹果客商数量	—	—	—	0.004 *** (2.61)	—
atanhrho_12	−0.374 ** （−2.05）		—	−0.997 **	
Wald 检验	485.57 ***		97.59 ***	679.66 ***	
Pseudo R2	—		0.129	—	

注：*** 、** 、* 分别表示在1%、5%、10%水平显著，括号内为稳健标准误下的 z 值。

表4-10 不同维度信息化影响农户农业劳动力雇工数量决策的估计结果

变量	被解释变量：是否参与农业劳动力雇佣市场				
	回归1：CMP 估计		回归2	回归3：CMP 估计	
	第一阶段	第二阶段	Tobit	第一阶段	第二阶段
信息技术接入水平	—	100.746 *** ［53.990］ (2.94)	—		
信息技术应用水平	—	—	4.335 ** ［2.351］ (2.46)	—	
信息素养水平	—		—	—	20.610 ** ［10.392］ (2.44)
控制变量	已控制	已控制	已控制	已控制	已控制
常数项	1.292 *** (10.13)	−280.258 *** （−4.31）	−186.257 *** （−3.74）	3.625 *** （−10.43）	−245.181 *** （−4.27）
您家附近10户家庭中使用电脑上网的比例	0.001 ** (2.32)	—	—	—	—
村庄内移动通信营业厅数量	—	—	—	0.046 ** (2.21)	—
atanhrho_12	−0.327 ** （−2.57）		—	−0.279 ** （−2.22）	
Wald（F）检验	371.02 ***		6.14 ***	106.80 ***	
Pseudo R2	—		0.0624	—	

注：*** 、** 、* 分别表示在1%、5%、10%水平显著，括号内为稳健标准误下的 z 或 t 值。

4.4　本章小结

本章旨在分析信息化对农户农业劳动力雇佣决策的影响。本章从理论上提出信息化影响农户农业劳动力雇佣行为与雇工数量的研究假说,并基于山东、陕西与甘肃苹果种植户微观调查数据,采用 Probit、Tobit 模型与CMP 方法进行实证分析,以验证研究假说的真伪。研究结果表明:

第一,信息化可显著提高农户参与劳动力雇工市场的概率以及雇工数量。但信息化对东部地区与西部地区农户农业劳动力雇佣决策的影响具有差异性。具体而言,信息化提高了东部地区农户参与劳动力雇工市场的概率,但对西部地区农户参与劳动力雇工市场的概率影响不显著;同时,信息化增加了东部地区农户与西部地区农户参与劳动力雇工市场的数量,其对东部地区农户的影响效应大于对西部地区农户的影响效应。

第二,信息化对不同环节农户农业劳动力雇佣决策的影响存在差异性。具体而言,信息化可提高农户在施肥、套袋、摘袋与疏花疏果环节中参与劳动力雇工市场的概率及雇工数量,但在病虫害防治与修剪环节对农业劳动力雇佣决策的影响不显著。

第三,不同维度信息化对农户农业劳动力雇佣决策的影响具有差异性。具体而言,信息技术接入水平对农户农业劳动力雇佣决策行为以及雇工数量的影响最大,信息素养水平的影响次之,而信息技术应用水平的影响最小。

基于以上研究结论,本章得到三点启示:

第一,相关部门应依托乡村振兴战略,全面提高农户的信息化水平,有效规避信息不对称导致的道德风险或逆向选择,提高农户对劳动资源的配置效率。首先,应加快信息基础设施建设,实现移动网络基站与光纤电缆铺设对农村的全面覆盖,为农户接入互联网奠定基础;同时,应联合三大网络运营商(中国移动、中国电信与中国联通)推出适合农村地区的资费产品,有效降低农户接入移动互联网及固定宽带互联网的准入门槛,综合提升农户的信息技术接入水平。尤其是针对信息化进程相对滞后的西部地区更应该重视农户的信息技术接入与应用水平。其次,在顶层设计上,政府部门应建立以信息技术及互联网为平台的信息供给体系,并依托当前相对成熟的技术推广模式，指导农户利用信息技术获取劳动力市场信息，有效降低农户搜寻信息的成本，提高农户的信息技术应用水平。最后，在农村地区开展信息相关的教育及培训，培养农户的信息意识，不断提高农户的信息获取、评价、应用及共享能力。

第二，相关部门应逐步完善农村劳动力市场运行机制，鼓励建设专业化的社会化服务组织，整理区域劳动力资源，有效降低农户参与劳动力市场的信息搜寻成本。同时，应不断创新劳动力雇佣合约的定价机制，有力规避道德风险或逆向选择，有效降低农户对雇工的监督成本，提高雇工效率。

第三，依托信息技术平台，创新农村劳动力市场的交易形式。首先，依托智能手机或电脑等信息设备，建设基于固定网络终端（网站）或者移动互联网终端（手机 App）的劳动力市场交易平台。其次，引导有意愿参与劳动力市场的农户，通过交易平台发布雇佣信息或者受雇信息。最后，需要配套出台关于网络交易平台的法律法规或依托第三方规制，保障信息安全，防范道德风险。在此基础上，农户可以通过大数据快速搜寻满足其需求的雇工或雇主，提高搜寻效率，同时能够通过法律法规或第三方规制尽量避免逆向选择或道德风险导致的农业生产损失。

5 信息化对农户生产性资本投入决策的影响分析

长期以来，我国农业生产一直呈现产销分离的状态，尤其是苹果等高价值农产品的生产更是如此。一方面，资本要素生产与农产品产地分离；另一方面，农产品产地与产品销售分离。正是这种产销分离格局延长了交易链条，增加了资本要素零售商与微观经营主体之间的信息不对称以及交易不确定性，可能会进一步增加其参与资本要素市场的交易成本，从而制约微观经营主体的生产性资本投入决策。进入 20 世纪 90 年代以来，以信息通信技术为基础的信息化发展打破了信息不对称壁垒（Aker et al.，2016），有效促进了农业要素市场改革（张兴旺 等，2019），一定程度上打破了这种产销分离的局面。那么，信息化发展是否会对农户生产性资本投入决策产生影响呢？为了回答这一问题，本章基于山东、陕西与甘肃苹果种植户微观调查数据，以有机肥为例，采用 Probit 模型、Tobit 模型及条件混合过程估计（CMP）方法探讨信息化水平对农户生产性资本投入决策的影响。

5.1 引言

随着信息经济学理论的发展与应用，学术界开始认识信息对市场充分运作的重要性（Stigler，1961），微观经营主体市场参与过程中的信息不充分与信息不对称问题成为备受关注的焦点。现有的研究表明，信息不对称问题仍然在发展中国家普遍存在（Svensson & Yanagizawa，2008）。信息不对称产生的道德风险及逆向选择问题（Akerlof，1970；Quiggin et al.，

1993）增加了微观经营主体参与市场的交易成本，制约了微观经营主体参与市场的决策（Okello et al., 2012）。进入 20 世纪 90 年代以来，以信息通信技术为基础的信息化发展在破除信息不对称壁垒方面发挥了巨大作用（Aker et al., 2016），正在改变微观经营主体决策的信息情境。由于我国农业产销分离的生产特点，农户参与资本要素市场同样受到信息不充分及信息不对称的制约。那么，信息化如何影响农户的生产性资本投入决策呢？回答这一问题，对促进生产要素价格市场化，提高生产要素配置效率及推进"互联网+"农业现代化进程具有重大意义。

从现有的文献来看，既有的关于生产性资本投入的实证研究总体上可分为两类。一类以新古典经济学理论为基础，假设信息充分且对称，农户可以自由进入要素市场。在此情境下，部分学者关注了土地产权（郜亮亮等，2013；黄季焜、冀县卿，2012）、农业保险（张哲晰 等，2018；张驰等，2017）、非农就业（钱龙，2016；Taylor & Lopez-Feldman, 2010）及社会网络（杨芳 等，2019）对生产性资本投入的影响。另一类研究则以新制度经济学理论为基础，考虑了信息不充分与信息不对称引起的交易成本对农户要素投资行为的影响。例如，Alene et al.（2008）、Olale 和 Cranfield（2009）分别建立了农户收益最大化函数与均值方差收益函数，实证分析了化肥市场交易成本对农户化肥投入的影响。结果表明，与化肥市场的距离会抑制农户尤其是风险厌恶型农户施用化肥的概率及化肥施用量。在信息化发展背景下，还有部分学者围绕信息对要素投入行为的影响进行了探索性研究。例如，Kikulwe et al.（2014）在肯尼亚情境下，研究智能手机移动支付对香蕉种植户使用肥料与化学杀虫剂的影响，结果发现智能手机移动支付的使用能够显著增加农户有机肥与化学杀虫剂的投入，但对矿物肥料的投入影响不明显。Ogutu et al.（2013）研究发现信息通信技术项目的实施能够增加农户亩均种子投入、亩均化肥投入与非劳动力总投入。

综上所述，既有的研究对于信息化如何影响生产性资本投入决策进行了初步探索，为本书的研究提供了借鉴与启示，但仍然存在三个方面的局限。首先，在信息化测度方面，既有的研究只考虑了信息技术接入或应用水平的某一方面，但未考虑农户在信息利用能力上的差异性。从理论上来说，将某一信息用于农户生产决策需要跨过两道门槛，其一取决于农户是否能获得该信息，其二取决于农户是否有能力使用该信息。因此，应从信息可得性与信息可及性两个方面综合评价信息化水平。其次，在理论层面上，既有的研究对于信息化如何影响农户要素投入决策的机理阐述得不清晰。最后，在研究对象方面，既有的研究主要关注信息化对非洲等欠发达地区农户要素投入的影响效应，缺乏对我国农户尤其是高价值农产品经营户的实证考量。鉴于此，本书基于我国山东、陕西与甘肃苹果种植户微观调查数据，从理论上阐述信息化对农户资本要素投入的影响机理，并以有机肥为例，采用计量模型实证分析了信息化对农户生产性资本投入决策的影响。

5.2 信息化影响农户生产性资本投入决策的理论分析

从理论上来说，农户生产性资本投入决策可细分为两步：一是决定是否投入资本要素；二是决定资本要素的投入量。在实际生产过程中，农户往往会根据预期要素投入量购买资本要素产品。因此，本书假定农户参与要素市场的购买量等于其要素投入量。在此基础上，本书在 Alene et al. (2008) 与 Key et al. (2000) 理论模型的基础上，阐述信息化对农户生产性资本投入决策的影响。

为了简化生产决策过程，假设农户 i 具有固定的土地禀赋 A_i 与劳动力禀赋 L_i。在生产过程中，土地与劳动投入成本不变，产出 Q_i 的变化仅取决于可变的资本要素投入 X_i，即 $Q_i = f(X_i \mid A_i L_i)$，且生产函数 $f(\cdot)$ 满足 $\partial f / \partial X_i > 0$；$\partial^2 f / \partial^2 X_i < 0$。进一步假设，资本要素只能通过要素市场获取，且市场交易量等于生产使用量，农产品销售量等于生产量。假设农户参与资本要素市场的交易成本为零，农户可以对生产性资本要素投入进行自由选择与配置，那么，可以使用预期净收益效用最大化函数表示农户选择生产性资本要素投入的最优决策，具体如下：

$$\text{Max} U = U_i(p_i Q_i - w_i X_i - C_i) \tag{5-1}$$

$$F(Q, X; Z) = 0 \tag{5-2}$$

$$s.t. \quad T_i + S_i - w_i X_i - C_i \geqslant 0 \tag{5-3}$$

式（5-1）、式（5-2）、式（5-3）中，p_i 表示农产品销售价格；w_i 表示资本要素 X_i 的价格，C_i 表示其他要素投入的总成本；$F(\cdot)$ 表示生产技术函数；Z 表示影响生产性资本要素投入边际产出的变量组合；T_i 表示家庭其他收入，包括非农收入与借贷收入等；S_i 表示家庭存款。

由于我国信息资源匮乏以及产销分离的农业生产模式，农户与资本要素零售商之间存在明显的信息不对称问题。由此引起的道德风险或逆向选择导致农户参与要素市场与产品市场面临较高的交易成本（Okello et al.，2012）。根据 Key et al.（2000）的研究，交易成本可细分为固定交易成本与可变交易成本两类。其中，固定交易成本不随交易量变化而变化，包括信息搜寻成本、谈判成本和监督执行成本；可变交易成本随交易量增加而增加，包括运输成本和与不完全信息相关的其他成本（Olale & John，2009）。基于此，Key et al.（2000）、Alene et al.（2008）与 Zanello（2012）进一步指出，固定交易成本与可变交易成本会同时影响农户是否参与要素市场与产品市场，但仅可变交易成本会影响农户对农产品与资本要素的交易量。同时，已有的研究表明，没有必要对存在交易成本条件下的投入需求与产出供给体系进行联合估计（Sadoulet & de Janvry，1995）。因此，本书假设农户参与产品销售市场不存在交易成本，但参与生产性资本要素市场存在交易成本。在此基础上，令农户参与资本要素市场的固定交易成本为 FTC_i，单位可变交易成本为 VTC_i，则实际资本要素的交易价格为 $w'_i = w_i + VTC_i$。将 w'_i 代入式（5-1）、式（5-3），可得到交易成本视角下资本要素投入最优决策的目标函数，具体形式如下：

$$\mathrm{Max}U = U_i(p_iQ_i - (w_i + VTC_i)X_i - C_i - D_i \cdot FTC_i] \qquad (5\text{-}4)$$

$$T_i + S_i - (w_i + VTC_i)X_i - C_i \geq 0 \qquad (5\text{-}5)$$

式（5-4）、式（5-5）中，D_i 为农户资本要素投入行为；如果 $X_i > 0$，D_i 取值为 1，否则取值为 0。

由式（5-2）、式（5-4）、式（5-5）可得资本要素投入决策的拉格朗日方程，具体形式如下：

$$L = U_i[p_iQ_i - (w_i + VTC_i)X_i - C_i - D_i \cdot FTC_i] + \varphi F(Q, X; Z) - \lambda[T_i + S_i - (w_i + VTC_i)X_i - C_i] \qquad (5\text{-}6)$$

参考 Winter-Nelson 和 Temu（2002）的处理方法，对拉格朗日方程求一阶导数，可求解农户资本要素投入行为与投入量的函数形式，具体如下：

农户是否投入资本要素：

$$D_i = \varphi(p_i, w_i, FTC_i, VTC_i; Z) \qquad (5\text{-}7)$$

农户资本要素投入量：

$$X_i = \varphi(p_i, w_i, VTC_i; Z) \qquad (5\text{-}8)$$

进入 20 世纪 90 年代以来，以信息通信技术为基础的信息化发展在破除信息不对称壁垒方面发挥了巨大作用（Aker et al.，2016），有助于弥补市场信息缺位，降低农户的信息搜寻成本、谈判成本与监督成本（Zanello，2012）。因此，本书假设农户 i 的信息化水平为 I_i，那么，农户参与资本要素市场的固定交易成本 FTC_i 可表示为信息化的减函数，即

$$FTC_i = \psi(I_i;\ Z_\mu) \tag{5-9}$$

式（5-9）中，Z_μ 表示影响固定交易成本的变量组合，$\psi(\cdot)$ 满足 $\partial\psi/\partial I_i < 0$。

同时，Muto 和 Yamano（2009）的研究表明，信息化可以通过降低农户对可变交易成本的敏感性而提高市场交易效率。因此，参考 Muto 和 Yamano（2009）的研究思路，本书进一步假设农户 i 参与资本要素市场的实际交易价格 w'_i 为可变交易成本 VTC_i 的二次函数，具体可写为：

$$w'_i = w_i + \gamma(I_i)VTC_i^2 \tag{5-10}$$

式（5-10）中，$\gamma(I_i)$ 表示农户 i 对可变交易成本 VTC_i 的敏感性函数，且满足 $\partial\gamma(I_i)/\partial I_i < 0$。那么，$\partial w'_i/\partial I_i = \partial\gamma(I_i)/\partial I_i < 0$；$\partial^2 w'_i/\partial I_i\partial VTC_i = 2\partial\gamma(I_i)/\partial I_i \cdot VTC_i < 0$。可见，农户参与资本要素市场的交易价格会随着信息化水平的提高而降低。

将式（5-9）、式（5-10）分别代入式（5-7）、式（5-8），可得信息化影响农户资本要素投入决策的函数形式，具体如下：

$$D_i = \varphi(p_i,\ w_i,\ I_i,\ VTC_i;\ Z,\ Z_u) \tag{5-11}$$

$$X_i = \varphi(p_i,\ w_i,\ I_i,\ VTC_i;\ Z) \tag{5-12}$$

由式（5-11）与式（5-12）可知，农户生产性资本投入行为与投入量取决于苹果销售价格 p_i、资本要素投入价格 w_i、信息化水平 I_i、可变固定交易成本 VTC_i、影响固定交易成本的因素 Z_u 和反映户主个体与家庭特征以及要素投入响应环境的因素 Z。

基于以上分析，本书以有机肥为例，探讨信息化对有机肥施用概率和施用量的影响，并提出以下研究假说：

假说 1：信息化提高了农户投入有机肥的可能性。

假说 2：信息化增加了农户对有机肥的投入量。

5.3 信息化影响农户生产性资本投入决策的实证分析

5.3.1 计量模型构建、变量选择与内生性问题

5.3.1.1 信息化影响农户生产性资本投入决策的基准模型

根据理论分析,本书以有机肥为例,关注的被解释变量为"是否投入有机肥"与"有机肥投入量"。当选择"是否投入有机肥"时,被解释变量是二分类变量,应选择 Probit 模型;当选择"有机肥投入量"时,被解释变量是受限变量,应选择 Tobit 模型。因此,参照部亮亮等(2013)的研究思路,本书的基准模型设定如下:

$$y_i = \beta_0 + \beta_1 I_i + \beta_2 p_i + \beta_2 w_i + \sum \delta_i VTC_i + \sum \tau_i Z_{ui} + \sum \lambda_i Z_i + \varepsilon_i$$

$$(5-13)$$

式(5-13)中,y_i 表示第 i 个农户生产性资本投入决策,包括是否投入有机肥及有机肥投入量;I_i 表示第 i 个农户的信息化水平;p_i 表示第 i 个农户的苹果销售价格;w_i 表示第 i 个农户的有机肥价格;VTC_i 表示第 i 个农户要素市场参与的可变交易成本;Z_{ui} 表示影响第 i 个农户要素市场参与固定交易成本的因素;Z_i 表示影响第 i 个农户有机肥投入决策的户主个体与家庭特征以及影响要素投入响应的环境因素;ε_i 表示模型的随机误差项。在模型分析中,本书通过判断系数 β_1 的显著性和影响方向判断信息化水平对有机肥投入决策的影响。

5.3.1.2 变量选择、定义与预期影响方向

基于上述理论分析结论,农户生产性资本投入决策取决于信息化水平、苹果销售价格、要素投入价格、可变交易成本、影响固定交易成本的因素和影响资本要素投入边际产出因素的共同影响,但其因果关系仍然有待进一步验证。在参考已有的研究基础上,本书具体变量选择与说明如下(表5-1):

(1)生产性资本投入决策

该变量是本书的被解释变量。从生产性资本的外延来看,可将其分为流动资本与固定资本两大类(杨芳 等,2019;钱龙,2016)。其中,流动资本主要包括化肥、有机肥、农药等资本要素;固定资本则主要包括农业

机械、农田基础设施等。受数据可得性限制,本书只关注流动资本,并以有机肥为例进行研究。在此基础上,关于有机肥投入行为,本书参考郜亮亮等(2013)、Alene et al.(2008)、张驰等(2017)的研究方法,选择"是否投入有机肥"进行测度。关于有机肥投入量,本书参考 Olale 和 Cranfield(2009)的研究方法,选择"每棵苹果树有机肥平均投入量"进行测度。

(2)信息化水平

该变量是本书的关键解释变量。既有的研究多采用信息技术普及率作为信息化的代理变量(朱秋博 等,2019;Kikulwe et al.,2014),重点关注了信息获取的手段,但没有充分考虑农户对信息的利用能力。从理论上来说,将某一信息利用于生产决策需要跨过两道门槛:一是农户是否能够获取该信息,这与农户信息技术接入与应用水平有关;二是农户是否有能力使用该信息,这与农户信息素养有关。因此,本书根据信息化测评体系,从信息技术接入水平、信息技术应用水平以及信息素养水平三个方面测度农户信息化水平。具体步骤如下:首先,选择"是否拥有智能手机""是否接入移动互联网""是否拥有电脑""是否接入固定宽带互联网",采用熵权法测度信息技术接入水平;选择"通过移动网络获取农业信息的程度""通过固定宽带互联网获取农业信息的程度",采用熵权法测度信息技术应用水平。其次,采用主成分分析方法,从信息意识、信息获取能力、信息评价能力、信息应用能力与信息共享能力五方面测度信息素养水平。最后,采用熵权法确定信息接入水平、信息技术应用水平和信息素养水平的权重,综合评价信息化水平。根据理论分析,预期信息化对有机肥投入具有正向影响。

(3)苹果销售价格与有机肥购买价格

由于价格具有较强的内生性,本书采用村庄的苹果销售价格与有机肥购买平均价格作为要素投入价格来衡量价格因素对生产性资本要素投入决策的影响。苹果销售价格会对生产投资形成正向激励,销售价格越高,农户越倾向于增加要素投入。与此相反,有机肥要素投入价格则会对生产投资产生负向抑制效应,有机肥要素投入价格越高,农户越倾向于减少要素投入。因此,本书预期苹果销售价格对农户生产性资本投入决策的影响方向为正,而有机肥购买价格对其影响方向则为负。

（4）参与要素市场的可变交易成本

参考 Alene et al.（2008）的研究，本书采用农户与最近农资市场的距离、是否有拖拉机来衡量农户参与生产性资本要素市场的可变交易成本。从理论上来说，农户与农资市场的距离越近，单位运输成本越低，越有助于增加农户投入有机肥的可能性及投入量。拖拉机作为常用的农用机械，能够提高资本要素的运输效率，从而促进农户参与资本要素市场。因此，预期与农资市场的距离对农户是否投入有机肥及其投入量的影响方向为负，而是否有拖拉机对其的影响方向为正。

（5）影响要素市场参与固定交易成本的因素

该变量具体包括人力资本专用性与地理位置专用性。其中，采用受访者受教育年限与受访者种植经验来衡量人力资本专用性；采用农户与最近地块果园的距离来衡量地理位置专用性（侯建昀，2017）。从理论上来说，文化水平越高，农户识别非农就业机会的能力越强，从事非农就业的可能性越高，进而导致生产性流动资本投入下降（钱龙，2017）。种植经验越丰富的农户退出种植或进行低效率生产的机会成本较大，越倾向于增加资本要素投入。农户与最近地块果园的距离越远，意味着地理位置专用性越强，越倾向于增加资本要素投入。因此，预期受教育年限与地理位置专用性对农户是否投入有机肥及其投入量的影响方向为负，种植经验对其的影响方向为正。

（6）影响资本要素投入边际产出的因素

该变量具体包括户主个体与家庭特征和影响要素响应的环境因素。其中，户主个体与家庭特征包括受访者性别、年龄、家庭抚养比、人均土地禀赋、非农收入与借贷可得性；影响要素响应的环境变量包括苹果树龄、栽培密度与区域虚拟特征。

表 5-1　变量定义、说明与预期影响方向

变量	定义与说明	预期影响方向
被解释变量		
是否投入有机肥	二分类变量，是否投入有机肥？1＝是，0＝否	—
有机肥投入量	平均每棵苹果树有机肥投入量（千克/棵），取自然对数	—
关键解释变量		
信息化水平	基于熵权法的信息化综合评价得分值	＋

表5-1(续)

变量	定义与说明	预期影响方向
价格变量		
苹果销售价格	村庄苹果销售均价（元/千克）	+
有机肥购买价格	村庄有机肥购买均价（元/千克）	−
影响要素市场参与交易成本的因素		
与要素市场的距离	与最近农资市场的距离（千米）	−
是否有拖拉机	是否有拖拉机？1=是，0=否	+
受教育年限	受教育年限（年）	−
种植经验	苹果种植年限（年）	+
地理位置专用性	与最近地块的距离（千米）	
户主个体与家庭特征变量		
受访者性别	分类变量，1=男，0=女	+/−
受访者年龄	年龄（岁）	+/−
家庭抚养比	无劳动能力的人数/家庭总人口	+/−
人均土地禀赋	苹果经营面积/农业劳动力人数（亩/人）	+/−
非农收入	从事非农生产的收入（元），取自然对数	+/−
借贷可得性	是否有借款或贷款？1=是，0=否	+
影响要素响应的环境变量		
苹果树龄	苹果树平均种植年限（年）	+/−
栽培密度	每亩栽培苹果树的数量（棵/亩）	+/−
陕西	虚拟变量；1=是，0=否	+/−
甘肃	虚拟变量；1=是，0=否	+/−

5.3.1.3 内生性讨论与拟解决方法

从已有的文献来看，本书关注的信息化水平变量可能是内生的，其原因如下：

第一，在信息化测评体系中，本书采用主观化量表测度信息素养水平，可能会因不同农户对题项的认知差异产生测量误差。同时，在设定计量模型时，可能会遗漏共同影响农户信息化水平与生产性资本投入决策的变量，比如生活习惯或接受新鲜事物的能力等。

第二，信息基础设施的布局并不是随机的，铺设时间及地点的差异会影响农户信息技术接入与应用的水平。

第三，信息化水平与农户生产性资本投入决策可能存在反向因果关系，即参与有机肥市场的农户的信息化水平可能也较高。

关于内生性问题，本书关注的信息化水平属于多指标综合评价值，一定程度上缓解了单个信息化指标的内生性。同时，参考已有的研究，本书运用工具变量法来解决信息化水平变量的内生性问题，并采用 Roodman（2011）提出的条件混合过程方法（CMP）对计量模型进行估计。相较于传统工具变量两阶段最小二乘法，CMP 估计方法能够更好地解决内生变量的非连续性问题（卿石松、郑加梅，2016）。CMP 方法也属于两阶段估计过程，其中，第一阶段寻找潜在内生变量的工具变量，并检验其与内生变量的相关性；第二阶段将工具变量代入模型进行回归，根据内生性检验参数 atanhrho_12 值来检验潜在内生变量的外生性。如果 atanhrho_12 参数值显著不为 0，则说明模型存在内生性问题，采用 CMP 方法估计计量模型是有效的。

5.3.2　描述性统计分析

表 5-2 显示了模型主要变量的描述性统计结果。从有机肥投入决策来看，样本农户投入有机肥的比例为 94.00%，平均每棵苹果树有机肥投入量为 5.394 千克。从农户信息化水平来看，样本农户的信息化综合评价平均得分为 1.428。从村域市场发育水平来看，样本村庄苹果销售均价为 4.35 元/千克，有机肥购买均价为 2.95 元/千克。从农户参与要素市场的可变交易成本来看，农户与最近农资市场的平均距离为 5.001 千米；样本农户中购置拖拉机的比例为 47.00%。从影响农户参与要素市场固定交易成本的因素来看，样本农户的受教育年限平均为 8.360 年，苹果种植年限平均为 23.060 年，与最近果园地块的距离平均为 1.171 千米。从户主个体特征来看，样本农户中户主平均年龄为 51.76 岁，且其中 89.00% 为男性。从家庭特征来看，样本农户家庭抚养比不高，均值为 0.236；人均土地经营面积为 3.123 亩；从事非农生产的农户家庭比例不足 20%（142/734 = 0.193 5 ≈ 19%）；存在借款或贷款的家庭比例为 54.00%。从影响要素响应的环境因素来看，样本农户种植的苹果树树龄平均为 18.519 年，亩均栽培数量为 47.305 棵。

表 5-2　变量描述性统计分析

变量	样本量/户	均值	标准差	最小值	最大值
是否使用有机肥	734	0.940	0.240	0	1
有机肥使用量/千克/棵	680	21.574	1.848	0.088	250.938
信息化水平	734	1.428	0.972	0.13	3.83
苹果销售价格/元/千克	734	4.35	0.96	2.26	6.24
有机肥购买价格/元/千克	734	2.946	0.628	2	4.94
与最近农资市场的距离/千米	734	5.001	7.959	0.01	100
是否有拖拉机	734	0.470	0.500	0	1
受教育年限/年	734	8.360	2.952	0	16
种植经验/年	734	23.060	8.114	1	47
地理位置专用性/千米	734	1.171	1.117	0	10
受访者性别	734	0.890	0.314	0	1
受访者年龄/岁	734	51.796	9.206	21	76
家庭抚养比	734	0.236	0.248	0	0.8
人均土地禀赋/亩/人	734	3.123	1.778	0	12
非农收入/元	142	13 574.202	47.086	1 000.245	334 367.848
借贷可得性	734	0.540	0.499	0	1
苹果树龄/年	734	18.519	6.151	3.6	37
栽培密度/棵/亩	734	47.305	15.090	20	218.78

5.3.3　计量结果与分析

5.3.3.1　信息化影响农户生产性资本投入决策的基准回归结果

本书选择"您家附近 10 户家庭中使用移动支付的比例"作为信息化水平的工具变量，运用 Probit 模型、Tobit 模型及 CMP 方法估计模型 (5-13)，检验信息化水平对农户生产性资本投入的影响（结果见表 5-3）。之所以选择"您家附近 10 户家庭中使用移动支付的比例"这一工具变量，是因为这一变量能够较好地反映农户所处区域的信息化水平。已有的研究表明，一个区域的信息技术普及与利用程度对个人的信息化水平具有重要影响（周广肃、孙浦阳，2017；周洋、华语音，2017）。但"您家附近 10

户家庭中使用移动支付的比例"对农户个体生产性资本投入决策而言是外生的，满足工具变量的基本条件。从内生性检验结果来看，信息化水平在有机肥投入行为模型中是内生的，但在有机肥投入数量模型中是外生的。因此，本书以 CMP 估计的 Probit 模型结果为准分析信息化水平对有机肥投入行为的影响[①]，同时以 MLE 估计的 Tobit 模型结果为准分析信息化水平对有机肥投入数量的影响。具体估计结果与分析如下：

第一，无论是有机肥投入行为还是有机肥投入数量，信息化水平的估计系数均为正，且在 10% 水平显著，这表明信息化水平不仅提高了农户投入有机肥的可能性，也增加了有机肥投入数量，假说 1 与假说 2 得到验证。具体来看，Probit 模型估计结果表明，在其他因素不变的情况下，信息化水平每提升 1 个单位，农户投入有机肥的概率会增加 12.3%（表 5-3 回归 1）；Tobit 模型估计结果显示，在其他因素不变的情况下，信息化水平每提升 1 个单位，有机肥投入数量会增加 6.8%（表 5-3 回归 2）。可能的原因是，信息化水平的提升，使农户能够更快速地获取生产决策所需要的信息，同时缓解了农户与资本要素零售商的信息不对称，降低了逆向选择或道德风险造成的交易成本对农户资本要素市场参与行为的制约。

第二，价格因素对生产性资本投入决策的影响不显著。具体来看，无论是有机肥投入行为还是有机肥投入数量，苹果销售价格的估计系数均为正，但均未通过显著性检验（表 5-3），这表明苹果销售价格对农户参与有机肥市场形成了正向激励，但这种激励并不明显。可能的原因是，虽然增加施用有机肥可以改善果实的口感，但市场上关于不同属性苹果产品的识别度较低，价格差异不明显，导致增施有机肥带来的收入效应不显著。此外，值得说明的是，虽然有机肥价格对有机肥投入行为的影响不显著，但其估计系数为正，这与理论预期相反。可能的原因是，在苹果生产过程中，农户投入有机肥改善土壤质量的意识逐渐增强，价格或许已不是农户考虑的首要因素。

第三，农户参与要素市场的可变交易成本对生产性资本投入的影响有

---

① 在第一阶段信息化水平估计方程中，工具变量"您家附近 10 户家庭中使用智能手机上网的比例"在 1% 水平显著正向影响信息化水平，且 atanhrho_12 值在 5% 水平显著不为 0，这说明信息化水平变量是内生的，且本书选择的工具变量及 CMP 估计方法是有效的；限于篇幅，本书未显示第一阶段方程估计的结果，感兴趣的读者可向笔者索要。

二。其一，与最近农资市场的距离在 10% 水平正向影响有机肥投入行为；其二，是否有拖拉机在 5% 水平负向影响有机肥投入行为。这表明距离要素市场越远，没有拖拉机的农户投入有机肥的可能性越大，这与理论预期不符。可能的原因如下：在苹果主产区，村域或镇域要素市场发育不完全，农资质量参差不齐，农户更倾向于参与信誉度高、市场规范程度高的要素市场进行交易；拖拉机这类运输型农机不适合远距离跨区运输，更适用于小范围区域内农家肥的运输，可能会对替代有机肥的投入行为产生影响。此外，"与最近农资市场的距离"与"是否有拖拉机"对有机肥投入量的影响均未通过显著性检验。

第四，参与要素市场的固定交易成本对农户生产性资本投入的影响是：文化水平在 5% 水平负向显著影响农户的有机肥投入行为。这表明文化水平越高，农户投入有机肥的概率越小，这与郜亮亮等（2013）的研究结论一致。可能的原因是，文化水平越高，农户越容易识别非农就业机会，从而由务农转为兼业或非农生产，增加了其从事农业生产的机会成本。种植经验分别在 10%、5% 水平正向显著影响农户的有机肥投入行为与投入数量，这表明种植经验越丰富，农户的有机肥投入概率与投入数量越大。可能的原因是，种植经验越丰富，意味着农户放弃苹果生产的机会成本越大，增加生产性资本投入以实现收益最大化的意愿越强烈。此外，文化水平对有机肥投入数量的影响、地理位置专用性对有机肥投入行为及投入数量的影响均不显著。

第五，户主个体特征对农户生产性资本投入的影响是：年龄因素在 10% 水平正向显著影响农户有机肥投入行为，但对有机肥投入数量的负向影响不显著。这表明年长农户投入有机肥的概率更大，但其投入数量与年轻农户的有机肥投入数量并没有显著差异，这与郜亮亮等（2013）的研究结论部分一致。可能的原因是，年龄越大，农户的生产经验越丰富，关于有机肥对土壤肥力作用的认识越深刻，但受到身体条件的制约，其投入量较年轻农户可能会有所下降。此外，性别因素对农户有机肥投入行为与投入量的影响均未通过显著性检验。

第六，家庭特征对农户生产性资本投入的影响是：借贷可得性分别在 10%、1% 水平正向显著影响农户的有机肥投入行为与投入量，这表明获得借贷性收入的农户的有机肥投入概率与投入量更大。可能的原因是，借款或贷款收入能够缓解农户投入农业生产的资金约束，从而促进农户对有机肥的投资。此外，家庭抚养比、人均土地禀赋与非农收入对农户生产性资本投入决策的影响均不显著。

第七，影响要素响应的环境因素对农户生产性资本投入的影响是：栽培密度在5%水平正向影响有机肥投入行为，但在1%水平负向影响有机肥投入数量。这表明栽培密度越大，农户投入有机肥的概率越大，但有机肥的投入数量越小。可能的原因是，栽培密度越大的果园，越需要施用有机肥增加土壤肥力，但每棵果树的平均投入量越小。从区域虚拟特征的影响来看，相较于山东苹果种植户，陕西与甘肃苹果种植户的有机肥投入概率及投入量均偏低。可能的原因是，作为传统的苹果优势区域，山东的苹果产业体系较为成熟，与此相关的资本要素市场机制更加完善，山东苹果种植户参与资本要素市场的交易成本可能更低。

表 5-3 信息化影响农户生产性资本投入决策的估计结果

变量	被解释变量：是否投入有机肥（Probit-CMP 模型）回归 1		被解释变量：有机肥投入量（Tobit 模型）回归 2	
	系数	边际效应	系数	边际效应
信息化水平	0.710 *** (3.15)	0.123 * (1.80)	0.068 * (1.68)	0.068 * (1.68)
苹果销售价格	0.105 (0.71)	0.018 (0.74)	0.072 (0.96)	0.071 (0.96)
有机肥购买价格	0.174 (0.82)	0.030 (0.83)	−0.139 (−1.08)	−0.137 (−1.08)
与要素市场的距离	0.022 * (1.89)	0.004 ** (2.01)	0.003 (0.58)	0.003 (0.58)
是否有拖拉机	−0.297 ** (−2.11)	−0.051 ** (−2.23)	−0.074 (−0.96)	−0.073 (−0.96)
受教育年限	−0.064 ** (−2.41)	−0.011 * (−1.77)	−0.007 (−0.53)	−0.007 (−0.53)
种植经验	0.020 * (1.67)	0.003 * (1.82)	0.013 ** (2.25)	0.013 ** (2.25)
地理位置专用性	−0.008 (−0.14)	−0.001 (−0.14)	−0.013 (−0.35)	−0.012 (−0.35)

表5-3(续)

变量	被解释变量：是否投入有机肥 （Probit-CMP 模型）回归 1		被解释变量：有机肥投入量 （Tobit 模型）回归 2	
	系数	边际效应	系数	边际效应
受访者性别	0.106 (0.48)	0.018 (0.49)	0.079 (0.68)	0.078 (0.68)
受访者年龄	0.027* (1.85)	0.005 (1.35)	−0.008 (−1.39)	−0.008 (−1.39)
家庭抚养比	0.114 (0.38)	0.020 (0.37)	−0.242 (−1.47)	−0.239 (−1.47)
人均土地禀赋	−0.002 (−0.05)	−0.0003 (−0.05)	−0.032 (−1.35)	−0.031 (−1.35)
非农收入	0.008 (0.47)	0.001 (0.48)	0.002 (0.21)	0.002 (0.21)
借贷可得性	0.258* (1.73)	0.045* (1.79)	0.236*** (2.93)	0.234*** (2.94)
苹果树龄	0.002 (0.16)	0.0003 (0.16)	0.003 (0.46)	0.003 (0.46)
栽培密度	0.016** (2.50)	0.003*** (2.70)	−0.009*** (−3.50)	−0.009*** (−3.49)
陕西	−0.206 (−1.11)	−0.036 (−1.11)	−0.467*** (−4.58)	−0.462*** (−4.58)
甘肃	−0.401* (−1.65)	−0.070 (−1.62)	−0.909*** (−6.91)	−0.899*** (−6.92)
常数项	−2.293** (−2.29)	—	3.080*** (6.40)	—
您家附近 10 户家庭中 使用移动支付的比例	0.007*** (5.94)	—	—	—
atanhrho_12	−0.631** (−2.22)		—	—
Wald（F）检验	421.57***		5.66***	
Pseudo R2	—		0.0419	

注：***、**、*分别表示在 1%、5%、10% 水平显著，括号内数值为稳健标准误下的 z 值或 t 值。

5.3.3.2 信息化影响农户生产性资本投入决策的区域异质性分析

上述分析表明，在整体层面上，信息化水平正向显著影响农户生产性资本投入，但不同地区信息化水平及资本要素市场发育程度具有明显的区域差异，这可能导致信息化水平影响农户生产性资本投入决策的异质性。因此，本书按照地理区域划分标准，将整体样本分为东部地区与西部地区两个分样本[1]，分别采用 Probit 模型、Tobit 模型及 CMP 方法对生产性资本投入决策模型进行拟合回归，以验证信息化水平影响农户生产性资本投入决策结果的稳健性。

从分样本拟合结果（表 5-4）来看，在第一阶段信息化水平估计方程中，工具变量"您家附近 10 户家庭中使用移动支付的比例"（回归 1）、"您家附近 10 户家庭中使用电脑上网的比例"（回归 2）、"村庄内是否有移动、电信等营业厅"（回归 2 与回归 3）及"村庄内移动、电信等营业厅数"（回归 4）与信息化水平均存在显著的相关性，且内生性检验参数 atanhrho_12 值在 1% 水平显著不为 0，这说明 CMP 方法与工具变量的选择是有效的[2]。第二阶段估计结果显示，在东部地区与西部地区，信息化水平均在 1% 水平正向显著影响农户的有机肥投入行为，同时在 5% 水平正向显著影响农户的有机肥投入量，与基准模型回归结果一致，这说明信息化水平正向显著影响农户生产性资本投入这一结论在区域层面是稳健的。但从信息化水平的影响力度来看，信息化水平对东部地区农户有机肥投入行为的影响大于对西部地区农户的影响，但对东部地区农户有机肥投入数量的影响小于对西部地区农户的影响。可能的原因是，相较于西部地区，东部地区的信息化进程较快，农户可获取的信息资源更丰富，且农户信息素养水平更高。同时，围绕较为成熟的苹果销售市场形成了较为成熟的资本要素市场，市场竞争更充分，综合导致了信息化水平对东部地区农户有机肥投入行为的影响更大，而信息化水平对东部地区农户有机肥投入量的影响小于对西部地区农户的影响。这可能是由于东部地区亩均栽培数量多于西部地区。根据调研数据统计，东部地区农户亩均栽培 52.18 棵苹果树，而西部地区农户亩均栽培苹果树仅有 44.95 棵。

---

① 东部地区包括山东省烟台市的蓬莱区与栖霞市，西部地区包括陕西省渭南市的白水县、延安市的富县与洛川县以及甘肃省平凉市的静宁县。

② 限于篇幅，表 5-4 未显示拟合结果中第一阶段方程的估计结果以及第二阶段估计中控制变量的估计结果，感兴趣的读者可向笔者索要。

表 5-4　信息化影响农户生产性资本投入决策的区域异质性分析

变量	被解释变量：是否投入有机肥（CMP-Probit)		被解释变量：有机肥投入量（Tobit)	
	东部（回归1)	西部（回归2)	东部（回归3)	西部（回归4)
信息化水平	1.243***	0.991***	0.328***	1.216**
	(12.17)	(4.65)	(3.07)	(2.07)
控制变量	已控制	已控制	已控制	已控制
常数项	-5.058***	-3.362***	1.886**	-1.745
	(-4.67)	(-3.60)	(2.29)	(-0.91)
您家附近10户家庭中使用移动支付的比例	0.007***	—	—	—
	(3.23)			
您家附近10户家庭中使用电脑上网的比例	—	0.003**	—	—
		(2.12)		
村庄内是否有移动、电信等营业厅	—	-0.209**	—	-0.236***
		(-2.23)		(-2.82)
村庄内移动、电信等营业厅数	—	—	0.351*	—
			(1.80)	
atanhrho_12	-1.544***	-1.167**	-0.325**	-0.950***
	(-3.35)	(-2.31)	(-2.02)	(-2.68)
Wald（F）检验	540.27***	532.90***	58.50***	450.75***
样本量/户	495	495	239	239

注：***、**、*分别表示在1%、5%、10%水平显著，括号内数值为稳健标准误下的 z 值或 t 值。

5.3.3.3　不同维度信息化对农户生产性资本投入决策的影响

从信息化测评体系来看，信息化分为三个维度：信息技术接入、信息技术应用与信息素养提升。不同维度对农户信息处理效率的影响可能存在差异，从而导致农户生产性资本投入决策存在异质性。基于此，本书采用 Probit 模型、Tobit 模型及 CMP 方法分别估计生产性资本投入的基准模型，探讨信息技术接入水平、信息技术应用水平与信息素养水平对农户生产性资本投入决策的影响，以进一步验证上文研究结果的稳健性。

从不同维度信息化水平对农户有机肥投入行为的拟合结果（表 5-5 回

归1~回归3)① 来看，第一阶段方程估计结果显示，信息技术接入水平与信息技术应用水平在模型中是内生的，但信息素养水平是外生的。第二阶段估计结果显示，信息技术接入水平、信息技术应用水平与信息素养水平均在1%水平正向显著影响农户的有机肥投入行为，与基准模型估计结果一致，这说明信息化水平正向影响农户有机肥投入行为这一结论在不同维度信息化层面也是稳健的。但从影响力度来看，信息技术接入水平对农户有机肥投入行为的影响最大，信息素养水平的影响次之，信息技术应用水平的影响最小。从不同维度信息化水平对农户有机肥投入量的拟合结果（表5-5回归4~回归6)② 来看，第一阶段方程估计结果显示，信息技术接入水平与信息技术应用水平在模型中是内生的，但信息素养水平是外生的。第二阶段估计结果显示，信息技术接入水平、信息技术应用水平与信息素养水平在10%水平正向显著影响农户的有机肥投入量，与基准模型估计结果一致，这说明信息化水平正向影响农户有机肥投入数量这一结论在不同维度信息化层面也是稳健的。但从影响力度来看，信息技术接入水平对农户有机肥投入数量的影响最大，信息素养水平的影响次之，信息技术应用水平的影响最小。

表5-5 不同维度信息化影响农户生产性资本投入的估计结果

变量	被解释变量：是否投入有机肥（CMP/Probit）			被解释变量：有机肥投入量（CMP/Tobit）		
	回归1	回归2	回归3	回归4	回归5	回归6
信息技术接入水平	2.033 *** (3.55)			0.704 * (1.81)		
信息技术应用水平		0.361 *** (5.53)			0.123 ** (2.40)	
信息素养水平			0.411 *** (2.60)			0.202 ** (2.53)
控制变量	已控制	已控制	已控制	已控制	已控制	已控制
常数项	-2.790 *** (-2.76)	-2.081 ** (-2.51)	-1.744 (-1.49)	2.383 *** (3.49)	2.664 *** (5.03)	2.525 *** (4.32)

① 表5-5未显示回归1~回归2第一阶段方程的估计结果以及回归1~回归3中控制变量的估计结果，感兴趣的读者可向笔者索要。

② 表5-5未显示回归4~回归5第一阶段方程的估计结果以及回归4~回归6中控制变量的估计结果，感兴趣的读者可向笔者索要。

表5-5(续)

变量	被解释变量：是否投入有机肥（CMP/Probit）			被解释变量：有机肥投入量（CMP/Tobit）		
	回归1	回归2	回归3	回归4	回归5	回归6
您家附近10户家庭中使用移动支付的比例	0.002*** (4.46)	0.018*** (4.88)	—	—	—	—
您家附近10户家庭中使用电脑上网的比例	—	—	—	0.001** (2.08)	—	—
村庄内是否有移动或电信等营业厅	—	—	—	—	-0.593*** (-2.76)	—
atanhrho_12	-0.805*** (-2.49)	-0.835*** (-3.01)	—	-0.207* (-1.81)	-0.184** (-2.05)	—
Wald（F）检验	418.27***	408.92***	35.37***	351.88***	302.52***	6.32***
Pseudo R2	—	—	0.094 0	—	—	0.044 7

注：***、**、*分别表示在1%、5%、10%水平显著，括号内数值为稳健标准误下的z值或t值。

出现上述现象，可能的原因是，对于苹果生产而言，市场上销售的商品有机肥产品具有典型的区域特征，即在相同区域表现出较强的同质性，在不同地区表现出较强的异质性。在这种背景下，农户参与有机肥市场所需要获取的信息相对较简单，需要针对性获取的深层次信息较少，且对信息处理能力要求不高，以至于信息素养水平在生产决策中发挥的作用小于信息技术接入的作用。此外，信息技术应用水平的作用最小，可能是由于当前农户利用信息技术针对性获取信息的能力不强。

5.4　本章小结

本章以有机肥为例，分析了信息化对农户生产性资本投入决策的影响。本章从理论上提出了信息化影响农户生产性资本投入的研究假说，并基于山东、陕西与甘肃苹果种植户微观调查数据，采用Probit、Tobit模型与CMP方法进行实证分析，以验证研究假说的真伪。研究结果表明：

第一，信息化水平显著正向影响农户投入有机肥的概率以及投入量，且在区域层面该结论具有稳健性，但信息化水平对农户生产性资本投入的影响具有显著的区域差异性。具体而言，信息化水平对东部地区农户有机肥投入行为的影响大于西部地区，但信息化水平对东部地区农户有机肥投入量的影响小于对西部地区农户的影响。

第二，不同维度信息化水平对农户生产性资本投入的影响存在差异性。其中，信息化技术接入水平对农户有机肥投入行为与投入量的影响最大，信息素养水平的影响次之，而信息技术接入水平的影响最小。

基于上述研究结论，本章得到两点启示：

第一，相关部门应依托乡村振兴战略，全面提高农户的信息化水平，有效规避信息不对称导致的道德风险或逆向选择，提高农户对生产性资本要素的配置效率。首先，应加快信息基础设施建设，实现移动网络基站与光纤电缆铺设对农村的全面覆盖，为农户接入互联网奠定基础；同时，应联合三大网络运营商（中国移动、中国电信与中国联通）推出适合农村地区的资费产品，有效降低农户接入移动互联网及固定宽带互联网的准入门槛，综合提升农户的信息技术接入水平。其次，在顶层设计上，政府部门应建立以信息技术及互联网为平台的信息供给体系，并依托当前相对成熟的技术推广模式，指导农户利用信息技术获取要素市场信息，有效降低农户搜寻信息的成本，提高农户的信息技术应用水平。最后，在农村地区开展信息教育及培训，培养农户的信息意识，不断提高农户的信息获取、评价、应用及共享能力。

第二，相关部门应根据产品市场与要素市场的联动效应，完善资本要素市场的运行机制，尤其是针对市场发育程度较低的西部地区，建立与苹果产业发展相匹配的农资供给体系。此外，应尽快建立以农资生产商、电商平台以及物流企业为主的电商农资销售体系，缩短农资产品的交易链条，降低农户参与要素市场的交易成本。

6 信息化对农户要素稀缺诱致性技术选择行为的影响分析

　　根据诱致性技术变迁理论，要素相对价格变化会对技术变革产生诱致性作用（Hayami & Ruttan，1985）。在实际生产过程中，信息不对称或信息不充分产生的交易成本会改变要素的相对价格，已成为制约农户要素稀缺诱致性技术选择行为的关键因素（王静、霍学喜，2014）。在信息化驱动农业现代化发展的背景下，信息化对市场运行机制及农业要素市场产生了重要影响。这促进资源在更大范围优化配置（张兴旺 等，2019），能有效降低农户参与要素市场的交易成本。在此情形下，生产要素的相对价格可能会发生新的变化。因此，信息化水平对农户的要素稀缺诱致性技术选择行为的影响是一个值得研究的问题。基于此，本章选择劳动节约型技术，从理论上阐述信息化对农户要素稀缺诱致性技术选择决策行为的影响机理，并基于山东、陕西与甘肃苹果种植户微观调查数据，采用 Probit 模型与条件混合过程（CMP）估计法进行实证分析，探讨信息化水平对农户劳动节约型技术选择行为的影响。

6.1　引言

　　诱致性技术变迁理论在分析农业技术变革和应用领域得到了广泛运用（Liu & Shumway，2006；林毅夫、沈明高，1990），其主流观点认为，资源稀缺性变化所引起的要素相对价格变化会诱致技术变革。在生产中，微观经营主体会通过市场机制寻求相对丰裕的要素来替代相对稀缺的要素，并使用节约相对稀缺要素的技术，实现总要素投入的边际收入最大化。进入

20世纪90年代以来，以信息通信技术为基础的信息化发展打破了信息不对称壁垒（Aker et al.，2016），有效促进了农业市场运行机制创新、农业要素市场改革和农业公共服务能力的提升（张兴旺 等，2019），为实现资源在更大范围内的优化配置提供了优越的市场环境。从理论上来说，在要素禀赋与生产条件的双重制约下，生产经营主体与不同要素零售商之间的信息不对称存在差异性，导致农户参与不同要素市场面临差异化的交易成本。在此情形下，信息化可能对不同要素的价格变化产生差异化的影响，从而引起要素的相对价格发生变动。那么，信息化是否会影响农户的要素稀缺诱致性技术选择呢？回答这一问题对制定信息化背景下的生产要素价格市场化政策及推进"互联网+"农业现代化进程具有重大意义。

从要素的相对稀缺性视角，可以将农业诱致性技术分为劳动节约型技术与土地节约型技术两类。从现有文献来看，关于农业诱致性技术的实证研究主要关注要素禀赋的重要作用。但不同区域与不同历史阶段要素禀赋结构存在差异性，既有的研究具有明显的区域性特点。例如，Hayami 和 Ruttan（1970）在以日本与美国农业为例的研究中发现，由于美国地广人稀而日本人多地少的要素禀赋差异，美国农业依赖节约劳动型技术，而日本农业则依赖节约土地型技术。在此基础上，也有部分学者关注中国要素禀赋结构与农业技术变迁之间的关系。例如，林毅夫（1991）通过理论模型验证了在土地和劳动要素被禁止交换的市场条件下仍然遵循要素相对价格的诱导而替代日益稀缺生产要素的技术。常向阳、姚华锋（2005）与苏荟（2013）的研究也证实了要素禀赋是诱致农业技术变迁的重要因素。但也有部分学者研究发现，要素禀赋对农业技术变迁的影响会受到生产条件的制约（薛超、周宏，2019；郑旭媛、徐志刚，2016）。随着新制度经济学与信息经济学理论在农业领域的应用，部分学者开始关注交易成本对农业生产技术选择决策行为的影响。例如，王静、霍学喜（2014）研究发现，技术市场交易成本是制约农户进行要素稀缺诱致性技术选择决策行为的重要因素。部分学者分析了信息获取对农户生产技术选择行为的影响。例如，Luh et al.（2014）研究了信息获取对中国台湾地区农户进行转基因种子技术选择决策行为的影响。结果发现，信息获取显著增加了农户选择转基因技术的可能性。高杨、牛子恒（2019）则关注了信息获取能力对农户绿色防控技术选择决策行为的影响。结果发现，信息获取能力不仅增加了农户选择绿色防控技术的可能性，同时也缓解了风险厌恶心理对技术选择行为的抑制作用。

　　基于以上分析可以看出，关于信息化与生产技术选择关系机理方面的研究值得重视，利于克服现有研究中仅注重以某一项技术采用为例，缺少从生产要素结构视角深入分析信息化水平对农户要素稀缺诱致性技术选择行为的影响问题。此外，现有研究仅关注信息获取方式或信息获取能力的某一方面对技术选择决策行为的影响，缺少对信息化水平的全面把握。从理论上来说，信息获取方式及信息获取能力都是决定农户生产决策信息丰裕程度的重要因素，缺一不可。基于此，本书从信息技术接入、信息技术应用、信息素养提升三个维度综合测评信息化水平，并以劳动节约型技术为例，分析信息化对农户要素稀缺诱致性技术选择行为的影响。选择劳动节约型技术的原因是，苹果属于劳动密集型作物。在农业劳动力持续向非农产业转移及农业劳动力老龄化的双重制约下，劳动力成本呈现持续上升态势，种植苹果劳动力可能会长期处于相对稀缺的状态。

6.2　信息化影响农户要素稀缺诱致性技术选择行为的理论分析

　　根据诱致性技术变迁理论，资源稀缺性变化所引起的要素相对价格变化会对技术变革产生诱致性作用（Hayami & Ruttan，1985）。在要素市场有效的前提下，生产要素相对价格的变动能够充分反映生产要素的稀缺程度。微观生产主体会借助市场机制实现廉价的相对丰裕要素对昂贵的稀缺要素的替代，并选择节约使用相对稀缺要素的技术（郑旭媛、徐志刚，2016），以此消除或部分消除经济体中相对稀缺的生产要素对农业发展的制约。根据希克斯对技术类型的定义，要素稀缺诱致性技术主要分为劳动节约型技术与土地节约型技术两类，前者旨在扩大单位劳动力的耕作面积或减少单位土地面积上的劳动力投入，后者旨在增加单位土地面积的产出量（常向阳、姚华锋，2005）。

　　从生产链来看，苹果属于典型的劳动密集型作物，劳动力相对于土地或者资本要素更加稀缺，尤其是在城镇化加速趋势和农业雇工价格逐年上涨的背景下，这一问题更加突出。因此，微观生产主体倾向于以资本替代劳动，而这种替代最初是通过机械化来实现的（速水佑次郎、弗农·拉坦，2000）。基于此，本书选择劳动与机械要素投入的相对偏向来定义苹果种植户的要素稀缺诱致性技术选择行为（王静、霍学喜，2014）。具体来看，如果单位面积劳动要素投入相对大于单位面积机械要素投入，则将该技术类型定义为劳动密集型技术；反之，则定义为劳动节约型技术。

基于以上分析，本书参考王静、霍学喜（2014）的理论模型，从理论上阐述信息化水平对农户要素稀缺诱致性技术选择行为的影响机理。假设农户 i 具有固定的土地禀赋 A_0 与劳动禀赋 L_0，且在苹果生产过程中只投入土地、劳动与机械三种要素。进一步假设，土地要素投入成本不变，那么，苹果产出与生产成本则取决于劳动与机械的要素投入比，即苹果生产总收入 R_i 与总成本 C_i 均是要素相对偏向的函数。假设农户 i 的要素相对偏向为 Tb_i，那么，净收益效应最大化条件下农户的最优决策函数为：

$$\text{Max}U_{Tb_i} = U_i[R_i(Tb_i) - C_i(Tb_i)] \qquad (6-1)$$

参考已有的研究成果，本书进一步假设农户具有固定不变的风险厌恶偏好，且种植收益服从正态分布，农户的期望效用函数则可表示为递增的均值—方差标准凹函数（Dubios & Vukina，2004）。那么，净收益效应最大化条件下农户的最优决策函数可拓展为：

$$\text{Max}_{Tb_i}U_i(R_i, Tb_i) = E(R_i) - \frac{1}{2}\zeta_i\text{var}(R_i) - C_i(Tb_i) \qquad (6-2)$$

式（6-2）中，$E(\cdot)$ 表示均值函数；$\text{var}(\cdot)$ 表示方差函数；ζ_i 表示农户 i 的风险偏好。

据此，参考王静、霍学喜（2014）的研究方法，本书将苹果生产总收入定义为：

$$R_i(Tb_i) = p_iq_iA_i + p_iA_i(Z_i + Tb_i)\mu_i \qquad (6-3)$$

式（6-3）中，p_i 表示农户 i 的苹果销售价格；q_i 表示农户 i 单位面积的苹果产量；A_i 表示农户 i 的苹果种植面积；Z_i 表示农户 i 的家庭及户主个体特征；Tb_i 表示农户 i 的技术选择偏向；μ_i 表示测度环境影响的随机变量，满足 $\mu_i \sim N(1, \sigma^2)$；$A_ip_i(Z_i + Tb_i)\mu_i$ 表示用市场价格度量的，由要素产出率相对变化所产生的农业生产相对收入的变化[①]。

Sadoulet 和 de Janvry（1995）认为，在研究过程中没有必要对存在交

[①] 具体建模过程可参考：王静，霍学喜. 交易成本对农户要素稀缺诱致性技术选择行为影响分析：基于全国七个苹果主产省的调查数据［J］. 中国农村经济，2014（2）：20-32，55.

易成本的投入需求与产出供给体系进行联合估计。因此，本书假设农户仅在参与要素市场过程中面临交易成本的约束，进一步根据 Key et al. (2000) 的研究，将交易成本细分为固定交易成本与可变交易成本。其中，固定交易成本不随交易量变化而变化，包括信息搜寻成本、谈判成本、监督与执行成本；可变交易成本随交易量增加而增加，包括运输成本和与不完全信息相关的其他成本（Olale & John, 2009）。假设农户 i 技术选择偏向面临的固定交易成本为 FTC_i，单位可变交易成本为 VTC_i，那么，可以将农户 i 的苹果生产总成本定义为：

$$C_i(Tb_i) = C_i^0 + A_i Tb_i(P_i^{lm} + VTC_i) + FTC_i \tag{6-4}$$

式（6-4）中，C_i^0 表示农户 i 的土地投入成本；P_i^{lm} 表示农户 i 进行技术选择偏向时对应的劳动力—机械要素投入价格比。

考虑农户参与要素市场交易成本的净收益效用最大化最优决策函数，将式（6-4）与式（6-5）代入式（6-3）可得：

$$\underset{Tb_i}{\mathrm{Max}} U_i(R_i, Tb_i) = A_i p_i q_i + A_i p_i(Z_i + Tb_i) - \frac{\zeta_i}{2} A_i^2 p_i^2 (Z_i + Tb_i)^2 \sigma_i^2$$
$$- C_i^0 - A_i Tb_i(p_i^{lm} + VTC_i) - FTC_i \tag{6-5}$$

综合以上分析，本书试图将信息化水平嵌入式（6-5）。从理论上来说，一方面，信息化能够有效缓解农户与要素零售商之间的信息不对称，弥补市场信息缺位，有助于降低农户对要素市场信息的搜寻成本、农户同要素零售商的谈判成本以及监督成本（Zanello, 2012）；另一方面，信息化能够降低农户对可变交易成本的敏感性，从而提高市场交易效率（Muto & Yamano, 2009）。基于此，假设农户 i 的信息化水平为 I_i，那么农户 i 进行要素有偏投入的固定交易成本与可变交易成本可进一步表示为：

$$FTC_i = \psi(I_i; Z_\mu, Z_i)，且满足 \ \partial FTC_i / \partial I_i < 0 \tag{6-6}$$

$$VTC_i = \gamma(I_i) d_i^2，且满足 \ \partial \gamma(I_i) / \partial I_i < 0 \tag{6-7}$$

式（6-6）与式（6-7）中，Z_μ 表示影响农户 i 进行要素有偏投入固定交易成本的变量；$\gamma(\cdot)$ 表示农户 i 对要素有偏投入可变交易成本的敏感性函数；d_i 表示农户与要素市场的距离。

进一步，考虑信息化水平影响农户进行要素有偏投入的最优决策函数，将式（6-6）与式（6-7）代入式（6-5）可得：

$$\underset{Tb_i}{\text{Max}}U_i(R_i,\ Tb_i) = A_ip_iq_i + A_ip_i(Z_i + Tb_i) - \frac{\zeta_i}{2}A_i{}^2p_i{}^2(Z_i + Tb_i)^2\sigma_i{}^2 -$$

$$C_i^0 - A_iTb_i(p_i^{lm} + \gamma(I_i)d_i{}^2) - \psi(I_i;\ Z_\mu,\ Z_i) \quad (6\text{-}8)$$

将式（6-8）对技术选择偏向 Tb_i 求一阶导数，可得：

$$\frac{\partial U_i}{\partial Tb_i} = A_ip_i - \zeta_iA_i{}^2p_i{}^2(Z_i + Tb_i)\sigma_i{}^2 - A_i(p_i^{lm} + \gamma(I_i)d_i{}^2) = 0 \quad (6\text{-}9)$$

据此，可求解最优的技术选择偏向 $Tb_i{}^*$，其表达式如下：

$$Tb_i{}^* = \frac{p_i - (p_i^{lm} + \gamma(I_i)d_i{}^2)}{\zeta_iA_ip_i{}^2\sigma_i{}^2} - Z_i \quad (6\text{-}10)$$

从式（6-10）可知，苹果种植户的技术选择偏向（劳动—机械）取决于苹果销售价格 p_i、劳动—机械投入价格比 p_i^{lm}、信息化水平 I_i、与要素市场的距离 d_i、风险偏好 ζ_i、苹果经营面积 A_i、环境影响方差 $\sigma_i{}^2$、家庭特征及户主个体特征 Z_i。

总的来看，信息化通过影响农户参与要素市场的交易成本，改变了劳动与机械要素的相对价格，从而促使农户选择相对丰裕的要素来替代相对稀缺的要素，形成技术选择偏向（如图6-1所示）。基于以上分析，提出本书的研究假说如下：

假说1：信息化水平会影响农户要素稀缺诱致性技术选择行为。

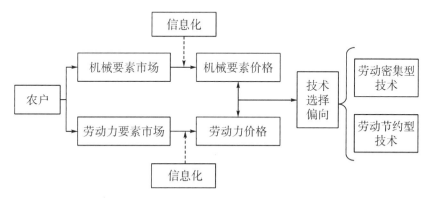

图6-1 信息化影响农户要素稀缺诱致性技术选择偏向分析框架

6.3 信息化影响农户要素稀缺诱致性技术选择行为的实证分析

6.3.1 计量模型构建、变量选择与内生性问题讨论

6.3.1.1 信息化影响要素稀缺诱致性技术选择的基准模型

在理论分析中，要素稀缺诱致性技术分为劳动节约型技术与土地节约型技术两类。考虑到苹果生产的劳动密集型特征，本书选择劳动节约型技术进行实证分析。参考已有的研究成果（王静、霍学喜，2014；霍学喜等，2011），劳动节约型技术偏向的计算公式如下：

$$Tb_i = (m_i/M)/(l_i/L) \tag{6-11}$$

式（6-11）中，m_i 表示第 i 个农户的单位面积机械要素投入；M 表示样本农户总体的单位面积机械要素投入均值；l_i 表示第 i 个农户单位面积劳动要素投入；L 表示样本农户总体的劳动要素投入均值。如果 $Tb_i > 1$，说明农户偏向选择劳动节约型技术；如果 $0 < Tb_i < 1$，说明农户偏向选择劳动密集型技术；如果 $Tb_i = 1$，说明农户偏向选择中性技术。

根据式（6-11）计算发现，样本农户的技术选择偏向指数均不等于1。因此，本书将要素稀缺诱致性技术选择行为定义为二分类变量 T_i，即如果农户 i 的技术选择偏向指数 Tb_i 大于1，则 T_i 取值为1，表示农户 i 选择劳动节约型技术；如果农户 i 的技术选择偏向指数 Tb_i 介于0到1，则 T_i 取值为0，表示农户选择劳动密集型技术。基于此，本书采用 Probit 模型分析信息化水平对农户要素稀缺诱致性技术选择行为的影响，基准模型设置如下：

$$\text{Prob}(T_i = 1) = \beta_0 + \beta_1 I_i + \beta_2 p_i + \beta_3 p_i^{lm} + \beta_4 d_i + \beta_5 A_i + \beta_6 \zeta_i + \beta_7 Z_i + \beta_8 \sigma_i^2 + \nu \tag{6-12}$$

式（6-12）中，I_i 表示第 i 个农户的要素稀缺诱致性技术选择行为；p_i 表示第 i 个农户的苹果销售价格；p_i^{lm} 表示第 i 个农户的劳动—机械要素投入价格比；d_i 表示第 i 个农户与要素市场的距离；ζ_i 表示第 i 个农户的风险偏好；A_i 表示第 i 个农户的苹果经营面积；σ_i^2 表示第 i 个农户的环境影响方差；Z_i 表示影响第 i 个农户要素稀缺诱致性技术选择行为的户主个体及家庭特征。$\beta_1 \sim \beta_8$ 为待估计参数；ν 为随机误差项，且满足 $\nu \sim (1, \sigma_\nu^2)$。在模型估计

过程中，本书主要通过判断 β_1 的显著性与方向来判断信息化水平对农户要素稀缺诱致性技术选择行为的影响。

6.3.1.2　变量设置与说明

基于上述理论分析结论，农户选择劳动节约型技术还是劳动密集型技术取决于信息化水平、苹果销售价格、劳动与机械要素投入价格比、与要素市场的距离、苹果经营规模、风险偏好、户主个体特征与家庭特征及生产环境特征等因素的共同影响，但其因果关系仍有待验证。在参考已有的研究基础上，本书具体变量设置与说明如下（见表6-1）：

（1）要素稀缺诱致性技术选择行为

该变量是本书的被解释变量。参考已有的研究，本书选择劳动节约型技术表征要素稀缺诱致性技术，并结合技术选择偏向指数将其定义为二分类变量。具体来看，若农户选择劳动节约型技术，则取值为1；若农户选择劳动密集型技术，则取值为0。

（2）信息化水平

该变量是本书的关键解释变量，既有的研究多采用信息技术普及率作为信息化的代理变量（朱秋博 等，2019），重点关注了信息获取的手段，但没有充分考虑农户对信息的利用能力。从理论上来说，将某一信息利用于生产决策需要跨过两道门槛：一是农户是否能够获取该信息，这与农户信息技术接入和应用水平有关；二是农户是否有能力使用该信息，这与农户信息素养有关。因此，本书根据信息化测评体系，从信息技术接入水平、信息技术应用水平以及信息素养水平三个方面测度农户信息化水平。具体步骤如下：首先，选择"是否拥有智能手机""是否接入移动互联网""是否拥有电脑""是否接入固定宽带互联网"，采用熵权法测度信息技术接入水平；选择"通过移动网络获取农业信息的程度""通过固定宽带互联网获取农业信息的程度"，采用熵权法测度信息技术应用水平。其次，采用主成分分析方法，从信息意识、信息获取能力、信息评价能力、信息应用能力和信息共享能力五方面测度信息素养水平。最后，采用熵权法确定信息接入水平、信息技术应用水平及信息素养水平的权重，综合评价信息化水平。

（3）价格因素

该变量包括苹果销售价格和劳动—机械要素投入价格比。苹果销售价格是内生的，为了消除内生性对模型估计结果的影响，本书采用村庄苹果销售的平均价格作为农户个体苹果价格的代理变量。从理论上来说，苹果销售价格会对农户的要素投入行为形成正向激励，会诱致农户采用更合理的要素投入结构，进而影响其技术选择偏向。劳动—机械要素投入价格比采用当期劳动力投入的平均价格与机械要素投入平均价格①的比值来进行衡量。从理论上来说，劳动—机械要素投入价格比越大，说明劳动比机械更稀缺，在生产中，农户则倾向于选择劳动节约型技术，采用机械替代劳动。

（4）与要素市场的距离

本书主要关注的要素市场为劳动力市场与机械市场，鉴于针对这两种要素市场的距离不能准确度量，本书选择农户与最近农资市场的距离作为代理变量。从理论上来说，与要素市场的距离在一定程度上反映了农户参与要素市场的可变交易成本，直接作用于生产要素的购买价格，进而影响农户的技术选择偏向。

（5）苹果经营规模与风险偏好

苹果属于多年生农作物，农户对生产要素的投入主要集中在挂果期的果树上。因此，本书采用苹果挂果面积表征苹果种植户的经营面积。从理论上来说，挂果面积的大小在一定程度上反映了生产要素替代的难易程度，会直接影响农户的技术选择偏向。另外，选择农户对苹果新技术的采用态度作为其风险偏好的代理变量（王静、霍学喜，2014）。在问卷中，本书将该问题设计为"如果现在有一项苹果种植新技术，您如何面对？(1＝不采用；2＝看别人采用情况再决定；3＝小面积试用后再决定；4＝积极采用)"。从理论上来说，风险偏好型农户更容易在要素稀缺条件下采用相对丰裕的要素来替代稀缺要素。

（6）户主个体与家庭特征

户主个体特征变量包括年龄、受教育年限与种植经验，这在一定程度上反映了农户对生产要素的配置能力。家庭特征变量包括农业劳动力占比与家庭总收入，这在一定程度上反映了农户进行苹果生产的初始禀赋与资金约束。

（7）生产特征及环境

结合苹果生产的特征，本书选择灌溉面积占比、苹果树龄、栽培密度与区位条件来衡量苹果生产的特征及环境条件。其中，由于不同地块的种植时间与结构布局存在差异，关于苹果树龄与栽培密度的测量均为均值水平。区位条件则采用区域虚拟特征表示，并以甘肃作为参照组。

---

① 鉴于无法精准测量苹果生产过程中的机械实际投入量，传统的价格计算方法也难以对机械投入价格进行有效估计，因此，本书参考倪炳明（1982）的研究，采用苹果生产总收入/机械投入总成本作为机械要素价格的代理变量。

表 6-1　变量选择、定义与说明

变量	定义与说明
被解释变量	
要素稀缺诱致性技术选择行为	二分类变量，1＝劳动节约型技术，0＝劳动密集型技术
关键解释变量	
信息化水平	基于熵权法计算的信息化综合值
价格因素	
苹果销售价格	村庄苹果销售的平均价格（元/千克）
劳动—机械要素投入价格比	劳动要素投入平均价格/机械要素投入平均价格
与要素市场的距离	与最近农资销售市场的距离（千米）
苹果经营规模	苹果挂果面积（亩）
风险偏好	如果现在有一项苹果种植新技术，您会如何面对？1＝不采用；2＝看别人采用情况再决定；3＝小面积试用后再决定；4＝积极采用
户主个体及家庭特征变量	
年龄	受访农户的实际年龄（岁）
受教育年限	受访农户的受教育年限（年）
种植经验	受访农户种植苹果的年限（年）
农业劳动力占比	家庭内农业劳动力/家庭总人数
家庭收入	2017 年家庭总收入，取自然对数
生产特征及环境变量	
灌溉面积占比	可灌溉挂果面积/苹果挂果总面积
树龄	苹果树的平均树龄（年）
栽培密度	每亩栽培苹果树的数量（棵/亩）
陕西	虚拟变量，1＝是，0＝否
山东	虚拟变量，1＝是，0＝否

6.3.1.3　内生性讨论与拟解决方法

从已有文献来看，本书关注的信息化水平变量可能具有内生性，其主要原因包括：第一，在信息化测评体系中，本书采用主观化量表测度信息素养水平，可能会因不同农户对题项的认知差异产生测量误差；同时，在设定计量模型时，可能会遗漏共同影响农户信息化水平与诱致性技术选择行为的变量，比如生活习惯或接受新鲜事物的能力等。第二，信息基础设施的布局并不是随机的，铺设时间及地点的差异会影响农户信息技术接入与应用的水平。第三，信息化水平与农户要素稀缺诱致性技术选择可能存在反向因果关系，即选择要素稀缺诱致性技术的农户信息化水平可能更高。

关于内生性问题，本书关注的信息化水平属于多指标综合评价值，一定程度上缓解了单个信息化指标的内生性。本书运用工具变量法解决信息化水平变量的内生性，并采用 Roodman（2011）提出的条件混合过程方法（CMP）对计量模型进行估计。相较于传统工具变量两阶段最小二乘法，CMP 估计方法能够更好地解决内生变量的非连续性问题（卿石松、郑加梅2016）。CMP 方法也属于两阶段估计过程，其中，第一阶段寻找潜在内生变量的工具变量，并检验其与内生变量的相关性；第二阶段将工具变量代入模型进行回归，根据内生性检验参数 atanhrho_12 值来检验潜在内生变量的外生性。如果 atanhrho_12 参数值显著不为 0，则说明模型存在内生性问题，采用 CMP 方法估计计量模型是有效的。

6.3.2 描述性统计分析

表 6-2 显示了模型主要变量的描述性统计结果。从要素稀缺诱致性技术选择来看，样本农户采用劳动节约型技术的比例为 44.00%，采用劳动密集型技术的比例为 56.00%，这说明在调研样本区域内，选择劳动节约型技术的农户比例明显小于选择劳动密集型技术的农户比例。从信息化水平来看，样本农户的信息化综合评价值平均为 1.39。从价格因素来看，样本村庄的苹果销售价格平均为 4.42 元/千克，劳动—机械要素投入价格比平均为 8.94。样本农户与最近农资市场的距离平均为 5.01 千米。样本农户的苹果经营规模平均为 7.38 亩。从风险偏好程度来看，样本农户中风险偏好型农户[①]的比例为 60.66%，风险规避型农户的比例为 39.34%。从户主个体特征来看，样本农户的年龄平均为 51.76 岁，受教育年限平均为8.36 年，苹果种植年限平均为 23.02 年。从家庭特征来看，样本农户主要以苹果生产为主，从事苹果种植的劳动力占比达 74.00%；平均家庭总收入为 58 688.55 元。从生产环境及特征来看，样本农户苹果生产灌溉设施略显不足，可灌溉面积平均占比仅为 52.00%；苹果树的平均树龄为 18.56

[①] 参考王静、霍学喜（2014）的研究方法，本书将该题项取值 1~2 的农户定义为风险厌恶型，将该题项取值 3~4 的农户定义为风险偏好型。

年，仍然处于苹果生产的丰果期；苹果种植的栽培密度适中，平均每亩栽培 47.25 棵苹果树。

表 6-2　模型主要变量的描述性统计结果

变量	样本量/户	最小值	最大值	均值	标准差
要素稀缺诱致性技术选择行为	727	0	1	0.44	0.50
信息化水平	727	0.11	3.79	1.39	0.97
苹果销售价格/元/千克	727	2.26	8.86	4.42	1.16
劳动—机械要素投入价格比	727	0	259.55	8.94	16.92
与要素市场的距离/千米	727	0.01	100	5.01	7.97
苹果经营规模/亩	727	1	60	7.38	4.41
风险偏好	727	1	4	2.83	1.00
年龄/岁	727	21	76	51.76	9.22
受教育年限/年	727	0	16	8.36	2.95
种植经验/年	727	1	47	23.02	8.09
农业劳动力占比	727	0.2	1	0.74	0.26
家庭收入	727	8.91	13.84	10.98	0.78
灌溉面积占比	727	0	1	0.52	0.49
树龄/年	727	3.6	37	18.56	6.13
栽培密度/棵/亩	727	20	218.78	47.25	15.07

6.3.3　计量结果与分析

6.3.3.1　信息化影响要素稀缺诱致性技术选择的基准回归

本书选择"您家附近 10 户家庭中使用智能手机上网的比例"作为信息化水平的工具变量，运用 Probit 模型及 CMP 估计方法估计模型（6-12），检验信息化水平对农户要素稀缺诱致性技术选择行为的影响（结果见表 6-3）。之所以选择"您家附近 10 户家庭中使用智能手机上网的比例"这一工具变量，是因为这一变量能够较好地反映农户所处区域的信息化水平。已有的文献表明，一个区域的信息技术普及与利用程度对个人的信息化水平具有重要影响（周广肃、孙浦阳，2017；周洋、华语音，2017）。但"您家附近 10 户家庭中使用智能手机上网的比例"对农户个体要素稀缺诱致性技术选择行为而言是外生的，满足工具变量的基本条件。从内生性检验结果来看，在第一阶段信息化水平估计方程中，工具变量"您家附近 10 户家庭中使用智能手机上网的比例"在 1% 水平显著正向影响信息化水平，且 atanhrho_12 值在 5% 水平显著不为 0，这说明信息化水平变量是内生的，本书选择的工具变量及 CMP 估计方法是有效的。模型估计结果与分析如下：

从模型估计结果（见表 6-3）来看，信息化水平在 1% 水平负向显著影响农户的劳动节约型技术选择。这表明信息化水平提高了农户选择劳动密集型技术的可能性，假说 1 得到验证。同时，从边际效应来看，信息化水平每提高 1 个单位，农户选择劳动密集型技术的可能性将增加 0.224。可能的原因是，就苹果生产而言，受到苹果主产区地形地貌的制约，寻找可适用农业机械的难度远大于寻找劳动力的难度。在这种约束下，信息化水平在降低农户参与劳动力市场交易成本方面的作用大于其参与机械市场的交易成本，导致劳动与机械价格比下降，从而诱致农户选择劳动密集型技术。

从价格因素对农户要素稀缺诱致性技术选择行为的影响来看，苹果销售价格在 5% 水平正向显著影响农户选择劳动节约型技术，这表明苹果价格升高会促使农户选择劳动节约型技术，这与王静、霍学喜（2014）的研究结论相反。可能的原因是，农产品市场与生产要素市场属于动态市场，农产品销售价格的变动会改变农户对生产要素的投入结构，促使农户的技术选择偏向发生变化，也就是说农产品的市场价格对农户要素稀缺诱致性技术选择行为的影响并不是稳定不变的。劳动—机械要素投入价格比在 10% 水平正向显著影响农户选择劳动节约型技术，这表明劳动—机械要素价格比越大，农户越倾向于选择劳动节约型技术，与理论预期相符。可能的原因是，劳动—机械要素价格比升高意味着劳动力投入的边际成本大于机械投入的边际成本，即相较于机械要素，劳动力要素更加稀缺，在此情形下，农户会倾向于增加机械投入来替代劳动。

从与要素市场的距离、苹果经营面积和风险偏好对农户要素稀缺诱致性技术选择行为的影响来看，风险偏好在 1% 水平正向影响农户选择劳动节约型技术，这表明风险偏好型农户更倾向于选择劳动节约型技术，这与王静、霍学喜（2014）的研究结论相反。可能的原因是，随着劳动力成本的上升，风险偏好型农户更倾向于在要素市场寻求劳动的替代要素，降低苹果生产的单位成本。与要素市场的距离及苹果经营面积对农户选择劳动节约型技术的影响未通过显著性检验。

从户主个体特征对农户要素稀缺诱致性技术选择行为的影响来看，年龄在1%水平负向影响农户选择劳动节约型技术，这表明年龄大的农户更倾向于选择劳动密集型技术。可能的原因是，随着年龄的增长，农户思想意识容易固化，对省力技术或生产模式的认可度较低，仍然固守传统的劳作方式。此外，户主受教育年限及种植经验对农户选择劳动节约型技术的影响未通过显著性检验。从家庭特征对农户要素稀缺诱致性技术选择行为的影响来看，农业劳动力占比在1%水平显著负向影响农户选择劳动节约型技术，这表明家庭农业劳动力禀赋丰裕的农户家庭更倾向于选择劳动密集型技术。可能的原因是，农业劳动力占比在一定程度上反映了家庭劳动力要素的丰裕程度，家庭农业劳动力越多，农户越倾向于增加劳动要素投入，从而对其他相对稀缺的要素进行替代。家庭总收入在10%水平正向影响农户选择劳动节约型技术，这表明家庭收入越高，农户越倾向于选择劳动节约型技术。可能的原因是，家庭总收入在一定程度上反映了农户的资本累积程度，总收入越高，对农业生产性投资的资金约束越小，越有利于促进农户增加机械要素投入，从而对相对稀缺的劳动要素进行替代。从生产特征对农户要素稀缺诱致性技术选择行为的影响来看，灌溉面积占比、苹果树龄及栽培密度对农户选择劳动节约型技术的影响均未通过显著性检验。

从区位环境条件对农户要素稀缺诱致性技术选择行为的影响来看，农户选择劳动节约型技术存在显著的区域差异。具体来看，相较于甘肃苹果种植户，陕西苹果种植户更倾向于劳动节约型技术，这可能与区域间苹果生产模式与劳动禀赋差异有关。一方面，甘肃经济发展相对滞后，农业劳动力雇工价格相对较低，相较于陕西与山东，其劳动要素更丰裕；另一方面，以省力见长的矮化苹果栽培模式在陕西、甘肃逐渐推广提高了机械要素对劳动要素的替代效率。值得说明的是，山东苹果种植户的技术选择偏向并未与甘肃苹果种植户呈现出显著差异。可能的原因是，山东较高的劳动力价格会对农户选择劳动节约型技术产生拉动效应，但受到气候条件的制约，省力的生产模式很难在山东大面积推广，这种现实约束会对农户选择劳动节约型技术产生外推效应，以至于这两种效应可能会相互抵消。

表 6-3　信息化影响农户要素稀缺诱致性技术选择行为的估计结果

变量	被解释变量：要素稀缺诱致性技术选择行为（CMP-Probit）		
	第一阶段	第二阶段	
	被解释变量:信息化水平	估计系数	边际效应
信息化水平	—	-0.710 *** (-2.89)	-0.224 *** (-3.26)
苹果销售价格/元/千克	—	0.346 ** (2.94)	0.110 * (2.88)
劳动—机械要素投入价格比	—	0.030 * (1.71)	0.009 * (1.71)
与要素市场的距离/千米	—	0.001 (0.17)	0.000 (0.17)
苹果经营规模/亩	0.011 (1.40)	-0.015 (-0.97)	-0.005 (-0.95)
风险偏好	0.171 *** (5.93)	0.186 *** (3.04)	0.059 *** (3.28)
年龄/年	-0.035 *** (-9.11)	-0.039 *** (-3.85)	-0.012 *** (-4.37)
受教育年限/年	0.054 *** (5.09)	0.026 (1.16)	0.008 (1.19)
种植经验/年	0.001 (0.29)	-0.008 (-1.05)	-0.003 (-1.04)
农业劳动力占比	-0.110 (-0.92)	-0.531 *** (-2.67)	-0.168 *** (-2.64)
家庭收入	0.159 *** (3.54)	0.215 * (1.69)	0.068 * (1.74)
灌溉面积占比	—	0.029 (0.25)	0.009 (0.25)
树龄/年	—	0.006 (0.68)	0.002 (0.68)
栽培密度/棵/亩	—	-0.000 (-0.04)	-0.000 (-0.04)
陕西	—	0.597 *** (3.80)	0.188 *** (3.51)
山东	—	-0.058 (-0.33)	-0.018 (-0.33)

表6-3(续)

变量	被解释变量：要素稀缺诱致性技术选择行为（CMP-Probit）		
	第一阶段	第二阶段	
	被解释变量:信息化水平	估计系数	边际效应
常数项	0.103	−0.562	—
	(0.19)	(−0.36)	
您家附近10户家庭中使用智能手机上网的比例	0.006 ***	—	—
	(4.90)		
atanhrho_12		0.622 ** （2.19）	
Wald 检验		654.76 ***	
样本量/户	727	727	727

注：***、**、* 分别表示在1%、5%、10%水平显著，括号内为稳健标准误下的 z 值。

6.3.3.2 信息化影响要素稀缺诱致性技术选择的区域异质性分析

上述分析表明，在整体层面上信息化水平显著负向影响农户选择劳动节约型技术。但不同地区信息化水平及要素市场发育程度具有明显的区域差异性，这可能导致信息化水平对农户要素稀缺诱致性技术选择行为的影响存在差异性。因此，本书按照地理区域划分标准，将整体样本分为东部地区与西部地区两个分样本①，分别采用 Probit 模型及 CMP 联合估计方法对要素稀缺诱致性技术选择模型进行拟合回归，以验证信息化水平影响农户选择劳动节约型技术结果的稳健性。

从分样本拟合结果（表6-4）来看，在第一阶段信息化水平估计方程中，工具变量"您家附近10户家庭中使用智能手机的比例"及"村庄内是否广播市场信息"与信息化水平均存在显著的相关性，且内生性检验参数 atanhrho_12 值均在1%水平显著不为0，这说明 CMP 方法与工具变量的选择是有效的。同时，第二阶段估计结果显示，在东部地区与西部地区，信息化水平均在1%水平负向影响农户选择劳动节约型技术，与基准模型回归结果一致，这说明信息化水平负向影响农户选择劳动节约型技术这一结论在区域层面是稳健的。但从信息化水平的影响力度来看，信息化水平对东部地区农户选择劳动节约型技术的影响效应（边际效应−0.198）小于对西部地区（边际效应−0.303）的影响效应。可能的原因是，一方面，相较于东部地区，西部地区信息化进程滞后，且西部地区信息不充分与不对

---

① 样本中东部地区包括山东省烟台市的蓬莱区与栖霞市，西部地区包括陕西省渭南市的白水县、延安市的富县与洛川县以及甘肃省平凉市的静宁县。

称问题更加严重，以至于信息化水平影响西部地区要素市场的边际效应可能更大；另一方面，相较于东部地区，西部地区劳动力价格较低，为信息化水平诱致农户选择劳动密集型技术提供了优越的环境。

表 6-4 信息化水平影响农户要素稀缺诱致性技术选择行为的异质性分析

变量	被解释变量：要素稀缺诱致性技术选择行为（CMP-Probit）			
	东部地区		西部地区	
	第一阶段	第二阶段	第一阶段	第二阶段
信息化水平	—	-0.686 *** [-0.198] (-3.38)	—	-0.999 *** [-0.303] (-4.95)
控制变量	已控制	已控制	已控制	已控制
您家附近 10 户家庭中使用智能手机上网的比例	—	—	0.005 *** (3.09)	—
村庄内是否广播市场信息	-0.473 *** (-2.80)	—	—	—
常数项	-0.005 (-0.00)	—	0.255 (0.41)	0.369 (0.27)
atanhrho_12	0.727 *** (2.61)		1.038 *** (2.67)	
Wald 检验	209.53 ***		634.98 ***	
样本量/户	233	233	494	494

注：*** 、** 、* 分别表示在 1%、5%、10%水平显著，括号内为稳健标准误下的 z 值。

6.3.3.3 不同维度信息化水平对农户要素诱致性技术选择行为的影响

从信息化测评体系来看，信息化的三个维度即信息技术接入、信息技术应用与信息素养提升对农户信息处理效率的影响可能存在差异，导致农户参与劳动与机械要素市场交易成本变化的异质性，从而引起劳动与机械要素的相对价格变动，最终造成其对农户选择劳动节约型技术的影响存在异质性。基于此，本书采用 Probit 模型及 CMP 方法分别估计要素稀缺诱致性技术选择基准模型，探讨信息技术接入水平、信息技术应用水平与信息素养水平对农户选择劳动节约型技术的影响，以进一步验证上文研究结果的稳健性。

从不同维度信息化水平对农户选择劳动节约型技术的拟合结果（表 6-5）来看，第一阶段方程估计结果显示，工具变量"您家附近 10 户家庭中使用智能手机上网的比例"与信息技术接入水平、信息技术应用水平及信息素养水平均存在显著的相关性，且内生性检验参数 atanhrho_12 值在 5%水平显著不为 0，这说明 CMP 方法及工具变量的选择是有效的。第二阶段方程估计结果显示，信息技术接入水平、信息技术应用水平与信息素养水平在 10%水平负向影响农户选择劳动节约型技术，这与基准模型估计结果一致，这说明信息化水平负向影响农户选择劳动节约型技术这一结论在不同维度信息化层面也是稳健的。但从影响力度来看，信息素养水平对农户选择劳动节约型技术的影响最大（边际效应-0.391），信息技术接入水平的影响次之（边际效应-0.369），信息技术应用水平的影响最小（边际效应-0.078）。可能的原因是，信息素养水平反映了农户获取与处理信息的能力，是消除信息不对称的内部约束，直接影响农户参与要素市场的决策；信息技术接入与信息技术应用则属于外部约束，决定了农户可处理信息集合的大小。从理论上来说，最终用于决策的信息更依赖于内部约束，因此信息素养水平的边际效应更大。另外，信息技术应用聚焦于要素市场信息的获取，之所以其影响效应低于信息技术接入水平，可能与农户的信息技术使用能力不高有关。根据调研数据统计，虽然应用信息技术获取农业相关信息的农户占比 64.79%，但获取 2 项及以上相关信息的农户占比仅为 6.46%。

表 6-5　不同维度信息化水平影响农户要素稀缺诱致性技术选择行为的估计结果

变量	被解释变量：要素稀缺诱致性技术选择行为（CMP-Probit）					
	第一阶段	第二阶段	第一阶段	第二阶段	第一阶段	第二阶段
信息技术接入水平	—	−1.108* [−0.369] (−1.87)	—	—	—	—
信息技术应用水平	—	—	—	−0.241*** [−0.078] (−3.15)	—	—
信息素养水平	—	—	—	—	—	−1.225*** [−0.391] (−2.60)
控制变量	已控制	已控制	已控制	已控制	已控制	已控制
您家附近 10 户家庭中使用智能手机上网的比例	0.003*** (5.33)	—	0.018*** (4.85)	—	0.003*** (4.76)	—
常数项	0.006 (0.03)	−0.647 (−0.37)	−1.715 (−1.01)	−0.865 (−0.51)	2.080*** (7.88)	1.899 (0.95)
atanhrho_12	0.386** (2.02)		0.436*** (2.71)		0.586** (2.22)	
Wald 检验	460.92***		436.48***		417.45***	
样本量/户	727	727	727	727	727	727

注：***、**、*分别表示在 1%、5%、10%水平显著，括号内为稳健标准误下的 z 值。

6.3.4　信息化水平影响要素稀缺诱致性技术选择的稳健性检验

为进一步验证上述研究结果的稳健性，本书在参考已有的研究基础上，将技术选择偏向指数作为被解释变量（王静、霍学喜，2014），选择"您家附近 10 户家庭中使用智能手机上网的比例"作为工具变量，采用 Tobit 模型①及 CMP 方法检验信息化水平影响农户选择劳动节约型技术的稳健性。从技术选择偏向指数的拟合结果（表6-6）来看，第一阶段方程估计结果显示，工具变量"您家附近 10 户家庭中使用智能手机上网的比例"在 1%水平与信息化水平存在相关性，且内生性检验参数 atanhrho_12 值在 10%水平显著不为 0，说明 CMP 方法及工具变量选择是有效的。第二阶段方程估计结果显示，信息化水平在 10%水平显著负向影响技术选择偏向指数，表明信息化水平升高会诱致农户选择劳动密集型技术，与基准模型估计结果一致。因此，信息化水平负向影响农户选择劳动节约型技术的结论是稳健的。

表 6-6　信息化影响技术选择偏向指数的估计结果

变量	被解释变量：技术选择偏向指数（CMP-Tobit）		
	第一阶段	第二阶段	
	被解释变量：信息化水平	估计系数	边际效应
信息化水平	—	-0.552^{*} (-1.68)	-0.460^{*} (-1.75)
控制变量	已控制	已控制	已控制
您家附近 10 户家庭中使用智能手机上网的比例	0.006^{***} (4.90)	—	
常数项	0.103 (0.19)	1.226 (1.24)	—
atanhrho_12	0.414^{*} (1.65)		
Wald 检验	624.44^{***}		
样本量/户	727	727	727

注：***、**、* 分别表示在 1%、5%、10%水平显著，括号内为稳健标准误下的 z 值。

---

①　由于劳动—机械技术选择偏向指数存在 0 值，属于受限离散变量，因此，本书选择 Tobit 模型估计信息化对技术选择偏向指数的影响。

6.4 本章小结

本章选择劳动节约型技术表征要素稀缺诱致性技术，分析了信息化水平对农户要素稀缺诱致性技术选择行为的影响，从理论上提出了信息化水平影响劳动节约型技术选择的研究假说，并基于山东、陕西与甘肃苹果种植户微观调查数据，采用 Probit 模型及 CMP 方法进行了实证分析，以验证研究假说的真伪。研究结果表明：

第一，信息化水平显著负向影响农户选择劳动节约型技术，且该结论在区域层面具有稳健性，但信息化水平对农户选择劳动节约型技术的影响存在区域差异性。具体而言，信息化水平对东部地区农户选择劳动节约型技术的负向影响效应小于对西部地区农户的负向影响效应。

第二，不同维度信息化水平对农户选择劳动节约型技术的影响效应存在差异性，其中，信息素养水平对农户选择劳动节约型技术的影响效应最大，信息技术接入水平的影响次之，而信息技术应用水平的影响最小。

第三，苹果销售价格、劳动—机械要素相对价格、户主风险偏好与家庭总收入显著正向影响农户选择劳动节约型技术；同时，户主年龄与家庭农业劳动力占比显著负向影响农户选择劳动节约型技术。

基于以上研究结论，本章得到两点启示：

第一，相关部门应该在乡村振兴战略的指导下，有效推进农业农村信息化，全面提高农户的信息化水平，发挥信息化在盘活要素市场方面的重大作用，有效降低农户参与生产要素市场的交易成本。首先，应联合网络供应商降低移动互联网与固定宽带互联网的资费标准，提高农村地区的信息接入水平；其次，促进基于大数据或云计算的要素市场创新，并引导农户利用信息技术获取市场信息及生产要素；最后，通过推动成人教育、现场指导等多种方式的信息培训，逐步提升农户的信息素养水平。

第二，相关部门应该加强适宜当前苹果栽培方式的机械技术创新，并重视建立以信息技术为平台的农机市场或者机械化服务市场的信息披露机制，降低农户参与农机市场与机械化服务市场的交易成本。虽然信息化水平显著促进了农户选择劳动密集型技术，但当前农业生产仍然处于劳动力成本持续上升，且生产经营主体劳动力老龄化持续加剧的时代背景下，信息化水平对劳动节约型技术的这种反向诱致效应可能是短期的。因此，利用信息化对劳动及机械要素市场的调控作用，诱致农户选择劳动节约型技术是非常有必要的。

7 信息化、要素配置 与农户生产效率变化

本书第 3 章至第 6 章分别实证检验了信息化水平对农户土地租赁决策、劳动力雇佣决策、农业短期生产性资本投入决策与诱致性生产技术选择决策的影响，为本章探讨信息化水平对农户生产效率的影响及其影响机制奠定了基础。从理论上来说，信息化不仅会扩大农户可获取信息的集合，提升农户的决策效率，降低信息不充分导致的效率损失，而且会通过影响土地租赁、劳动力雇佣与农业短期生产性资本投入行为间接影响生产效率。基于此，本章从理论上阐述信息化水平对生产效率的直接影响及通过要素配置行为对生产效率产生的间接影响，并基于山东、陕西与甘肃苹果种植户微观调查数据，采用 Tobit 模型、OLS 模型、中介效应模型及 CMP 联合估计方法，探讨信息化水平对农户生产效率的影响，关注土地租赁、农业劳动力雇佣与农业短期生产性资本投入的中介效应。

7.1 引言

2017 年的中央一号文件指出，我国农业发展已进入新的历史阶段，农业的主要矛盾由总量不足转变为结构性矛盾，突出表现为阶段性供过于求和供给不足并存，亟须优化农业产业体系、生产体系与经营体系，推进农业供给侧结构性改革。从农业供给侧结构性改革的内涵来看，农业库存、成本、效益及基础设施等方面的问题只是供给侧的表征，要素生产率不高、配置结构不合理才是问题背后的驱动因素（张社梅、李冬梅，2017）。可见，提升要素质量，促进要素流动，实现要素有效配置，提高农业生产

效率，才是供给侧结构性改革的关键。进入 20 世纪 90 年代以来，以信息通信技术为基础的信息化发展打破了信息不对称壁垒（Aker et al.，2016），有效促进了农业产业链再造、农业产业线上线下融合、农业要素市场改革与农业公共服务能力提升（张兴旺 等，2019），为驱动农业生产方式转型升级，提高农业生产效率提供了新的契机。尤其是 2016 年的中央一号文件提出的"互联网+现代农业"已成为推动农业供给侧结构性改革，加快我国农业现代化进程的重要战略举措（阮荣平 等，2017）。在此情形下，探讨信息化对农户生产效率的影响对制定或修正农业农村信息化发展策略及加快推进农业现代化具有重大意义。

学术界针对信息化与农业生产效率的关系进行了深入研究，但尚未形成一致的研究结论。现有的文献研究主要包括三种主流观点：一是信息化与农业生产效率之间并无显著关系，支持了"信息化悖论"假说。例如李士梅、尹希文（2017）在研究劳动力转移对农业全要素生产率的影响的过程中，将信息化作为控制变量，研究发现使用"每百人拥有电话数"来衡量的信息化水平对农业全要素生产率的影响不显著。Steeneveld et al.（2015）研究发现，使用传感信息系统并没有显著提高荷兰奶牛产业的全要素生产率。二是信息化与农业生产效率之间存在正向关系。例如 Ogutu et al.（2014）运用 PSM 方法研究发现，在肯尼亚情境下，参与信息技术服务项目能够显著提升农户的土地生产率与劳动生产率。Houghton（2009）以耕牛数量作为生产力的代理变量，在斯威士兰、柬埔寨与洪都拉斯情境下，运用联立方程模型研究发现，使用智能手机能够显著提高农业生产力。Abdul-Salam 和 Phimister（2017）建立随机前沿生产函数模型，考察了农户信息获取能力对农业生产效率的影响，结果发现农户的信息获取能力能够显著降低农业生产的效率损失，提高生产效率。朱秋博等（2019）采用倍差法研究发现，接通智能手机信号、固定宽带互联网及移动网络对农业全要素生产率具有显著的促进作用。三是信息化与农业生产效率之间呈现正向非线性关系。例如韩海彬、张莉（2015）采用面板门限回归模型，分析人力资本水平对信息化影响农业全要素生产率的门槛特征，研究结果发现，信息化对农业全要素生产率增长的促进作用会受到农村人力资本水平的调节。

可以看出，关于信息化与农业生产效率关系的研究已经形成了可资借鉴的成果，但仍然存在有待深化的领域。第一，在衡量信息化水平的过程中，没有充分考虑信息主体获取、评价、应用信息的能力，研究结果可能会高估信息化对农业生产效率的影响。在信息技术接入鸿沟逐渐弥合的背景下，反映信息获取、评价与应用等能力的信息素养水平已成为制约农户享受信息红利的关键因素（周向红，2016）。第二，缺少关于信息化影响农业生产效率机理的探索性研究，尤其是在信息化驱动农业要素市场变革的背景下，分析信息化如何通过影响要素配置行为（如土地租赁行为、农业劳动力雇佣行为等）来间接影响农业生产效率，显得尤为重要。第三，有必要开展针对高价值农产品经营户信息化水平与生产效率的专项研究。一般而言，多年生高价值农产品生产环节复杂，且技术密集度高，在生产经营过程中，农户所面临的决策环境更为复杂，通过实现信息化提升生产决策效率的诉求更为迫切。基于此，本书以山东、陕西与甘肃苹果种植户微观调查数据为基础，从信息技术接入、信息技术应用与信息素养提升三个方面综合测评农户的信息化水平，探讨信息化水平对农户生产效率的影响，并关注要素配置行为的中介效应。

7.2 信息化影响生产效率的理论分析与研究假说

目前，学术界关于信息化与农业生产效率关系的研究主要围绕新古典经济学与新制度经济学两条主线展开。

一条主线以新古典经济学理论为基础，采用边际分析方法，形成符合"产权清晰、市场制度及自由人"情境，且满足"信息充分且对称、理性人及收益最大化"假设的农户生产决策分析框架。在这种情境下，将信息作为土地、资本与劳动之外的一种生产要素投入，内生于生产函数，估计信息化水平对农业生产效率的边际影响（王艾敏，2015）。然而，信息具有流动性强与溢出效应明显的特点，在研究过程中，很难精确度量信息要素的投入成本，虽然部分学者使用信息基础设施作为信息成本的代理变量，但以此为基础的实证结果可能存在偏差。因此，为了进一步提高研究结果的精准性，部分学者根据内生增长理论，将信息基础设施以影响农业技术进步的形式引入生产函数，认为信息技术基础设施不仅可以作为一种投入要素，直接促进农业经济增长，还可以通过溢出效应间接提高农业的全要素生产率（朱秋博 等，2019；Hulten et al.，2006）。

另一条主线以新制度经济学理论为基础，在信息不充分且不对称假设条件下，将信息化作为外生条件变量，分析信息化水平与农业生产效率的因果关系（韩海彬、张莉，2015）。从理论上来看，一方面，信息化加快了益农信息的流通速度，使得农业信息能够快速渗透到农业生产的各个环节，有助于弥补信息不充分的短板，进而提高农户的生产决策效率；另一方面，信息化打破了信息不对称壁垒（Aker et al.，2016），显著降低了信息传递和搜寻的成本，降低了农户参与资本、土地与劳动等要素市场的交易成本，有助于盘活农村要素市场，优化农户的生产要素投入结构（Ma et al.，2017；Luh et al.，2014；Kikulwe et al.，2014；Ogutu et al.，2014），进而提高农业生产效率。

在实际生产过程中，信息化与农业发展的融合当前仍然处于起步阶段，沿用新古典经济学的理论分析体系探讨信息化水平对生产效率的影响面临诸多困难。首先，受交通与区位等时空因素的限制，加之我国产销分离的农业生产模式，导致新古典经济学理论的"信息对称且充分"的假设条件无法满足，农户可能长期处于信息不足与不对称情境；其次，受到信息资费产品的约束，用于生产决策的信息成本无法精准测量。基于此，本书按照新制度经济学的理论分析体系，阐述信息化水平对农户生产效率的影响及其影响机制。

本书参考 Henningsen et al.（2015）提出的理论模型，假设农户 i 采用初始状态下的土地 x_1^0、劳动 x_2^0 与资本 x_3^0 三种要素的投入组合进行苹果生产，那么，农户 i 的生产函数可表示为：

$$y_i = T_i \cdot f(X_i^0) \qquad (7\text{-}1)$$

式（7-1）中，y_i 表示农户 i 苹果生产的产出水平；X_i^0 表示农户 i 苹果生产的初始要素禀赋投入组合，且 $X^0 = (x_1^0, x_2^0, x_3^0)$；$T_i$ 表示农户 i 的苹果生产能力。

从理论上来说，无论是信息技术接入、信息技术应用还是信息素养提升都可以提高农户所能获取及利用的信息丰裕度，提高农户的生产能力。据此，进一步假设生产能力与信息化水平的关系可表示为：

$$T_i = k(I_i; Z_i) \qquad (7\text{-}2)$$

式（7-2）中，I_i 表示农户 i 的信息化水平，且满足 $\partial T_i / \partial I_i > 0$；$Z_i$ 表示影

响农户苹果生产能力的家庭及个体特征因素。

将式（7-2）代入式（7-2）可得：

$$y_i = k(I_i; \ Z_i) \cdot f(X_i^0) \qquad (7-3)$$

进一步假设，农户的苹果生产能力与信息化水平具有线性关系，则式（7-3）可近似写为：

$$y_i \approx (\lambda I_i + \lambda Z_i) \cdot f(X_i^0) \qquad (7-4)$$

由于初始生产要素禀赋往往不能满足农业生产需要，在实际生产过程中，农户一般会参与生产要素市场来获取额外的投入要素，尤其是生产性资本投入要素，比如化肥与有机肥等。然而，交易双方对于要素信息的获取存在不对称现象，农户参与要素市场面临一定的交易成本。假设农户参与土地、劳动与资本要素市场的交易成本分别为 TC_i^1、TC_i^2、TC_i^3，那么农户参与要素市场实际购买的要素组合可表示为：

$$X_i^{TD} = X_i^{obs} - TC_i = (x_{1i}^{obs} - TC_i^1, \ x_{2i}^{obs} - TC_i^2, \ x_{3i}^{obs} - TC_i^3) \qquad (7-5)$$

式（7-5）中，$X_i^{TD} = (x_{1i}^{TD}, \ x_{2i}^{TD}, \ x_{3i}^{TD})$ 表示农户 i 实际的生产要素购买量；X_i^{obs} 表示农户 i 观察到的生产要素的购买量；TC_i 表示农户 i 参与要素市场的交易成本。

考虑要素市场交易成本的生产函数形式，将式（7-5）代入式（7-4）可得：

$$y_i \approx (\lambda I_i + \lambda Z_i) \cdot f(X_i^0 + X_i^{obs} - TC_i) \qquad (7-6)$$

从理论上来说，信息化可以促进信息流动，增加信息辐射范围与信息处理效率，有助于缓解农户与要素供应商之间的信息不对称，降低农户参与要素市场的交易成本（张兴旺 等，2019）。基于此，假设信息化水平与交易成本的关系可表示为：

$$TC_i = \varphi(I_i; \ \eta_i) \qquad (7-7)$$

式（7-7）中，I_i 表示农户 i 的信息化水平，且满足 $\partial TC_i / \partial I_i < 0$；$\eta_i$ 表示影响农户 i 参与要素市场交易成本的其他因素。

将式（7-7）代入式（7-6）可得：

$$y_i \approx (\lambda I_i + \lambda Z_i) \cdot f[X_i^0 + X_i^{obs} - \varphi(I_i; \ \eta_i)] \qquad (7-8)$$

由式（7-8）可知，信息化水平不仅对生产效率具有直接影响，也可能通过影响农户对土地、资本或劳动要素的配置行为而间接影响生产效率。

为了进一步阐述信息化对生产效率的间接影响，本书阐述了信息化背景下农户要素投入结构的变化（见图7-1）。假设研究区域内农户 A 与农户 B 具有相同的生产能力，且均参与生产性资本投入要素市场以获取投入要素。假设农户 A 与农户 B 参与要素市场的交易成本为 0，则农户按照 $f(X_i^0 + X_i^{TD})$ 进行生产。在实际生产中，农户的信息资源禀赋存在差异，农户与要素供应商之间的交易关系并不是同质的，即农户 A 与农户 B 可能面临差异化的交易成本。假设农户 A 面临的交易成本大于农户 B，则农户 A 与农户 B 参与要素市场后的观测要素投入组合分别移动至 A'、B'。那么，在存在交易成本的情况下，研究区域内农户将按照可观测的 $f(X_i^0 + X_i^{obs})$ 进行生产。由此可知，要素市场的交易成本造成了显著的效率损失。从理论上来说，随着信息化水平的提高，交易双方信息不对称导致的交易成本随之下降，将促使 $f(X_i^0 + X_i^{obs})$ 曲线向左上方移动，减少了 $f(X_i^0 + X_i^{obs})$ 函数与 $f(X_i^0 + X_i^{TD})$ 函数的偏差，即信息化会通过降低农户参与要素市场的交易成本来促进生产效率提升。

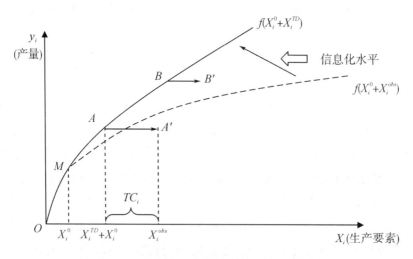

图7-1　信息化间接影响生产效率的经济学分析

基于以上分析，本书在参考现有文献的基础上，将生产效率分为生产技术效率、土地生产率及劳动生产率，将要素配置行为细分为土地租赁、农业劳动力雇佣与农业短期生产性资本投入，并提出本书的研究假说：

假说1：信息化水平显著正向促进生产效率提升。

假说 1 可细分为：信息化水平显著正向促进生产技术效率提升（假说 1a）、信息化水平显著正向促进土地生产率提升（假说 1b）、信息化水平显著正向促进劳动生产率提升（假说 1c）。

假说 2：信息化水平通过优化要素配置行为间接促进生产效率提升。

假说 2 可细分为：信息化水平通过影响土地租赁间接促进生产技术效率（假说 2a1）、土地生产率（假说 2a2）及劳动生产率（假说 2a3）提升；信息化水平通过影响农业劳动力雇佣间接促进生产技术效率（假说 2b1）、土地生产率（假说 2b2）及劳动生产率（假说 2b3）提升；信息化水平通过农业短期生产性资本投入间接促进生产技术效率（假说 2c1）、土地生产率（假说 2c2）及劳动生产率（假说 2c3）提升。

7.3　信息化影响生产效率的实证分析

7.3.1　计量模型、变量选择与内生性问题讨论

7.3.1.1　计量模型构建

（1）随机前沿生产函数

随机前沿生产函数反映的是在确定的生产条件下，生产要素投入与可能的最大产出量之间的数量关系，通过函数确定的前沿面可以测算生产单位的生产技术效率。C-D 函数与 Translog 函数是随机前沿生产效率模型常见的两种函数预设形式，其中 Translog 生产函数设定形式比较灵活，且在一定条件下可以简化为 C-D 生产函数。因此，本书选择 Translog 函数作为预设生产函数，测算苹果种植户的生产技术效率，具体函数形式设定如下：

$$\ln Y_i = \alpha_0 + \beta_1 \ln K_i + \beta_2 Land_i + \beta_3 \ln Labor_i + \beta_{12} \ln K_i \times Land_i +$$

$$\beta_{13} \ln K_i \times \ln Labor_i + \beta_{23} Land_i \times \ln Labor_i + \frac{1}{2} \beta_{11} (\ln K_i)^2 +$$

$$\frac{1}{2} \beta_{22} (Land_i)^2 + \frac{1}{2} \beta_{33} (\ln Labor_i)^2 + \nu_i - \mu_i \quad (7-9)$$

式（7-9）中，Y_i 表示第 i 个农户的苹果种植总收入；K_i 表示第 i 个农户的物质资本与服务费用（农药、化肥与有机肥等短期生产性资本投入、生产

性固定资产折旧及管理费用）；$Land_i$ 表示第 i 个农户的土地经营面积；$Labor_i$ 表示第 i 个农户的劳动力投入总量（家庭自用工与生产性雇工）；β_1、β_2、β_3、β_{12}、β_{13}、β_{23}、β_{11}、β_{22} 及 β_{33} 表示待估计系数，ν_i 表示第 i 个农户的随机误差项，μ_i 表示第 i 个农户的农业生产技术效率损失项。

（2）生产效率基准回归模型

生产效率分为效率与生产率（李谷成 等，2010），其中效率指生产技术效率，生产率则包括全要素生产率（TFP）与单要素生产率。从现有的文献来看，既有的研究多采用其中一类测度生产效率。本书同时采用生产技术效率、土地生产率与劳动生产率表征生产效率，其中生产技术效率反映农户对生产要素的综合配置效率，土地生产率反映农户对土地的利用效率，劳动生产率反映农户从事苹果生产获取收入的能力。当选择"生产技术效率"时，被解释变量取值介于 0 到 1，因而选择受限因变量 Tobit 模型估计；当选择"土地生产率"或"劳动生产率"时，被解释变量是连续变量，因而选择 OLS 模型估计。综上所述，将生产效率基准回归模型设置如下：

$$TE_i = C_1 + \alpha_1 \mathrm{Inf}_i + \sum \lambda_i X_i + \varepsilon_1 \qquad (7-10)$$

$$Land\_efficiency_i = C_2 + \beta_1 \mathrm{Inf}_i + \sum \lambda_i X_i + \varepsilon_2 \qquad (7-11)$$

$$Labor\_efficiency_i = C_3 + \gamma_1 \mathrm{Inf}_i + \sum \lambda_i X_i + \varepsilon_3 \qquad (7-12)$$

式（7-10）、式（7-11）与式（7-12）中，TE_i 表示第 i 个农户的生产技术效率；$Land\_efficiency_i$ 表示第 i 个农户的土地生产率；$Labor\_efficiency_i$ 表示第 i 个农户的劳动生产率；Inf_i 表示第 i 个农户的信息化水平；X_i 表示影响第 i 个农户生产效率的一系列控制变量。在模型估计过程中，本书主要通过判断 α_1、β_1 及 γ_1 的影响方向与显著性来判断信息化水平对生产技术效率、土地生产率及劳动生产率的影响。

（3）中介效应模型

在前文的理论分析中，信息化可能会通过要素配置行为来影响生产效率，即要素配置行为是一个中介变量。对于中介效应，本书在参考已有的研究基础上（温忠麟、叶宝娟，2014），设定以下三个基准方程进行检验：

$$y_i = a_0 + a_1 \mathrm{Inf}_i + \sum \eta_i X_i + \xi_1 \qquad (7-13)$$

$$M_i = b_0 + b_1 \mathrm{Inf}_i + \sum \eta_i X_i + \xi_2 \qquad (7\text{-}14)$$

$$y_i = c_0 + c_1 \mathrm{Inf}_i + c_2 M_i + \sum \eta_i X_i + \xi_3 \qquad (7\text{-}15)$$

式（7-13）~式（7-15）中①，y_i 表示第 i 个农户的生产效率，包括生产技术效率、土地生产率与劳动生产率；Inf_i 表示第 i 个农户的信息化水平；M_i 表示第 i 个农户的要素配置行为，包括是否租赁土地、是否雇佣农业劳动力与是否进行农业短期生产性资本投入；X_i 表示影响第 i 个农户信息化水平、要素配置行为与生产效率的一系列控制变量。在模型估计过程中，本书通过判断式（7-13）中 a_1 的影响方向与显著性判断信息化对农户生产效率的影响的总效应；通过判断式（7-14）中 b_1 的影响方向与显著性判断信息化水平对农户要素配置行为的影响；通过判断式（7-15）中 c_1 与 c_2 的影响方向与显著性判断信息化水平影响农户生产效率的直接效应及要素配置行为的中介效应。

7.3.1.2　变量设置与说明

为了验证信息化水平对农户生产效率的直接影响，以及信息化水平是否通过要素配置行为间接影响农户生产效率，本书在参考已有的文献基础上，引入如下一系列变量进行实证分析。其中，被解释变量为生产效率，关键解释变量为信息化水平，控制变量包括户主个人特征、家庭特征、农业生产特征以及区域特征。具体变量设置与说明如下（见表7-1）：

（1）农户生产效率

该变量是本书的被解释变量，既有的研究多采用生产技术效率或生产率的单一测度方法表征生产效率，缺少对生产效率的整体把握。因此，本书同时采用生产技术效率、土地生产率与劳动生产率作为生产效率的代理变量。其中，生产技术效率采用上文构建的随机前沿生产函数进行测算，其取值介于 0 到 1；土地生产率采用单位劳动力苹果净收益进行测度（钱龙、洪名勇，2016；李谷成，2010），计算公式为：家庭苹果种植净收益除以种植苹果劳动力人数；劳动生产率采用单位面积苹果生产净收益进行测度（钱龙、洪名勇，2016；Carletto et al.，2013），计算公式为：家庭苹

---

①　当被解释变量为生产技术效率时，采用 Tobit 模型估计模型（7-13）与模型（7-15）；当被解释变量为土地生产率与劳动生产率时，采用 OLS 模型估计模型（7-13）与模型（7-15）。

果种植净收益除以苹果挂果面积。

（2）信息化水平

该变量是本书的关键解释变量，既有的研究多采用信息技术普及率作为信息化的代理变量（朱秋博 等，2019），重点关注了信息获取的手段，但没有充分考虑农户对信息的利用能力。从理论上来说，将某一信息利用于生产决策需要跨过两道门槛：一是农户是否能够获取该信息，这与农户信息技术接入与应用水平有关；二是农户是否有能力使用该信息，这与农户信息素养水平有关。因此，本书根据信息化测评体系，从信息技术接入水平、信息技术应用水平及信息素养水平三个方面测度农户信息化水平。具体步骤如下：首先，选择"是否拥有智能手机""是否接入移动互联网""是否拥有电脑""是否接入固定宽带互联网"，采用熵权法测度信息技术接入水平；选择"通过移动网络获取农业信息的程度""通过固定宽带互联网获取农业信息的程度"，采用熵权法测度信息技术应用水平。其次，采用主成分分析方法，从信息意识、信息获取能力、信息评价能力、信息应用能力与信息共享能力五方面测度信息素养水平。最后，采用熵权法确定信息接入水平、信息技术应用水平及信息素养水平的权重，综合评价信息化水平。

（3）要素配置行为

要素配置行为是本书的中介变量，包括土地要素配置行为、劳动要素配置行为与资本要素配置行为。其中，选择"农户家庭是否租入土地"测度土地要素配置行为（Jin & Deininger，2009），选择"农户家庭是否雇佣农业劳动力"测度劳动要素配置行为（胡振通，2019），选择"农户家庭短期生产性资本投入"测度资本要素配置行为（钱龙，2016）。

（4）控制变量

控制变量包括户主个人特征、家庭特征、农业生产特征与区域虚拟特征四个方面。其中，户主个人特征变量包括年龄、性别、受教育年限、自评健康与社会阅历；家庭特征变量包括非农就业人员比例与家庭抚养比；农业生产特征变量包括土地细碎化、地形与灌溉情况；区域虚拟特征也可能会对农户生产效率产生影响，为此，本书以甘肃省为参照，设置省份虚拟变量控制区域差异的影响。

表 7-1　变量选择、定义与说明

变量	定义与说明
被解释变量	
生产技术效率	基于随机前沿生产函数测算的生产技术效率，取值 0~1
土地生产率	单位面积苹果净收益（元/亩），取自然对数
劳动生产率	单位劳动力苹果净收益（元/人），取自然对数
核心解释变量	
信息化水平	基于熵权法测算的信息化综合值
中介变量	
土地要素配置行为	农户家庭是否租赁土地，1=是，0=否
劳动要素配置行为	农户家庭是否雇佣农业劳动力，1=是，0=否
农业资本要素配置行为	肥料及农药等农业短期生产性资本投入费用（元），取自然对数
控制变量	
性别	离散分类变量，1=男；0=女
年龄	受访者实际年龄（岁）
受教育年限	受访者受教育年限（年）
自评健康	有序分类变量，1=非常不健康，2=比较不健康，3=比较健康，4=非常健康
社会阅历	离散分类变量，1=是党员或村干部，0=否
非农就业人员占比	家庭内非农就业人员数占比（%）
家庭抚养比	家庭内非劳动力人数占比（%）
土地细碎化	苹果挂果的地块数（块）
是否为平地	离散分类变量，1=是，0=否
是否灌溉	离散分类变量，1=是，0=否
山东	虚拟变量，1=是，0=否
陕西	虚拟变量，1=是，0=否

7.3.1.3　内生性问题与拟解决办法

从已有的文献来看，本书关注的信息化水平变量可能是内生的，其原因如下：第一，在信息化测评体系中，本书采用主观化量表度量信息素养水平，可能会因不同农户对题项的认知差异产生测量误差；同时，在设定计量模型时，可能会遗漏共同影响农户信息化水平与生产效率的变量，比如生活习惯或接受新鲜事物的能力等。第二，信息基础设施的布局并不是随机的，铺设时间及地点的差异会影响农户信息技术接入与利用的水平。第三，信息化水平与生产效率可能存在反向因果关系，即在实际生产中，生产效率高的农户，其信息化水平也可能比较高。

基于此，本书运用工具变量法解决信息化水平变量的内生性，并采用 Roodman（2011）提出的条件混合过程方法（CMP）对计量模型进行估计。相较于传统工具变量两阶段最小二乘法，CMP 估计方法能够更好地解决内生变量的非连续性问题（卿石松、郑加梅，2016）。同时，CMP 方法也属于两阶段估计过程，其中，第一阶段寻找潜在内生变量的工具变量，并检验其与内生变量的相关性；第二阶段将工具变量代入模型进行回归，根据内生性检验参数 atanhrho_12 值来检验潜在内生变量的外生性。如果 atanhrho_12 参数值显著不为 0，则说明模型存在内生性问题，因此采用 CMP 方法估计计量模型是有效的。

7.3.2 描述性统计分析

7.3.2.1 模型主要变量的描述性统计结果与分析

表 7-2 显示了模型主要变量的描述性统计结果。从生产效率来看，样本农户的生产技术效率平均为 0.53，土地生产率平均为 2 036.55 元/亩，劳动生产率平均为 6 893.38 元/人。从信息化水平来看，样本农户信息化水平均值为 1.43。从要素配置行为来看，样本农户参与土地租入的比例达 25%，参与农业劳动力雇佣的比例达 64%，短期生产性资本投入金额平均为 42 288.60 元。从个体特征来看，样本农户中男性农户比例达 89%，曾经是党员或村干部的农户比例达 15%；此外，样本农户平均年龄为 51.78 岁，受教育年限平均为 8.38 年，且具有较好的身体素质。从家庭特征来看，样本农户家庭非农就业水平较低，参与非农就业的农户比例仅为 6%；同时，样本农户家庭抚养压力较小，无劳动能力人数占家庭总人数的比例不足三分之一。从农业生产特征来看，样本农户土地细碎化经营程度较高，平均经营地块数为 3.39 块；此外，在样本农户经营土地中，平地面积占比达 84%，但可灌溉土地面积占比仅为 52%。

表 7-2　模型主要变量的描述性统计结果

变量	样本量/户	最小值	最大值	均值	标准差
生产技术效率/0~1	730	0.015	0.935	0.53	0.21
土地生产率/元·亩	730	-16 265	23 975.56	2 036.55	4 948.54
劳动生产率/元·人	730	-97 590	206 495	6 893.38	19 975.08
信息化水平	730	0.132	3.836	1.43	0.97
是否租赁土地	730	0	1	0.25	0.44
是否雇佣农业劳动力	730	0	1	0.64	0.48
农业短期生产性资本投入/元	730	3 860	327 400	42 288.60	31 257.81
性别	730	0	1	0.89	0.31
年龄/岁	730	21	76	51.78	9.22
受教育年限/年	730	0	16	8.38	2.95
自评健康	730	1	4	3.28	0.70
社会阅历	730	0	1	0.15	0.35
非农就业人员占比	730	0	1	0.06	0.15
家庭抚养比	730	0	0.8	0.24	0.25
土地细碎化/块	730	1	25	3.39	2.49
是否为平地	730	0	1	0.84	0.37
是否灌溉	730	0	1	0.52	0.50

7.3.2.2　模型主要变量的均值差分析

本书按照信息化水平是否高于样本均值，将整体样本分为高信息化水平与低信息化水平两个分样本，并采用独立样本 T 检验方法分析不同信息化水平下模型主要变量的差异性。表 7-3 显示了模型主要变量均值 T 检验的结果。从生产效率差异性来看，信息化水平高的农户的生产技术效率、土地生产率及劳动生产率均高于信息化水平低的农户，分别高出 7.98%、34.05% 与 64.98%。可见，这两类农户的生产技术效率差距并不大，但在土地生产率与劳动生产率方面差异较大。从要素配置行为差异性来看，信息化水平高的农户租赁土地的比例、雇佣农业劳动力的比例及生产性资本投入金额均高于信息化水平低的农户，分别高出 68.42%、18.64% 与 36.23%。从户主个体特征、家庭特征及农业生产特征的差异性来看，除"是否灌溉"变量在高低信息化样本中的均值差不显著外，其余变量的均值具有显著的统计差异。

表 7-3　模型主要变量的均值 T 检验

变量	信息化水平		均值差
	高水平组 （大于均值）	低水平组 （小于均值）	
生产技术效率	0.555	0.514	0.041** (2.588)
土地生产率/元/亩	2 332.810	1 740.293	592.517 (1.619)
劳动生产率/元/人	8 583.900	5 202.857	3 381.042** (2.293)
是否租赁土地	0.32	0.19	0.126*** (3.943)
是否雇佣农业劳动力	0.70	0.59	0.110*** (3.102)
农业短期生产性资本投入/元	48 773.669	35 803.540	12 970.129*** (5.726)
性别	0.92	0.86	0.052** (2.244)
年龄/岁	47.92	55.64	-7.721*** (-12.444)
受教育年限/年	9.05	7.71	1.137*** (6.284)
自评健康	3.38	3.17	0.211*** (4.137)
社会阅历	0.19	0.10	0.090*** (3.383)
非农就业人员占比	0.088	0.042	0.045*** (4.025)
家庭抚养比	0.277	0.198	0.079*** (4.370)
土地细碎化/块	3.60	3.18	0.416** (2.269)
是否为平地	0.87	0.82	0.05* (1.824)
是否灌溉	0.50	0.53	-0.038 (-1.036)

注：***、**、*分别表示在1%、5%、10%水平具有显著的统计学差异。

7.3.3　计量结果与分析

7.3.3.1　信息化影响生产效率的基准模型回归结果与分析

本书选择"您家附近 10 户家庭中使用移动支付的比例"作为信息化水平的工具变量，运用 Tobit 模型、OLS 模型及 CMP 估计方法分别估计模型（7-10）、模型（7-11）与模型（7-12），检验信息化水平对农户生产技术效率、土地生产率及劳动生产率的影响（结果见表 7-4）。之所以选择"您家附近 10 户家庭中使用移动支付的比例"这一工具变量，是因为这一变量能够较好地反映农户所处区域的信息化水平。已有的文献表明，一个区域的信息技术普及与利用程度对个人的信息化水平具有重要影响（周广肃、孙浦阳，2017；周洋、华语音，2017）。但"您家附近 10 户家庭中使用移动支付的比例"对农户个体层面的生产效率而言是外生的,满足工具变量的基本条件。从内生性检验结果来看,在第一阶段信息化水平估计方程中,工具变量"您家附近 10 户家庭中使用移动支付的比例"在1%水平显著正向影响信息化水平,且 atanhrho_12 值在 1%水平显著不为 0,这说明信息化水平变量是内生的,且本书选择的工具变量是有效的。模型估计结果与分析如下:

从模型估计结果(表 7-4)来看,在控制户主特征、家庭特征、生产特征及区域虚拟特征可能的影响后,信息化水平在 1%水平正向提升农户生产技术效率、土地生产率及劳动生产率,假说 1a、假说 1b 及假说 1c 得到验证。可能的原因是:第一,信息化能够拓宽农户可获取的信息集合,提高信息处理效率,增强农户对土地、资本及劳动要素的综合配置效率;第二,信息化能够缓解农户与要素供应商之间的信息不对称,降低农户参与土地或劳动等要素市场的交易成本,提高要素生产率。

从户主个体特征对农户生产效率的影响(表 7-4)来看,年龄分别在5%、1%、1%水平正向影响农户的生产技术效率、土地生产率与劳动生产率,这表明年龄较大农户的生产技术效率、土地生产率与劳动生产率更高。可能的原因是,年龄在一定程度上反映了农户种植苹果的经验,经验越丰富,农户配置生产要素的能力则越强。身体健康状况在 5%水平正向影响农户的生产技术效率、土地生产率与劳动生产率,这表明身体越健康的农户,其生产技术效率、土地生产率与劳动生产率越高。从实际生产来看,苹果属于典型的劳动密集型作物,且生产环节繁杂,生产过程对农户的身体健康状况要求较高,身体条件越好的农户越能高效地完成各环节的生产任务。社会阅历(是否党员或村干部)分别在 5%、10%与 5%水平负向影响农户的生产技术效率、土地生产率与劳动生产率,这表明党员或村干部的生产技术效率、土地生产率与劳动生产率比普通农户低。可能的原因是,尽管党员或村干部比普通农户获取的信息资源更丰富,但其投入农业生产的时间更少,可能会使其错过最佳生产或病虫害防治时间,造成生产效率损失,尤其是苹果生产的时效性较强,比如套袋及施药环节,一旦错过时间,可能会显著降低苹果的产量与质量。此外,性别与受教育年限对农户生产技术效率、土地生产率与劳动生产率的影响未通过显著性检验。

从家庭特征对生产效率的影响的估计结果(表 7-4)来看,非农就业人员占比分别在5%、1%、1%水平负向影响农户的生产技术效率、土地生产率与劳动生产率，这表明非农就业率越高，农户的生产技术效率、土地生产率与劳动生产率则越低，这与钱龙（2017）的研究结论一致。可能的原因是，非农就业率增加导致的劳动力配置通过"人口效应"与"收入效应"两种途径作用于农业生产。其中，非农就业率增加会挤压家庭劳动力供给及其供给时间，可能会导致要素配置效率下降，即"人口效应"；同时，非农就业率增加会提高家庭收入，进而缓解农业生产的资金约束，有助于农户追加生产性资本投入或采用更先进的生产技术，可能会导致生产效率提升，即"收入效应"。家庭抚养比对农户生产技术效率、土地生产率与劳动生产率的影响均未在10%水平通过显著性检验。

从农业生产特征对生产效率的影响（表7-4）来看，土地细碎化程度分别在10%、1%、1%水平正向影响农户的生产技术效率、土地生产率与劳动生产率，这表明土地集中度越高，农户的生产技术效率、土地生产率与劳动生产率反而越低。可能的原因是，苹果属于劳动密集型作物，且受限于苹果生长的地貌特征，苹果生产的机械化水平较低，精耕细作的生产模式反而效率更高。因此，在相同经营规模条件下，土地细碎化程度越高，越有利于农户实施精细化生产。是否能灌溉在10%水平负向影响农户的土地生产率，但对生产技术效率与劳动生产率的负向影响未通过显著性检验，这表明可灌溉土地的土地生产率反而更低。可能的原因是，灌溉投入的边际成本低于可获得的边际收益。此外，是否为平地对农户生产技术效率、土地生产率与劳动生产率的影响未通过显著性检验。

从区域虚拟特征对生产效率的影响（表7-4）来看，山东苹果种植户的生产技术效率、土地生产率与劳动生产率分别在1%、5%、5%水平高于甘肃苹果种植户；陕西苹果种植户除土地生产率在10%水平低于甘肃苹果种植户外，其生产技术效率及劳动生产率与甘肃苹果种植户并无显著差异。可能的原因是，山东作为传统的苹果优势区域，苹果生产技术相对成熟，且形成了相对完善的区域市场体制，比新兴苹果优势区域，比如甘肃，不仅具备技术优势且具有产品市场优势。相比之下，陕西同为新兴苹果优势区域，且与甘肃毗邻，其生产技术储备并不具备明显优势，同时，甘肃气候条件具有优越性，甘肃苹果价格相对更高一些，陕西农户的土地生产率呈现劣势。

表 7-4　信息化影响农户生产效率的基准模型回归结果

变量	被解释变量：信息化水平	被解释变量：生产技术效率	被解释变量：土地生产率	被解释变量：劳动生产率
	第一阶段	第二阶段（回归1）	第二阶段（回归2）	第二阶段（回归3）
信息化水平	—	0.161 *** (2.97)	6.221 *** (3.14)	7.293 *** (3.20)
性别	0.148 (1.42)	0.044 (1.34)	1.472 (1.19)	1.711 (1.19)
年龄	-0.038 *** (-10.05)	0.005 ** (2.05)	0.269 *** (2.88)	0.314 *** (2.92)
受教育年限	0.057 *** (5.19)	-0.005 (-1.13)	-0.227 (-1.41)	-0.267 (-1.43)
自评健康	0.011 (0.26)	0.029 ** (2.24)	0.998 ** (2.04)	1.142 ** (2.01)
社会阅历	0.277 *** (2.92)	-0.074 ** (-2.36)	-2.297 * (-1.95)	-2.694 ** (-1.97)
非农就业人员占比	0.472 ** (2.26)	-0.135 ** (-2.10)	-7.308 *** (-3.16)	-8.721 *** (-3.25)
家庭抚养比	0.046 (0.36)	-0.003 (-0.08)	-0.692 (-0.48)	-0.741 (-0.44)
土地细碎化	—	0.006 * (1.71)	0.339 *** (3.07)	0.409 *** (3.28)
是否为平地	—	0.024 (1.22)	0.659 (0.89)	0.839 (0.98)
是否灌溉	—	-0.016 (-0.79)	-1.177 * (-1.66)	-1.323 (-1.62)
山东	—	0.140 *** (4.56)	2.542 ** (2.49)	2.943 ** (2.57)
陕西	—	0.001 (0.04)	-1.415 * (-1.70)	-1.427 (-1.54)
您家附近10户家庭中使用移动支付的比例	0.007 *** (5.48)	—	—	—

表7-4(续)

变量	被解释变量: 信息化水平	被解释变量: 生产技术效率	被解释变量: 土地生产率	被解释变量: 劳动生产率
	第一阶段	第二阶段 (回归1)	第二阶段 (回归2)	第二阶段 (回归3)
常数项	2.405 *** (7.49)	-0.127 (-0.68)	-23.390 *** (-3.45)	-27.571 *** (-3.54)
atanhrho_12	—	-0.579 *** (-3.02)	-0.654 *** (-3.40)	-0.663 *** (-3.47)
Wald 检验	—	739.07 ***	663.56 ***	671.13 ***
样本量/户	730	730	730	730

注:***、**、* 分别表示在1%、5%、10%水平显著,括号内为稳健标准误下的 z 值。

7.3.3.2 信息化影响生产效率的区域异质性分析

上述分析表明,在整体层面上,信息化水平显著正向影响农户的生产技术效率、土地生产率与劳动生产率。但不同地区的信息化发展及苹果生产特征具有明显的区域差异,这可能导致信息化水平对农户生产效率的影响存在异质性。因此,本书按照地理区域划分标准,将整体样本分为东部地区与西部地区 2 个分样本①,分别采用 CMP 方法对生产效率模型进行拟合回归,以验证信息化水平影响农户生产效率的稳健性。

从分样本拟合结果②(表 7-5)来看,在第一阶段信息化水平估计方程中,工具变量"您家附近 10 户家庭中使用移动支付的比例"及"村庄内从事农产品电商的人数"与信息化水平均存在显著的相关性,且内生性检验参数 atanhrho_12 值在 5%水平显著不为 0,这说明 CMP 方法与工具变量的选择是有效的。同时,第二阶段估计结果显示,在东部地区与西部地区,信息化水平仍然在 10%水平正向影响农户的生产技术效率、土地生产率与劳动生产率,这与基准模型估计结果一致,说明信息化水平正向影响农户的生产技术效率、土地生产率及劳动生产率这一结论具有区域层面的

---

① 样本中东部地区包括山东省烟台市的蓬莱区与栖霞市,西部地区包括陕西省渭南市的白水县、延安市的富县与洛川县以及甘肃省平凉市的静宁县。

② 限于篇幅,表 7-5 未显示第一阶段信息化水平估计方程及第二阶段方程中控制变量的估计结果,感兴趣的读者可向笔者索要,同表 7-6。

稳健性。但从影响力度来看，信息化水平对东部地区生产效率的影响更大。可能的原因是，东部地区信息化发展领先于西部地区，且东部地区苹果生产体系更加成熟，关于苹果产前、产中及产后的信息集中度高于西部地区，东部地区农户用于生产决策的信息丰裕度更高，导致其信息化水平对生产效率的边际影响更大。

表7-5 信息化水平对农户生产效率的影响：分地区回归结果

变量	被解释变量：生产技术效率（CMP-Tobit）		被解释变量：土地生产率（CMP-OLS）		被解释变量：劳动生产率（CMP-OLS）	
	东部地区	西部地区	东部地区	西部地区	东部地区	西部地区
信息化水平	0.453** (2.37)	0.185** (2.58)	12.020* (1.90)	7.773*** (2.88)	12.756* (1.86)	9.269*** (2.93)
控制变量	已控制	已控制	已控制	已控制	已控制	已控制
您家附近10户家庭中使用移动支付的比例	—	0.006*** (4.41)	—	0.006*** (4.41)	—	0.006*** (4.41)
村庄内从事农产品电商的人数	-0.004** (-2.56)	—	-0.004** (-2.56)	—	-0.004** (-2.56)	—
常数项	-1.175 (-1.56)	-0.184 (-0.78)	-46.292* (1.95)	-30.814*** (-3.54)	-49.556* (-1.91)	-36.766*** (-3.60)
atanhrho_12	-1.480*** (-3.79)	-0.632*** (-2.69)	-1.159** (-2.55)	-0.788*** (-3.30)	-1.104** (-2.42)	-0.803*** (-3.37)
Wald 检验	895.48***	532.40***	360.70***	630.67***	338.00***	639.01***
样本量/户	237	493	237	493	237	493

注：***、**、*分别表示在1%、5%、10%水平显著，括号内为稳健标准误下的z值。

7.3.3.3 不同维度信息化水平影响生产效率的回归结果与分析

在信息化测评体系中，本书根据信息可得性与信息可及性，将信息化分为信息技术接入、信息技术应用及信息素养提升三个维度，那么，不同维度信息化水平对农户生产效率的影响是否存在异质性呢？基于此，本书采用CMP方法分别估计生产效率基准模型，探讨信息技术接入水平、信息技术应用水平及信息素养水平对农户生产效率的影响，以进一步验证信息化水平影响农户生产效率的稳健性。

从不同维度信息化水平影响农户生产效率的拟合结果（表7-6）来看，第一阶段方程估计结果显示，在回归1、回归4与回归7中，工具变量

"您家附近 10 户家庭中使用移动支付的比例"与信息技术接入水平均存在显著的相关性，且内生性检验参数 atanhrho_12 值在 10% 水平显著不为 0；在回归 2、回归 5 与回归 8 中，工具变量"您家附近 10 户家庭中使用移动支付的比例"及"村庄内开通互联网家庭的比例"与信息技术应用水平存在显著的相关性，且内生性检验参数 atanhrho_12 值在 5% 水平显著不为 0；在回归 3、回归 6 与回归 9 中，工具变量"您家附近 10 户家庭中使用移动支付的比例"与信息素养水平存在显著的相关性，且内生性检验参数 atanhrho_12 值均在 1% 水平显著不为 0。这说明在回归 1~回归 9 中，CMP 方法及工具变量的选择是有效的。

第二阶段方程估计结果显示，信息技术接入水平、信息技术应用水平与信息素养水平在 5% 水平正向影响农户的生产技术效率、土地生产率及劳动生产率，这与基准模型估计结果一致，说明信息化水平正向影响农户生产效率这一结论在不同维度信息化层面也是稳健的。但从影响力度来看，信息素养水平对农户的生产技术效率、土地生产率及劳动生产率的影响最大，信息技术接入水平的影响次之，信息技术应用水平的影响最低。这表明，在农业生产效率提升方面，信息可及性发挥的作用更大。可能的原因是，正如本书在信息化测评体系中提及的，将某一信息最终用于生产决策需要跨过两道门槛，其一是农户是否能够获取该信息，其二是农户是否有能力利用该信息，而最终该信息对农业生产的边际影响取决于农户对信息的利用能力。因此，相较于信息技术接入与信息技术利用，信息素养水平对生产效率的影响更大。此外，信息技术应用水平对农户生产效率的影响小于信息技术接入水平的影响，可能当前农户使用信息技术获取农业生产信息的能力仍然处于较低水平，针对性获取农业信息的效果远远没有达到预期。

表 7-6 不同维度信息化影响农业生产效率的估计结果

变量	被解释变量：生产技术效率（CMP-Tobit）			被解释变量：土地生产率（CMP-OLS）			被解释变量：劳动生产率（CMP-OLS）		
	回归 1	回归 2	回归 3	回归 4	回归 5	回归 6	回归 7	回归 8	回归 9
信息技术接入水平	0.217** (2.14)			7.389** (2.00)			8.440** (2.01)		
信息技术应用水平		0.038*** (2.74)			1.108** (2.40)			1.277** (2.42)	
信息素养水平			0.263*** (3.02)			10.157*** (3.24)			11.905*** (3.28)
控制变量	已控制	已控制	已控制	已控制	已控制	已控制	已控制	已控制	已控制
工具变量 1	0.002*** (4.44)	0.018*** (4.93)	0.004*** (5.50)	0.002*** (4.53)	0.018*** (4.89)	0.004*** (5.50)	0.002*** (4.51)	0.018*** (4.88)	0.004*** (5.50)
工具变量 2	—	0.013*** (3.16)	—	—	0.011*** (2.86)	—	—	0.011*** (2.88)	—
常数项	0.109 (0.74)	0.169 (1.56)	-0.615* (-1.81)	-13.171** (-2.54)	-10.158*** (-2.69)	-42.1123*** (-3.48)	-15.339*** (-2.61)	-11.950*** (-2.79)	-49.535*** (-3.54)
atanhrho_12	-0.250* (-1.76)	-0.297** (-2.47)	-0.540*** (-2.91)	-0.282* (-1.95)	-0.262** (-2.30)	-0.587*** (-3.14)	-0.278** (-1.96)	-0.260** (-2.32)	-0.597*** (-3.20)
Wald 检验	467.05***	461.06***	390.70***	407.80***	389.32***	373.38***	406.73***	389.18***	379.31***
样本量/户	730	730	730	730	730	730	730	730	730

注：***、**、*分别表示在 1%、5%、10%水平显著，括号内为稳健标准误差下的 z 值，工具变量 1 与工具变量 2 分别为"您家附近 10 户家庭中使用移动支付的比例""村庄内开通互联网家庭的比例"。

7.3.4 要素配置行为的中介效应分析

在前文的理论分析中，本书提及信息化水平除了直接影响农户生产效率外，还可能通过土地、劳动及资本要素配置来间接影响农户的生产效率。基于此，本书采用中介效应方程检验要素配置行为（是否租赁土地、是否雇佣农业劳动力与是否进行农业短期生产性资本投入）影响生产效率的间接效应。从中介效应方程设置原理来看，方程（7-13）的系数 a_1 为信息化水平影响生产效率的总效应；方程（7-15）的系数 b_1 为信息化水平影响要素配置行为的效应；方程（7-16）的系数 c_2 是在控制了信息化水平及控制变量对生产效率的影响后，要素配置行为影响生产效率的效应；系数 c_1 是在控制要素配置行为及控制变量对生产效率的影响后，信息化水平影响生产效率的直接效应。中介效应等于间接效应，即等于系数乘积 b_1c_2，且其与总效应及直接效应满足以下关系：$a_1 = c_1 + b_1c_2$（MacKinnon et al.，1995）。

从中介效应检验程序来看，系数乘积的检验（即 H_0：$b_1c_2 = 0$）是中介效应检验的核心，其检验方法主要分为直接检验与间接检验两类（温忠麟、叶宝娟，2014）。其中，常用的直接检验方法包括 Sobel 检验、Bootstrap 法与 MCMC 法（方杰、张敏强，2012）；常用的间接检验方法是逐步检验法（Baron & Kenny，1986）。已有的研究表明，逐步检验法的检验能力在各种方法中是最低的（Fritz & MacKinnon，2007），且在直接效应检验法中，偏差校正非参数百分位 Bootstrap 法比 Sobel 法有更高的检验能力（方杰、张敏强，2012；Hayes & Scharkow，2013）。因此，本书选择偏差校正非参数百分位 Bootstrap 法，并参照温忠麟、叶宝娟（2014）提出的新中介效应检验流程来检验要素配置行为的中介效应。具体步骤如下：第一步检验方程（7-13）的系数 a_1 是否显著，如果显著则按中介效应立论，否则按遮掩效应立论。第二步，依次检验方程（7-14）的系数 b_1 和方程（7-15）的系数 c_2，如果两个都显著，则间接效应显著，转至第四步；如果至少有一个不显著，则进行第三步。第三步，采用偏差校正非参数百分位 Bootstrap 法检验 H_0：$b_1c_2 = 0$ 的显著性，如果显著则间接效应显著，转至第四步；如果不显著，则停止检验。第四步，检验方程（7-15）的系数 c_1，如果不显著，说明直接效应不显著，只有中介效应；如果显著则直接效应显著，转至第五步。第五步，比较 b_1c_2 和 c_1 的符号，如果同号，属于

部分中介效应，报告中介效应与总效应的比例 $b_1 c_2 / a_1$；如果异号，属于遮掩效应，报告中介效应与总效应比例的绝对值 $|b_1 c_2 / a_1|$。

基于上述关于中介效应分析的讨论，本书分别拟合方程（7-13）、方程（7-14）与方程（7-15），以验证要素配置行为（是否租赁土地、是否雇佣农业劳动力及是否进行农业短期生产性资本投入）的中介效应是否存在。其中，方程（7-13）估计了信息化水平影响生产效率的总效应，结果见表7-4；方程（7-14）估计了信息化水平影响中介变量的效应，结果见表7-7；方程（7-15）估计了信息化水平影响生产效率的直接效应及中介变量影响生产效率的效应，结果见表7-8、表7-9与表7-10。

考察土地要素配置行为影响农户生产技术效率的中介效应时，结果（表7-4回归1、表7-7回归1和表7-8回归1）显示：第一步，信息化水平正向显著影响生产技术效率，即总效应显著；转至第二步，信息化水平正向显著促进农户土地租赁，且土地租赁显著影响生产技术效率；转至第四步，此时信息化水平对生产技术效率的影响显著，即直接效应显著；转至第五步，间接效应符号与直接效应符号相反，按遮掩效应立论。可见，是否租赁土地在信息化水平影响生产技术效率的过程中不是中介效应而是遮掩效应，假说2a1未得到验证。考察劳动与资本要素配置行为影响农户生产技术效率的中介效应时，结果（表7-4回归1、表7-7回归2~回归3和表7-8回归2~回归3）显示：第一步，信息化水平正向显著影响生产技术效率，即总效应显著；转至第二步，信息化水平正向显著促进农户雇佣劳动力及农业短期生产性资本投入，但"是否雇佣劳动力"及"是否进行农业短期生产性资本投入"对生产技术效率的影响不显著；转至第三步，采用偏差校正非参数百分位Bootstrap法检验 H_0：$b_1 c_2 = 0$，结果发现间接效应不显著，停止检验。可见，"是否雇佣劳动力"及"是否进行农业短期生产性资本投入"在信息化水平影响生产技术效率的过程中不存在中介效应，假说2b1与假说2c1未得到验证。此外，将中介变量即"是否租赁土地""是否雇佣劳动力"及"是否进行农业短期生产性资本投入"同时纳入模型进行估计（见表7-8回归4）后发现，上述分析结果依然稳健。

表7-7　信息化水平影响农户要素配置行为的估计结果

变量	被解释变量：是否租赁土地		被解释变量：是否雇佣农业劳动力		被解释变量：农业短期生产性资本投入	
	第一阶段	第二阶段	第一阶段	第二阶段	第一阶段	第二阶段
	回归1		回归2		回归3	
信息化水平	—	0.876*** (3.98)	—	0.658*** (2.87)	—	1.527*** (2.65)
控制变量	已控制	已控制	已控制	已控制	已控制	已控制
您家附近10户家庭中使用移动支付的比例	—	—	0.007*** (5.48)	—	—	—
村庄内开通互联网家庭的比例	—	—	—	—	0.003*** (2.74)	—
您家附近10户家庭中使用智能手机的比例	0.006*** (4.75)	—	—	—	—	—
常数项	2.336*** (6.89)	-4.689*** (-7.59)	2.405*** (7.49)	-2.535*** (-3.11)	2.794*** (8.60)	5.107*** (2.86)
atanhrho_12	-0.701** (-2.18)		-0.444* (-1.81)		-1.572*** (-4.17)	
Wald检验	708.66***		473.04***		2321.94***	
样本量/户	730	730	730	730	730	730

注：***、**、*分别表示在1%、5%、10%水平显著，括号内为稳健标准误下的z值。

表7-8　生产技术效率：要素配置行为的中介效应分析

变量	被解释变量：生产技术效率			
	回归1	回归2	回归3	回归4
信息化水平	0.169*** (3.07)	0.156*** (2.91)	0.160*** (2.94)	0.163*** (2.99)
是否租赁土地	-0.034* (-1.84)			-0.037* (1.91)
是否雇佣农业劳动力		0.019 (1.17)		0.020 (1.19)
是否进行农业短期生产性资本投入			0.004 (0.26)	0.003 (0.21)
控制变量	已控制	已控制	已控制	已控制
您家附近10户家庭中使用移动支付的比例	0.007*** (5.48)	0.007*** (5.48)	0.007*** (5.48)	0.007*** (5.48)
常数项	-0.156 (-0.83)	-0.118 (-0.64)	-0.160 (-0.72)	-0.178 (-0.78)

表7-8(续)

变量	被解释变量：生产技术效率			
	回归1	回归2	回归3	回归4
atanhrho_12	-0.599 *** (-3.11)	-0.566 *** (-2.96)	-0.577 *** (-3.00)	-0.586 *** (-3.05)
Wald 检验	746.52 ***	733.78 ***	738.68 ***	740.50 ***
样本量/户	730	730	730	730

注：***、**、*分别表示在1%、5%、10%水平显著，括号内为稳健标准误下的z值。

考察土地要素配置行为影响土地生产率的中介效应时，结果（表7-4回归2、表7-7回归1和表7-9回归1）显示：第一步，信息化水平显著影响土地生产率，即总效应显著；转至第二步，信息化水平显著正向促进农户土地租赁，但"是否租赁土地"对土地生产率的影响不显著；转至第三步，采用偏差校正非参数百分位Bootstrap法检验 H_0：$b_1 c_2 = 0$，结果发现间接效应不显著，停止检验。可见，"是否租赁土地"在信息化水平影响土地生产率的过程中不存在中介效应，假说2a2未得到验证。考察劳动及资本要素配置行为影响土地生产率的中介效应时，结果（表7-4回归2、表7-7回归2~回归3和表7-9回归2~回归3）显示：第一步，信息化水平显著影响土地生产率，即总效应显著；转至第二步，信息化水平显著正向促进农户雇佣劳动力及农业短期生产性资本投入，且"是否雇佣农业劳动力"与"是否进行农业短期生产性资本投入"显著影响土地生产率；转至第四步，此时信息化水平对土地生产率的影响显著，即直接效应显著；转至第五步，间接效应符号与直接效应符号相反，按遮掩效应立论。可见，"是否雇佣劳动力"与"是否进行农业短期生产性资本投入"在信息化水平影响土地生产率的过程中不是中介效应而是遮掩效应，假说2b2与假说2c2未得到验证。此外，将中介变量"是否租赁土地""是否雇佣劳动力""是否进行农业短期生产性资本投入"同时纳入模型进行估计（见表7-9回归4）后发现，上述分析结果依然稳健。

表 7-9　土地生产率：要素配置行为的中介效应分析

变量	被解释变量：土地生产率			
	回归 1	回归 2	回归 3	回归 4
信息化水平	6.342 *** (3.18)	6.796 *** (3.35)	6.668 *** (3.31)	7.001 *** (3.42)
是否租赁土地	−0.560 (−0.86)			−0.149 (−0.23)
是否雇佣农业劳动力		−2.261 *** (−4.11)		−1.857 *** (−3.15)
是否进行农业短期生产性资本投入			−1.590 *** (−3.06)	−0.980 * (−1.73)
控制变量	已控制	已控制	已控制	已控制
您家附近 10 户家庭中使用移动支付的比例	0.007 *** (5.48)	0.007 *** (5.48)	0.007 *** (5.48)	0.007 *** (5.48)
常数项	−23.866 *** (−3.51)	−24.447 *** (−3.52)	−9.267 (−1.13)	−15.677 * (−1.82)
atanhrho_12	−0.663 *** (−3.45)	−0.702 *** (−3.62)	−0.682 *** (−3.53)	−0.713 *** (−3.67)
Wald 检验	666.38 ***	726.51 ***	694.26 ***	738.32 ***
样本量/户	730	730	730	730

注：*** 、** 、* 分别表示在 1%、5%、10% 水平显著，括号内为稳健标准误差下的 z 值。

　　考察土地要素配置行为影响劳动生产率的中介效应时，结果（表 7-4 回归 3、表 7-7 回归 1 和表 7-10 回归 1）显示：第一步，信息化水平显著正向影响劳动生产率，即总效应显著；转至第二步，信息化水平显著正向促进农户土地租赁，但"是否租赁土地"对劳动生产率的影响不显著；转至第三步，采用偏差校正非参数百分位 Bootstrap 法检验，结果发现间接效应不显著，停止检验。可见，"是否租赁土地"在信息化水平影响劳动生产率的过程中不存在中介效应，假说 2a3 未得到验证。考察劳动及资本要素配置行为影响劳动生产率的中介效应时，结果（表 7-4 回归 3、表 7-7 回归 2~回归 3 和表 7-10 回归 2~回归 3）显示：第一步，信息化水平显著影响劳动生产率，即总效应显著；转至第二步，信息化水平显著正向促进农户雇佣农业劳动力及农业短期生产性资本投入，且"是否雇佣农业劳动力"与"是否进行农业短期生产性资本投入"显著影响劳动生产率；转至第四步，此时信息化水平对劳动生产率的影响显著，即直接效应显著；转至第五步，间接效应符号与直接效应符号相反，按遮掩效应立论。可见，"是否雇佣劳动力"与"是否进行农业短期生产性资本投入"在信息化水平影响劳动生产率的过程中不是中介效应而是遮掩效应，假说 2b3 与假说 2c3 未得到验证。此外，将中介变量"是否租赁土地""是否雇佣劳动力""是否进行农业短期生产性资本投入"同时纳入模型进行估计（见表 7-10 回归 4）后发现，"是否雇佣劳动力"的遮掩效应依然稳健，但"是否进行农业短期生产性资本投入"的遮掩效应被弱化了。

表 7-10 劳动生产率：要素配置行为的中介效应分析

变量	被解释变量：劳动生产率			
	回归 1	回归 2	回归 3	回归 4
信息化水平	7.414*** (3.23)	7.919*** (3.39)	7.774*** (3.35)	8.131*** (3.46)
是否租赁土地	−0.561 (−0.73)			−0.116 (−0.15)
是否雇佣农业劳动力		−2.459*** (−3.91)		−2.028*** (−3.02)
是否进行农业短期生产性资本投入			−1.715*** (−2.84)	−1.057 (−1.61)
控制变量	已控制	已控制	已控制	已控制
您家附近 10 户家庭中使用移动支付的比例	0.007*** (5.48)	0.007*** (5.48)	0.007*** (5.48)	0.007*** (5.48)
常数项	−28.408*** (−3.59)	−28.722*** (−3.60)	−12.340 (−1.30)	−19.229* (−1.93)
atanhrho_12	−0.671*** (−3.51)	−0.708*** (−3.67)	−0.689*** (−3.59)	−0.718*** (−3.72)
Wald 检验	673.61***	728.31***	699.00***	738.68***
样本量/户	730	730	730	730

注：***、**、*分别表示在 1%、5%、10%水平显著，括号内为稳健标准误下的 z 值。

综上所述，"是否租赁土地"在信息化水平影响生产技术效率的过程中是遮掩效应，"是否雇佣农业劳动力"与"是否进行农业短期生产性资本投入"在信息化水平影响土地生产率及劳动生产率的过程中是遮掩效应。这表明，农户参与土地租赁遮掩了信息化水平对生产技术效率的促进作用，农户参与雇佣农业劳动力与追加生产性资本投入遮掩了信息化水平对土地生产率及劳动生产率的促进作用，这与理论分析不符。可能的原因是：目前苹果生产中存在要素配置扭曲，就租入土地对生产技术效率的遮掩效应而言，受限于个人能力，农户种植苹果的规模存在适度性，一旦超过阈值，土地投入可能呈冗余状态，导致效率损失（张聪颖 等，2018）。就雇佣农业劳动力对土地生产率及劳动生产率的遮掩效应而言，尽管在苹果种植过程中，雇工可以有效改善苹果种植过程中劳动力不足的困境，但雇工与自用工具有显著的异质性（Kloss & Petrick，2014），且随着人工成本的上升，雇工获得的边际收益可能小于其带来的边际成本，导致土地生产率及劳动生产率下降。就追加短期生产性资本投入对土地生产率及劳动生产率的遮掩效应而言，在当前苹果经营规模下，以化肥为代表的农业短期生产性资本投入一直处于冗余状态（张聪颖 等，2018），追加此类生产性资本获得的边际产品价值低于要素价格，导致土地生产率及劳动生产率下降。

7.4　本章小结

本章分析了信息化水平对农户生产效率的影响，从理论上较为全面地阐述了信息化水平对生产效率（生产技术效率、土地生产率及劳动生产率）的直接影响机理及通过要素配置行为（是否租赁土地、是否雇佣农业劳动力与是否进行农业短期生产性资本投入）的间接影响机制，并基于山东、陕西与甘肃苹果种植户的微观调查数据，采用 Tobit 模型、OLS 模型、中介效应模型及 CMP 联合估计方法进行了实证分析。研究结果表明：

第一，信息化水平显著正向影响农户的生产技术效率、土地生产率及劳动生产率。信息化水平对农户生产效率的影响在区域层面是稳健的，但信息化水平对东部地区农户生产效率的影响大于对西部地区农户的影响。

第二，不同维度信息化水平影响农户生产效率的分析结果表明，信息化水平显著正向促进农户生产效率提升的结论是稳健的，但信息素养水平对农户生产效率的影响力度最大，信息技术接入水平的影响次之，而信息技术应用水平的影响最小。

第三，对要素配置行为中介效应的验证性分析结果表明，租赁土地在信息化水平影响生产技术效率的过程中存在遮掩效应，雇佣农业劳动力与短期生产性资本投入在信息化水平影响土地生产率及劳动生产率的过程中存在遮掩效应。此外，本章没有证实雇佣农业劳动力与短期生产性资本投入是信息化水平影响生产技术效率的中介变量，也未证实土地租赁是信息化水平影响土地生产率与劳动生产率的中介变量。

基于上述研究结论，本章得出两点启示：

第一，在乡村振兴战略指导下，政府部门应该持续推进"信息下乡入户"工程，全面提升农户的信息化水平，助力苹果生产提质增效。首先，应加快信息基础设施建设，实现移动网络基站与光纤电缆铺设对农村的全面覆盖，为农户接入互联网奠定基础；同时，应联合三大网络运营商（中国移动、中国电信与中国联通）推出适合农村地区的资费产品，有效降低农户接入移动互联网及固定宽带互联网的准入门槛，综合提升农户的信息技术接入水平。其次，在顶层设计上，政府部门应建立以信息技术及互联网为平台的信息供给体系，并依托当前相对成熟的技术推广模式，指导农户利用信息技术获取生产信息，有效降低农户搜寻信息的成本，提高农户的信息技术应用水平。最后，在农村地区开展信息教育及培训，培养农户的信息意识，不断提高农户的信息获取、评价、应用及共享能力。

第二，政府部门应该以信息技术及互联网为平台，建立高效的要素市场运行机制，降低农户参与要素市场的交易成本，提高要素流动效率；同时，应建立点对面或点对点的信息传导模式，提升益农信息的时效性与辐射范围，引导农户进行科学决策，降低要素配置扭曲导致的效率损失。关于土地，政府部门应该充分认识"适度规模经营"的重要性与必然性，积极引导生产能力更强的农户租入土地。关于劳动，一方面应该寻求成立专业的社会化服务组织，提升雇工的生产业务能力；另一方面应该从实践中寻求有效的劳动力雇佣定价机制，降低道德风险导致的效率损失。关于资本，应该引导农户对资本要素投入适当减量，达到节本增效的效果。

8 主要研究结论、政策建议、研究的不足与未来研究展望

本书以探讨信息情境变化如何影响农户生产决策与效率为逻辑起点，在参考相关文献与理论的基础上，基于信息可得性与信息可及性，从信息技术接入、信息技术应用与信息素养提升三个方面设计信息化测评框架。以山东、陕西与甘肃等苹果主产区种植户为研究对象，关注信息化背景下，土地（土地租赁）、劳动力（农业劳动力雇佣）、资本（生产性资本投入）与技术（要素稀缺诱致性技术选择）要素的配置决策以及生产效率的变化，构建了"信息化→生产决策→生产效率变化"的理论分析体系，从理论与实证两个层面对上述问题进行了分析，并得到了一些具有启发性的研究结论。本章主要在上述理论分析与实证分析的基础上，归纳与总结本书的主要研究结论，并提出切实可行的政策建议，以推动农业农村信息化、生产要素价格市场化与农业现代化的协同发展。本章还讨论了本书可能存在的缺陷与不足和未来研究展望。

8.1　主要研究结论

要素市场中的信息不充分与信息不对称成为制约农户合理配置生产要素，提高生产效率，推动小农户与现代农业发展有机衔接的关键因素。如何有效规避农户生产决策的盲目性与滞后性，成为学术界与政界共同关注的焦点问题。尽管既有的研究从多个方面对上述问题进行了探索，但仍然缺乏关注信息的丰裕程度如何影响农户生产决策与效率的系统性研究，尤其是在"四化"（工业化、信息化、城镇化、农业现代化）协同发展的转

型时期。在此背景下，本书聚焦于信息化如何影响农户生产决策（土地租赁决策、农业劳动力雇佣决策、生产性资本投入决策、要素稀缺诱致性技术选择决策）及其生产效率这一问题，遵循"理论研究→实证研究→政策研究"的基本思路，基于山东、甘肃与陕西苹果种植户微观调查数据，采用规范分析与实证分析相结合的研究方法，得到如下主要结论：

8.1.1 信息化影响农户土地租赁决策方面的结论

第一，信息化可促进农户参与土地市场，提高租入土地的可能性与土地租入比例，且该结论在区域层面具有稳健性，但信息化对农户土地租入决策的影响存在明显的区域差异性。具体而言，信息化对东部地区农户土地租入行为与土地租入比例的影响大于对西部地区农户的影响。

第二，不同维度信息化对农户土地租入决策的影响存在差异性。具体而言，信息素养水平对农户土地租入行为与土地租入比例的影响最大，信息技术接入水平的影响次之，而信息技术应用水平的影响最小。

第三，村级土地租金、土地初始禀赋、非农就业工资水平、资产专用性也是影响农户土地租入决策的重要因素。具体而言，村级土地租金、村庄内从事非农就业家庭的比例、实物资产专用性、地理位置专用性可促进农户参与土地市场，提高租入土地的可能性与土地租入比例；土地初始禀赋、受教育年限制约了农户参与土地市场租入土地的可能性与土地租入比例。

8.1.2 信息化影响农户农业劳动力雇佣决策方面的结论

第一，信息化可显著提高农户参与劳动力雇工市场的概率及雇工数量。但信息化对东部地区与西部地区农户农业劳动力雇佣决策的影响具有差异性。具体而言，信息化提高了东部地区农户参与劳动力雇工市场的概率，但对西部地区农户参与劳动力雇工市场的概率的影响不显著；同时，信息化增加了东部地区农户与西部地区农户参与劳动力雇工市场的数量，但对东部地区农户的影响效应大于对西部地区农户的影响效应。

第二，信息化对不同环节农户农业劳动力雇佣决策的影响存在差异性。具体而言，信息化可提高农户在施肥、套袋、摘袋、疏花疏果环节中参与劳动力雇工市场的概率及雇工数量，但对病虫害防治与修剪环节农业劳动力雇佣决策的影响不显著。

第三，不同维度信息化对农户农业劳动力雇佣决策的影响具有差异性。具体而言，信息技术接入水平对农户农业劳动力雇佣行为及雇工数量的影响最大，信息素养水平的影响次之，而信息技术应用水平的影响最小。

8.1.3 信息化影响农户生产性资本投入决策方面的结论

第一，信息化水平显著正向影响农户投入有机肥的概率及投入量，且该结论在区域层面具有稳健性，但信息化水平对农户生产性资本投入的影响具有显著的区域差异性。具体而言，信息化水平对东部地区农户有机肥投入行为的影响效应大于对西部地区农户的影响效应，但信息化水平对东部地区农户有机肥投入量的影响效应小于对西部地区农户的影响效应。

第二，不同维度信息化水平对农户生产性资本投入决策行为的影响存在差异性。其中，信息技术接入水平对农户有机肥投入行为与投入量的影响效应最大，信息素养水平的影响次之，而信息技术应用水平的影响最小。

8.1.4 信息化影响农户要素稀缺诱致性技术选择决策方面的结论

第一，信息化水平显著负向影响农户选择劳动节约型技术，且该结论在区域层面具有稳健性，但信息化水平对农户选择劳动节约型技术的影响存在区域差异性。具体而言，信息化水平对东部地区农户选择劳动节约型技术的负向影响效应小于对西部地区农户的负向影响效应。

第二，不同维度信息化水平对农户选择劳动节约型技术选择的影响效应存在差异性。其中，信息素养水平对农户选择劳动节约型技术的影响效应最大，信息技术接入水平的影响次之，而信息技术应用水平的影响最小。

第三，苹果销售价格、劳动—机械要素相对价格、户主风险偏好与家庭总收入显著正向影响农户选择劳动节约型技术；户主年龄与家庭农业劳动力占比显著负向影响农户选择劳动节约型技术。

8.1.5 信息化和要素配置影响农户生产效率方面的结论

第一，信息化水平显著正向影响农户的生产技术效率、土地生产率及劳动生产率。信息化水平对农户生产效率的影响在区域层面具有稳健性，但信息化水平对东部地区农户生产效率的影响大于对西部地区农户的影响。

第二，不同维度信息化水平对农户生产效率的影响分析结果表明，信息化水平显著正向促进农户生产效率提升的结论是稳健的，但信息素养水平对农户生产效率的影响力度最大，信息技术接入水平的影响次之，而信息技术应用水平的影响最小。

第三，对要素配置行为中介效应的验证性分析结果表明，租赁土地在信息化水平影响生产技术效率的过程中存在遮掩效应，雇佣农业劳动力与短期生产性资本投入在信息化水平影响土地生产率及劳动生产率的过程中存在遮掩效应。此外，本书没有证实雇佣农业劳动力与短期生产性资本投入是信息化水平影响生产技术效率的中介变量，也未证实土地租赁是信息化水平影响土地生产率与劳动生产率的中介变量。

8.2 政策建议

上述研究结论表明，信息化水平提升有效改善了农户生产决策的信息情境，在缓解要素市场的信息不充分与信息不对称方面具有重要作用，降低了农户盲目决策或错误决策导致的农业经营风险，提高了农户的生产效率。基于上述研究结论，建议政府在推进农业农村信息化过程中注重优化如下措施：

8.2.1 兼顾信息可得性与信息可及性，全面提升农户的信息化水平

从研究结论来看，最终用于生产决策信息的丰裕程度不仅取决于农户是否能够获得该信息，同时取决于农户是否能够使用该信息。因此，建议相关部门以"乡村振兴战略""数字乡村发展战略"以及"国家信息化发展战略"为抓手，立足于信息技术接入、信息技术应用与信息素养提升三个方面，全面提升农户的信息化水平。

8.2.1.1 加快推进乡村信息基础设施建设，提升农户的信息技术接入水平

精准识别当前农村地区使用的关键信息技术，是有针对性地推进信息基础设施建设的前提。中国互联网络信息中心（CNNIC）发布的《2015年农村互联网发展状况研究报告》统计数据显示，智能手机、电脑已经成为农户获取信息的主要手段，使用智能手机上网的农户比例为87.1%，使用

台式机、笔记本电脑上网的农户比例分别为 63.4%、25.6%。基于这一现实，政府部门应该持续推进"信息下乡入户"工程，提高农村地区智能手机、电脑、移动互联网与固定宽带互联网的普及率。一方面，应根据区域基础设施与网络布局规划，逐步实现移动网络基站与光纤电缆铺设对农村地区的全面覆盖；另一方面，应联合三大网络运营商（中国移动、中国电信与中国联通）推出适合农村地区使用的定制设备（比如，智能手机定制机型）、信息资费套餐等，有效降低农户接入智能手机、电脑以及移动互联网与固定宽带互联网的门槛。

8.2.1.2　创新建立农业信息供给体系，提升农户的信息技术应用水平

信息技术接入是信息获取的有效手段，但其更多强调的是被动的信息获取。相比之下，信息技术应用则更强调自主信息获取，是农户获取深层次信息的有效手段。这就要求相关政府部门应该创新建立信息供给体系，提高信息供给效率。首先，在顶层设计上，政府部门应建立以信息技术及互联网为平台的信息供给体系，拓宽信息供给渠道，创新信息服务模式，向农户提供深层次的农业信息，比如开设农业信息网站、农业生产经营类公众号或者 App 等，满足农户多元化的信息需求，并依托当前相对成熟的技术推广模式，分层次、有针对性地指导不同类型的农户利用信息技术获取相关农业生产信息。其次，政府部门应建立与完善网络信息监管机制，制定惩罚性的规章制度，规范网络信息的发布与传播，保障农业信息的安全性与可靠性。最后，政府部门应建立点对面或者点对点的农业科技信息服务体系，邀请农业领域的技术专家在线为农民解决生产难题。

8.2.1.3　加强组织培训与再教育，提升农户的信息素养水平

在信息化时代背景下，农户能否享有信息带来的红利取决于其信息素养水平的高低，因此，提高农户的信息素养水平应是推进信息化与农业现代化协同发展的题中应有之义。基于这一现实，政府部门应该充分依托农民培训与再教育体系，从信息意识、信息获取能力、信息评价能力、信息获取能力与信息共享能力五个方面综合提升农户的信息素养水平。首先，政府部门应该充分利用技术推广、信息联络人等制度向农户宣传农业信息的重要性，培养农户的信息意识，尤其是面向年龄偏大的老一代农民；其次，政府部门应该在农村地区创办培训班或开展农民再教育系列活动，对农户进行相应的信息培训与教育，增强农户收集信息、评价信息、利用信息和共享信息的意识与能力。

8.2.2 依托信息化推动生产要素价格市场化，提升农户生产要素配置水平

信息不充分与信息不对称问题阻碍了要素市场发育，增加了农户参与要素市场的交易成本，制约了农户的生产要素配置水平。随着信息通信技术的发展，信息化为加快推动生产要素价格市场化提供了新的动力，建议政府部门依托信息化创新要素市场运行模式，综合提升农户对土地、资本、劳动与技术要素的配置水平。

8.2.2.1 关于依托信息化推进土地市场化的政策建议

土地市场面临的信息不充分与不对称问题主要源于两个方面：一是土地相关法律与制度信息不充分，这可能会降低农户对土地产权稳定性的预期，从而阻碍土地市场发育。政府部门应该依托信息化平台发布《中华人民共和国宪法》《中华人民共和国民法典》《中华人民共和国土地管理法》《中华人民共和国村民委员会组织法》等与土地规划相关的法律法规，以便满足不同农户对此类信息的多元化需求。二是土地市场信息的不充分以及土地属性信息的不对称（例如，土地供需信息、土地肥力、土地价格等），这可能会增加农户参与土地市场的交易成本，从而阻碍土地市场发育。建议政府部门依托信息化创新建立土地市场运行机制与土地交易模式。一方面，政府部门应该以智能手机、电脑为媒介，建立基于固定网络终端（网站）或者移动互联网终端（手机 App）的土地交易平台，为推进土地市场化提供良好的交易环境；另一方面，政府部门应引导有意愿的农户参与土地市场，通过线上发布土地租赁信息，公布土地位置、肥力、价格等重要的土地属性信息，形成有效的土地市场数据库，便于动态匹配有土地需求的农户，或由其进行自主选择。

8.2.2.2 关于依托信息化推进劳动力市场化的政策建议

在青壮年劳动力持续外流的现实约束下，农业劳动人口老龄化推动了农村内部劳动力市场的发育，但受到市场信息不充分与不对称的约束，农户参与劳动力市场面临高额的信息搜寻成本、合约谈判成本与监督执行成本。基于这一现实，建议政府部门应该依托信息化创新劳动力市场模式，提高农户对劳动力的配置水平。一方面，政府部门应该以智能手机、电脑为媒介，建立基于固定网络终端或者移动互联网终端（手机 App）的劳动力雇佣平台，同时引导有意向的雇主或受雇的农户通过线上平台发布雇工

或求雇信息，形成劳动力市场数据库，以便动态匹配有雇工需求或受雇需求的农户，或由其自主选择；另一方面，政府部门应该鼓励成立专业化的劳动力服务团队，严格把控团队的服务质量，并通过信息技术平台与有雇工需求的农户进行对接，满足其用工需求的同时，也能够有效规避自主雇工可能带来的道德风险或逆向选择问题。

8.2.2.3 关于依托信息化推进农业生产性资本投入要素市场化的政策建议

相对于土地与劳动，资本要素的市场化程度比较高，但生产性资本投入要素市场中的信息不充分与不对称问题同样制约了农户对资本要素的配置水平。首先，农业生产性资本投入产品种类繁杂，农户与农资零售商所掌握的信息不一致，农户参与生产性资本投入要素市场面临较高的信息搜寻成本。基于这一现实，政府部门应该加强对生产性资本投入产品的监管，并通过线上平台发布适合本区域农业生产的生产性资本投入品推荐名录，供有需求的农户进行选择。其次，中国产销分离的生产模式，使农户参与资本要素市场面临繁杂的交易环节，不仅抬高了生产性资本投入品的购买价格，也降低了交易效率。基于这一现实，政府部门应该依托信息化创新发展生产性资本投入要素市场的运行模式，推动线上市场与线下市场有机结合。一方面，政府部门应鼓励生产性资本投入品生产商与电商企业合作，带动线上生产性资本投入要素市场的发展，引导农户通过电商平台选购满足其需求的生产性资本投入品；另一方面，政府部门应深化普及乡村邮政和快递网点，依托信息化建立智慧物流配送中心。

8.2.2.4 关于依托信息化推进技术市场化的政策建议

本书关注的是要素稀缺诱致性技术，研究发现信息化提高了农户选择劳动密集型技术的可能性，这可能与当前要素配置结构的变迁趋势不相符。应该充分认识到在劳动力成本持续上升与生产人口老龄化持续加剧的背景下，这种促进效应可能是短期的。因此，政府部门应该重视建设以信息技术为平台的农机市场或者机械化服务市场的信息披露机制，降低农户参与农机市场与机械化服务市场的交易成本，并通过市场机制，促使农户选择劳动节约型技术。

8.2.3 依托信息化规避要素配置扭曲风险，提高农户生产效率

从研究结论来看，信息化直接促进了农户生产效率提升，却通过影响

要素配置遮掩了其对农户生产效率的部分正向影响效应，这说明虽然信息化提升了农户的生产要素配置水平，但仍然存在要素配置扭曲。基于这一现实，政府部门应该创新信息传导模式，通过建立点对面或点对点的信息供给体系，增强益农信息的时效性与辐射范围，引导农户进行科学决策，降低要素配置扭曲导致的效率损失。关于土地，政府部门应该充分认识"适度规模经营"的重要性与必然性，积极引导生产能力更强的农户租入土地。关于劳动，一方面应该寻求成立专业的社会化服务组织，提升雇工的生产业务能力；另一方面应该从实践中寻求有效的劳动力雇佣定价机制，降低道德风险导致的效率损失。关于资本，应该引导农户对资本要素投入适当减量，达到节本增效的效果。

8.3 研究的不足与未来研究展望

通过梳理既有的文献与相关理论，本书发现，研究"信息化如何影响农户生产决策与效率"这一问题存在两种思路：其一是基于新古典经济学理论，假设信息是充分且对称的，农户可以自由进入要素市场。在此情形下，将信息作为土地、劳动、资本与技术之外的生产要素内生于生产函数进行研究，探讨的是信息与其他要素的互动影响及其对产量的边际产出弹性。其二是基于新制度经济学与信息经济学理论，放松了新古典经济学关于"信息充分且对称"的假设条件，将信息化作为外生变量，分析信息情境变化如何影响生产决策与效率。鉴于我国目前农业农村信息化仍然处于初步发展阶段，信息化的影响更多地体现为影响农户的决策，因此，在行文过程中，本书选择按照新制度经济学与信息经济学理论的分析范式，将信息化作为外生变量，分别探讨了信息化对农户土地租赁、劳动力雇佣、生产性资本投入、要素稀缺诱致性技术选择决策以及生产效率的影响。

但上述研究仍然存在两个方面局限：一是关于信息化的测度方面。在研究过程中，本书采用主成分分析法与熵权法等客观赋值法确定信息技术接入、信息技术应用与信息素养提升的权重，可能存在一定偏差。二是关于信息化背景下农户参与要素市场交易成本的变化方面。在研究过程中，本书从交易成本视角将信息化变量引入理论模型，揭示了信息化对农户生产决策的影响机理，但受数据可得性限制，并没有分析信息化背景下农户参与要素市场交易成本的变化程度。

因此，有待进一步深入的研究包括三个方面：

第一，跟踪国内外关于信息化研究的前沿，结合我国农业农村信息化发展水平，论证信息化测评体系及其测评指标权重的科学性与准确性。

第二，跟踪国内外关于交易成本测度方法的研究前沿，选择合适的测评方法，有效测度农户参与要素市场的交易成本，并探讨不同信息化水平下农户参与要素市场交易成本的差异。

第三，随着我国农业农村信息化的发展，信息将成为土地、劳动、资本与技术之外促进农业生产的第五大要素。在此基础上，按照新古典经济学分析范式探讨信息化对农户生产决策与效率的影响，可能会成为重要的研究课题。

参考文献

[1] 毕茜, 陈赞迪, 彭珏. 农户亲环境农业技术选择行为的影响因素分析: 基于重庆336户农户的统计分析 [J]. 西南大学学报 (社会科学版), 2014, 40 (6): 44-49, 182.

[2] 蔡荣, 蔡书凯. 农业生产环节外包实证研究: 基于安徽省水稻主产区的调查 [J]. 农业技术经济, 2014 (4): 34-42.

[3] 蔡荣, 韩洪云. 交易成本对农户垂直协作方式选择的影响: 基于山东省苹果种植户的调查数据 [J]. 财贸经济, 2011 (7): 103-109.

[4] 曹慧, 赵凯. 耕地经营规模对农户亲环境行为的影响 [J]. 资源科学, 2019, 41 (4): 740-752.

[5] 曹峥林, 姜松, 王钊. 行为能力、交易成本与农户生产环节外包: 基于Logit回归与csQCA的双重验证 [J]. 农业技术经济, 2017 (3): 64-74.

[6] 曾雅婷, 吕亚荣, 刘文勇. 农地流转提升了粮食生产技术效率吗: 来自农户的视角 [J]. 农业技术经济, 2018 (3): 41-55.

[7] 茶洪旺, 左鹏飞. 中国区域信息化发展水平研究: 基于动态多指标评价体系实证分析 [J]. 财经科学, 2016 (9): 53-63.

[8] 常向阳, 姚华锋. 农业技术选择影响因素的实证分析 [J]. 中国农村经济, 2005 (10): 38-43, 58.

[9] 陈灿, 罗宣政, 忻展红, 等. 信息化促进农民增收的理论与实证分析 [J]. 北京邮电大学学报 (社会科学版), 2007 (12): 23-26.

[10] 陈浩, 王佳. 社会资本能促进土地流转吗: 基于中国家庭追踪调查的研究 [J]. 中南财经政法大学学报, 2016 (1): 21-29, 158-159.

[11] 陈铁, 孟令杰. 土地调整、地权稳定性与农户长期投资: 基于江苏省调查数据的实证分析 [J]. 农业经济问题, 2007 (10): 4-11, 110.

[12] 陈哲, 王明旭. 农村城镇化视阈下吉林省农民信息素质现状调查分析 [J]. 现代情报, 2013, 33 (12): 151-155.

[13] 程令国, 张晔, 刘志彪. 农地确权促进了中国农村土地的流转吗 [J]. 管理世界, 2016 (1): 88-98.

[14] 邓大才. 农地流转的交易成本与价格研究: 农地流转价格的决定因素分析 [J]. 财经问题研究, 2007 (9): 89-95.

[15] 丁建军, 赵奇钊. 农村信息贫困的成因与减贫对策: 以武陵山片区为例 [J]. 图书情报工作, 2014, 58 (2): 75-78, 108.

[16] 董鸿鹏. 辽宁省农业信息化水平测度及对农户行为的影响研究 [D]. 沈阳: 沈阳农业大学, 2013.

[17] 杜鑫. 劳动力转移、土地租赁与农业资本投入的联合决策分析 [J]. 中国农村经济, 2013 (10): 63-75.

[18] 方杰, 张敏强. 中介效应的点估计和区间估计: 乘积分布法、非参数 Bootstrap 和 MCMC 法 [J]. 心理学报, 2012, 44 (10): 1408-1420.

[19] 傅饶. 新农村建设中提升农民信息素的途径 [J]. 图书馆学研究, 2015 (16): 97-101.

[20] 高晶晶, 史清华. 农户生产性特征对农药施用的影响: 机制与证据 [J]. 中国农村经济, 2019 (11): 83-99.

[21] 高雪, 李谷成, 范丽霞, 等. 雨涝灾害对农户生产要素投入行为的影响: 基于湖北农村固定观察点数据的分析 [J]. 资源科学, 2017, 39 (9): 1765-1776.

[22] 高杨, 牛子恒. 风险厌恶、信息获取能力与农户绿色防控技术采纳行为分析 [J]. 中国农村经济, 2019 (8): 109-127.

[23] 高杨, 张笑, 陆姣, 等. 家庭农场绿色防控技术采纳行为研究 [J]. 资源科学, 2017, 39 (5): 934-944.

[24] 郜亮亮, 黄季焜, Rozelle Scott, 等. 中国农地流转市场的发展及其对农户投资的影响 [J]. 经济学 (季刊), 2011, 10 (4): 1499-1514.

[25] 郜亮亮, 黄季焜, 冀县卿. 村级流转管制对农地流转的影响及其变迁 [J]. 中国农村经济, 2014 (12): 18-29.

[26] 郜亮亮, 黄季焜. 不同类型流转农地与农户投资的关系分析 [J]. 中国农村经济, 2011 (4): 9-17.

[27] 郜亮亮, 冀县卿, 黄季焜. 中国农户农地使用权预期对农地长期投资的影响分析 [J]. 中国农村经济, 2013 (11): 24-33.

[28] 耿宇宁, 郑少锋, 陆迁. 经济激励、社会网络对农户绿色防控技术采纳行为的影响: 来自陕西猕猴桃主产区的证据 [J]. 华中农业大学学报 (社会科学版), 2017 (6): 59-69, 150.

[29] 龚振炜. 信息化对农民生活质量影响的随机对照实验研究 [D]. 北京: 北京邮电大学, 2014.

[30] 国家统计局统计科研所信息化统计评价研究组, 杨京英, 熊友达, 等. 信息化发展指数优化研究报告 [J]. 管理世界, 2011 (12): 1-11.

[31] 韩海彬, 张莉. 农业信息化对农业全要素生产率增长的门槛效应分析 [J]. 中国农村经济, 2015 (8): 11-21.

[32] 何静. 基于信息对称视角的农村土地流转效率分析 [J]. 山东社会科学, 2015 (5): 144-149.

[33] 侯建昀, 霍学喜. 交易成本与农户农产品销售渠道选择: 来自7省124村苹果种植户的经验证据 [J]. 山西财经大学学报, 2013, 35 (7): 56-64.

[34] 侯建昀, 霍学喜. 专业化农户农地流转行为的实证分析: 基于苹果种植户的微观证据 [J]. 南京农业大学学报 (社会科学版), 2016, 16 (2): 93-104, 155.

[35] 侯建昀, 霍学喜. 信息化能促进农户的市场参与吗: 来自中国苹果主产区的微观证据 [J]. 财经研究, 2017 (1): 134-144.

[36] 侯建昀, 刘军弟, 霍学喜. 专业化农户农地流转及其福利效应: 基于1 079个苹果种植户的实证分析 [J]. 农业技术经济, 2016 (3): 45-55.

[37] 侯建昀, 刘军弟. 交易成本对农户市场化行为的影响研究 [J]. 农业技术经济, 2014 (8): 25-36.

[38] 侯建昀. 专业化苹果种植户市场行为研究: 基于交易成本视角的理论和实证 [D]. 咸阳: 西北农林科技大学, 2017.

[39] 侯杰泰，温忠麟，成子娟. 结构方程模型及其应用 [M]. 北京：经济科学出版社，2004.

[40] 侯麟科，仇焕广，白军飞，等. 农户风险偏好对农业生产要素投入的影响：以农户玉米品种选择为例 [J]. 农业技术经济，2014 (5)：21-29.

[41] 胡新艳，洪炜杰，王梦婷，等. 中国农村三大要素市场发育的互动关联逻辑：基于农户多要素联合决策的分析 [J]. 中国人口·资源与环境，2017，27 (11)：61-68.

[42] 胡新艳，王梦婷，洪炜杰. 地权安全性的三个维度及其对农地流转的影响 [J]. 农业技术经济，2019 (11)：4-17.

[43] 胡雪枝，钟甫宁. 人口老龄化对种植业生产的影响：基于小麦和棉花作物分析 [J]. 农业经济问题，2013，34 (2)：36-43，110.

[44] 胡振通. 牧区雇工放牧行为及其影响因素研究 [J]. 干旱区资源与环境，2019，33 (4)：29-34.

[45] 黄晨鸣，朱臻. 雇工劳动对农户粮食生产技术效率的影响研究：基于三省水稻种植户的调查 [J]. 农业现代化研究，2018，39 (2)：229-238.

[46] 黄季焜，冀县卿. 农地使用权确权与农户对农地的长期投资 [J]. 管理世界，2012 (9)：76-81，99，187-188.

[47] 黄少安. 产权经济学导论 [M]. 济南：山东人民出版社，1995.

[48] 黄武，韩喜秋，朱国美. 花生种植户新品种采用的影响因素分析：以安徽省滁州市为例 [J]. 农业技术经济，2012 (12)：12-21.

[49] 黄祖辉，王建英，陈志钢. 非农就业、土地流转与土地细碎化对稻农技术效率的影响 [J]. 中国农村经济，2014 (11)：4-16.

[50] 黄祖辉，张静，KEVIN CHEN. 交易费用与农户契约选择：来自浙冀两省15县30个村梨农调查的经验证据 [J]. 管理世界，2008 (9)：76-81.

[51] 霍明，胡继连，邵宏宇. 社会信息化视角下农业生产技术效率的影响因素：基于省际面板数据的随机前沿分析 [J]. 中国流通经济，2015，29 (7)：48-53.

[52] 霍学喜，王静，朱玉春. 技术选择对苹果种植户生产收入变动的影响：以陕西洛川苹果种植户为例 [J]. 农业技术经济，2011 (6)：12-21.

[53] 冀县卿, 钱忠好, 葛轶凡. 交易费用、农地流转与新一轮农地制度改革: 基于苏、桂、鄂、黑四省区农户调查数据的分析 [J]. 江海学刊, 2015 (2): 83-89, 238.

[54] 贾代伟, 沈月琴, 朱臻, 等. 林业雇工劳动质量对农户营林技术效率的影响 [J]. 浙江农林大学学报, 2019, 36 (6): 1225-1232.

[55] 贾善刚. 农业信息化与农业经济发展 [J]. 农业经济问题, 1999 (2): 48-51.

[56] 江激宇, 张士云, 李博伟. 社会资本、流转契约与土地长期投资 [J]. 中国人口·资源与环境, 2018, 28 (3): 67-75.

[57] 姜健, 王绪龙, 周静. 信息能力对菜农施药行为转变的影响研究 [J]. 农业技术经济, 2016 (12): 43-53.

[58] 冷凤彩, 曹锦清. 互联网使用具有幸福效应吗?: 来自 "中国家庭追踪调查" 的分析 [J]. 广东财经大学学报, 2018, 33 (3): 4-12.

[59] 李谷成, 冯中朝, 范丽霞. 小农户真的更加具有效率吗?: 来自湖北省的经验证据 [J]. 经济学 (季刊), 2010, 9 (1): 95-124.

[60] 李江一, 李涵. 新型农村社会养老保险对老年人劳动参与的影响: 来自断点回归的经验证据 [J]. 经济学动态, 2017 (3): 62-73.

[61] 李孔岳. 农地专用性资产与交易的不确定性对农地流转交易费用的影响 [J]. 管理世界, 2009 (3): 92-98, 187-188.

[62] 李明德, 李天龙, 黄安. 西北四省农村居民信息意识现状分析 [J]. 西北农林科技大学学报 (社会科学版), 2016, 16 (1): 145-153.

[63] 李士梅, 尹希文. 中国农村劳动力转移对农业全要素生产率的影响分析 [J]. 农业技术经济, 2017 (9): 4-13.

[64] 李习文, 张玥, 张玉梅. 宁夏农民信息意识、信息需求、信息能力现状分析 [J]. 宁夏社会科学, 2008 (6): 71-75.

[65] 李想. 多重约束下的农户绿色生产技术采用行为分析 [J]. 统计与决策, 2019, 35 (14): 61-64.

[66] 李小云, 刘慧, 杨育凯. 干旱背景下农户生产要素投入行为研究: 以华北平原为例 [J]. 资源科学, 2015, 37 (11): 2261-2270.

[67] 李星光, 刘军弟, 霍学喜. 关系网络能促进土地流转吗: 以 1 050 户苹果种植户为例 [J]. 中国土地科学, 2016, 30 (12): 45-53.

[68] 李亚玲. 手机媒体与农村信息化分析 [J]. 传媒观察, 2008 (10): 24-25.

[69] 林善浪, 张作雄, 林玉妹. 家庭生命周期对农户土地规模经营的影响分析: 基于福建农村的调查数据 [J]. 财贸研究, 2011, 22 (4): 14-21.

[70] 林文声, 王志刚, 王美阳. 农地确权、要素配置与农业生产效率: 基于中国劳动力动态调查的实证分析 [J]. 中国农村经济, 2018 (8): 64-82.

[71] 林毅夫, 沈明高. 我国农业技术变迁的一般经验和政策含义 [J]. 经济社会体制比较, 1990 (2): 10-18.

[72] 林毅夫. 制度、技术与中国农业发展 [M]. 上海: 上海三联书店, 上海人民出版社, 2005: 121-207.

[73] 刘丽. 农民: 信息素养研究领域被忽视的群体: 对国内研究现状的思考 [J]. 情报科学, 2012, 30 (10): 1572-1578.

[74] 刘荣茂, 马林靖. 农户生产性投资行为的影响因素分析: 以南京市五县区为例的实证研究 [J]. 农业经济问题, 2006 (12): 22-26.

[75] 刘帅, 钟甫宁. 实际价格、粮食可获得性与农业生产决策: 基于农户模型的分析框架和实证检验 [J]. 农业经济问题, 2011, 32 (6): 15-20, 110.

[76] 刘卫柏, 郑爱民, 彭魏倬加, 等. 农村土地流转与劳动生产率变化: 基于 CIRS 调查数据的实证分析 [J]. 经济地理, 2017, 37 (12): 195-202.

[77] 刘亚洲, 钟甫宁, 王亚楠. 新农保对中国农村老年人劳动时间供给的影响 [J]. 人口与经济, 2016 (5): 114-126.

[78] 刘雁, 张春玲. 对农村信息贫困若干问题的思考 [J]. 河北大学学报 (哲学社会科学版), 2014 (2): 148-151.

[79] 刘颖, 南志标. 农地流转对农地与劳动力资源利用效率的影响: 基于甘肃省农户调查数据的实证研究 [J]. 自然资源学报, 2019, 34 (5): 957-974.

[80] 刘泽莹, 韩一军. 种麦农户行为选择: 来自价格、政策和非农就业的综合响应检验 [J]. 华中农业大学学报 (社会科学版), 2019 (4): 63-71, 172.

［81］刘铮，周静. 信息能力、环境风险感知与养殖户亲环境行为采纳：基于辽宁省肉鸡养殖户的实证检验［J］. 农业技术经济，2018（10）：135-144.

［82］刘宗明，李春琦. 劳动交易成本、选择性路径依赖与劳动就业动态［J］. 管理世界，2013（2）：18-31.

［83］柳凌韵，周宏. 正规金融约束、规模农地流入与农机长期投资：基于水稻种植规模农户的数据调查［J］. 农业经济问题，2017，38（9）：65-76.

［84］卢秀茹，王健，高贺梅. 提高我国农民信息素养教育水平的对策研究［J］. 高等农业教育，2004（12）：87-89.

［85］路剑，李小北. 关于农户信息化问题的思考［J］. 农业经济问题，2005（5）：53-56.

［86］罗必良，李尚蒲. 农地流转的交易费用：威廉姆森分析范式及广东的证据［J］. 农业经济问题，2010，31（12）：30-40，110-111.

［87］罗胜强，姜嬿. 管理学问卷调查研究方法［M］. 重庆：重庆大学出版社，2014.

［88］罗小锋，秦军. 农户对新品种和无公害生产技术的采用及其影响因素比较［J］. 统计研究，2010，27（8）：90-95.

［89］吕东辉，徐彩芬，张郁. 价格波动对黑龙江省种植结构影响的模拟分析［J］. 农业技术经济，2019（12）：96-106.

［90］吕开宇，俞冰心，邢鹂. 新阶段的粮农生产决策行为分析：粮价上涨对非贫困和贫困种植户的影响［J］. 中国农村经济，2013（9）：31-43.

［91］马海群. 论信息素养教育［J］. 中国图书馆学报，1997，23（2）：84-87.

［92］马贤磊，仇童伟，钱忠好. 农地产权安全性与农地流转市场的农户参与：基于江苏、湖北、广西、黑龙江四省（区）调查数据的实证分析［J］. 中国农村经济，2015（2）：22-37.

［93］冒佩华，徐骥，贺小丹，等. 农地经营权流转与农民劳动生产率提高：理论与实证［J］. 经济研究，2015，50（11）：161-176.

［94］梅方权. 农业信息化带动农业现代化的战略分析［J］. 中国农村经济，2001（12）：22-26.

[95] 苗珊珊, 陆迁. 粮农生产决策行为的影响因素: 价格抑或收益 [J]. 改革, 2013 (9): 26-32.

[96] 倪炳明. 关于农业机械价格的确定 [J]. 粮油加工与食品机械, 1982 (11): 28-30.

[97] 宁泽逵. 信息化对集中连片特困区农户可持续生计的影响 [J]. 西北农林科技大学学报 (社会科学版), 2017, 17 (2): 123-133.

[98] 欧沙, 成思婕, 罗晓霞, 等. 湖南省 "五化" 协同发展评价及对策 [J]. 经济地理, 2019, 39 (8): 44-50, 58.

[99] 咸焦耳, 郭贯成, 陈永生. 农地流转对农业生产效率的影响研究: 基于 DEA-Tobit 模型的分析 [J]. 资源科学, 2015, 37 (9): 1816-1824.

[100] 钱龙, 洪名勇. 非农就业、土地流转与农业生产效率变化: 基于 CFPS 的实证分析 [J]. 中国农村经济, 2016 (12): 2-16.

[101] 钱龙. 非农就业、农地流转与农户农业生产变化 [D]. 杭州: 浙江大学, 2017.

[102] 钱忠好. 农地承包经营权市场流转: 理论与实证分析: 基于农户层面的经济分析 [J]. 经济研究, 2003 (2): 83-91, 94.

[103] 钱忠好. 非农就业是否必然导致农地流转: 基于家庭内部分工的理论分析及其对中国农户兼业化的解释 [J]. 中国农村经济, 2008 (10): 13-21.

[104] 乔丹, 陆迁, 徐涛. 社会网络、信息获取与农户节水灌溉技术采用: 以甘肃省民勤县为例 [J]. 南京农业大学学报 (社会科学版), 2017, 17 (4): 147-155, 160.

[105] 卿石松, 郑加梅. 工作让生活更美好: 就业质量视角下的幸福感研究 [J]. 财贸经济, 2016 (4): 134-148.

[106] 屈小博, 霍学喜. 交易成本对农户农产品销售行为的影响: 基于陕西省 6 个县 27 个村果农调查数据的分析 [J]. 中国农村经济, 2007 (8): 35-46.

[107] 曲朦, 赵凯, 周升强. 耕地流转对小麦生产效率的影响: 基于农户生计分化的调节效应分析 [J]. 资源科学, 2019, 41 (10): 1911-1922.

[108] 任守云, 叶敬忠. 市场化背景下李村的换工与雇工现象分析: 兼与禄村之比较 [J]. 中国农村经济, 2011 (6): 72-81.

[109] 阮荣平, 周佩, 郑风田. "互联网+" 背景下的新型农业经营主体信息化发展状况及对策建议: 基于全国 1 394 个新型农业经营主体调查数据 [J]. 管理世界, 2017 (7): 50-64.

[110] 石冬梅, 王健, 许月明, 等. 农村土地流转主体的成本—收益分析 [J]. 广东农业科学, 2013, 40 (3): 211-213.

[111] 石弘华, 杨英. 雇工自营制与农户行为效率分析: 以湖南省邵阳地区为例 [J]. 中国农村经济, 2005 (8): 17-20.

[112] 宋金田, 祁春节. 交易成本对农户农产品销售方式选择的影响: 基于对柑橘种植农户的调查 [J]. 中国农村观察, 2011 (5): 33-44.

[113] 宋雨河, 武拉平. 价格对农户蔬菜种植决策的影响: 基于山东省蔬菜种植户供给反应的实证分析 [J]. 中国农业大学学报 (社会科学版), 2014, 31 (2): 136-142.

[114] 苏荟. 资源禀赋对农业技术诱致性选择研究: 以兵团棉花滴灌技术为例 [J]. 科研管理, 2013, 34 (2): 145-151.

[115] 苏小松, 何广文. 农户社会资本对农业生产效率的影响分析: 基于山东省高青县的农户调查数据 [J]. 农业技术经济, 2013 (10): 64-72.

[116] 速水佑次郎, 拉坦. 农业发展的国际分析 [M]. 郭熙宝, 等译. 北京: 中国社会科学出版社, 2000.

[117] 孙贵珍, 王栓军, 李亚青. 用 AHP 和 FCE 方法评价河北省农村信息贫困 [J]. 农机化研究, 2010, 32 (8): 43-46.

[118] 孙贵珍, 王栓军. 基于农村信息贫困的河北农民信息素养调查分析 [J]. 中国农学通报, 2009 (24): 588-591.

[119] 孙杰, 苗振龙, 陈修颖. 中国信息化鸿沟对区域收入差异的影响 [J]. 经济地理, 2019, 39 (12): 31-38.

[120] 唐博文, 罗小锋, 秦军. 农户采用不同属性技术的影响因素分析: 基于 9 省 (区) 2 110 户农户的调查 [J]. 中国农村经济, 2010 (6): 49-57.

[121] 田传浩, 贾生华. 农地制度、地权稳定性与农地使用权市场发育: 理论与来自苏浙鲁的经验 [J]. 经济研究, 2004 (1): 112-119.

[122] 王艾敏. 中国农村信息化存在 "生产率悖论" 吗: 基于门槛面板回归模型的检验 [J]. 中国软科学, 2015 (7): 42-51.

[123] 王吉庆. 从计算机文化到信息素养：计算机教育观念的发展 [J]. 外国教育资料，1998（6）：32-35，52.

[124] 王静，霍学喜. 果园精细管理技术的联立选择行为及其影响因素分析：以陕西洛川苹果种植户为例 [J]. 南京农业大学学报（社会科学版），2012，12（2）：58-67.

[125] 王静，霍学喜. 交易成本对农户要素稀缺诱致性技术选择行为影响分析：基于全国七个苹果主产省的调查数据 [J]. 中国农村经济，2014（2）：20-32.

[126] 王全忠，周宏. 劳动力要素禀赋、规模经营与农户机械技术选择：来自水稻机插秧技术的实证解释 [J]. 南京农业大学学报（社会科学版），2019，19（3）：125-137，159-160.

[127] 王世尧，王树进. 中国省区蔬菜种植面积变化中农户决策行为因素的实证分析 [J]. 经济地理，2013，33（9）：128-134.

[128] 王绪龙，周静. 信息能力、认知与菜农使用农药行为转变：基于山东省菜农数据的实证检验 [J]. 农业技术经济，2016（5）：22-31.

[129] 王颜齐，毕欣宁，李玉琴. 土地规模化流转背景下农业雇工受雇现状及问题分析 [J]. 农业经济与管理，2017（6）：36-42.

[130] 王颜齐，郭翔宇. 农地规模化流转背景下的农业雇佣生产合约：理论模型及实证分析 [J]. 中国农村观察，2011（4）：65-76，97.

[131] 王颜齐，郭翔宇. 种植户农业雇佣生产行为选择及其影响效应分析：基于黑龙江和内蒙古大豆种植户的面板数据 [J]. 中国农村经济，2018（4）：106-120.

[132] 温忠麟，叶宝娟. 中介效应分析：方法和模型发展 [J]. 心理科学进展，2014，22（5）：731-745.

[133] 吴玲，张福磊. 精准扶贫背景下农村数字化贫困及其治理 [J]. 当代世界社会主义问题，2018（2）：28-35.

[134] 吴鸾莺，李力行，姚洋. 农业税费改革对土地流转的影响：基于状态转换模型的理论和实证分析 [J]. 中国农村经济，2014（7）：48-60.

[135] 吴明隆. 结构方程模型：AMOS 的操作与应用 [M]. 2版. 重庆：重庆大学出版社，2010.

[136] 吴清华，周晓时，李俊鹏. 非农经营收入与家庭农业劳动供给：基于家庭农场调查数据的实证分析 [J]. 华中农业大学学报（社会科学版），2019（3）：61-70，161.

[137] 吴优丽，钟涨宝，王薇薇. 秉赋差异与农民信息素质的实证分析：基于323份调查样本 [J]. 农业技术经济，2014（3）：57-64.

[138] 向云，祁春节，胡晓雨. 老龄化、兼业化、女性化对家庭生产要素投入的影响：基于全国农村固定观察点数据的实证分析 [J]. 统计与信息论坛，2018，33（4）：109-115.

[139] 辛洪芹，吴青林，曹冰凌. 新农村建设中农民信息素质教育的思考 [J]. 科技广场，2007（10）：61-63.

[140] 辛岭，蒋和平. 农村劳动力非农就业的影响因素分析：基于四川省1 006个农村劳动力的调查 [J]. 农业技术经济，2009（6）：19-25.

[141] 许朗，刘金金. 农户节水灌溉技术选择行为的影响因素分析：基于山东省蒙阴县的调查数据 [J]. 中国农村观察，2013（6）：45-51.

[142] 许庆，章元. 土地调整、地权稳定性与农民长期投资激励 [J]. 经济研究，2005（10）：59-69.

[143] 许竹青，陈洁. 手机使用对我国养鱼户收入和销售价格的影响的实证研究：基于内蒙古和安徽两地的300份调研数据 [J]. 兰州学刊，2012（1）：89-94.

[144] 许竹青，郑风田，陈洁. "数字鸿沟"还是"信息红利"？信息的有效供给与农民的销售价格：一个微观角度的实证研究 [J]. 经济学（季刊），2013（7）：1513-1536.

[145] 薛宝飞，郑少锋. 农产品质量安全视阈下农户生产技术选择行为研究：以陕西省猕猴桃种植户为例 [J]. 西北农林科技大学学报（社会科学版），2019，19（1）：104-110.

[146] 薛超，周宏. 劳动力禀赋变化与生产条件差异下的农业技术选择：以中国水稻机插秧技术推广应用为例 [J]. 重庆大学学报（社会科学版），2019，25（6）：36-49.

[147] 薛艳，郭淑静，徐志刚. 经济效益、风险态度与农户转基因作物种植意愿：对中国五省723户农户的实地调查 [J]. 南京农业大学学报（社会科学版），2014，14（4）：25-31.

[148] 严亮. 信息化对农户行为的影响研究：以河南为例 [D]. 郑州：河南大学，2007.

[149] 杨芳，张应良，刘魏. 社会网络、土地规模与农户生产性投资 [J]. 改革，2019（1）：97-108.

[150] 杨芳. 社会网络对农户生产决策的影响研究 [D]. 重庆：西南大学，2019.

[151] 杨柠泽，周静，马丽霞，等. 信息获取媒介对农村居民生计选择的影响研究：基于CGSS2013调查数据的实证分析 [J]. 农业技术经济，2018（5）：52-65.

[152] 杨志海. 老龄化、社会网络与农户绿色生产技术采纳行为：来自长江流域六省农户数据的验证 [J]. 中国农村观察，2018（4）：44-58.

[153] 姚文，祁春节. 交易成本对中国农户鲜茶叶交易中垂直协作模式选择意愿的影响：基于9省（区、市）29县1 394户农户调查数据的分析 [J]. 中国农村经济，2011（2）：52-66.

[154] 姚洋. 土地、制度和农业发展 [M]. 北京：北京大学出版社，2004.

[155] 易小燕，陈印军. 农户转入耕地及其"非粮化"种植行为与规模的影响因素分析：基于浙江、河北两省的农户调查数据 [J]. 中国农村观察，2010（6）：2-10，21.

[156] 尹志超. 河北省农民信息素质研究 [D]. 保定：河北农业大学，2011.

[157] 应瑞瑶，何在中，周南，等. 农地确权、产权状态与农业长期投资：基于新一轮确权改革的再检验 [J]. 中国农村观察，2018（3）：110-127.

[158] 于淑敏，朱玉春. 农业信息化水平的测度及其与农业全要素生产率的关系 [J]. 山东农业大学学报（社会科学版），2011，13（3）：31-36.

[159] 余姣萍，许阳奎，段尧清. 我国中部地区农民信息素养调查分析及对策研究：基于湖北省部分地区调查数据的分析 [J]. 图书情报知识，2007，119（9）：46-49.

[160] 苑春荟，龚振炜，陈文晶，等. 农民信息素养质量表编制及其信效度检验 [J]. 情报科学，2014，32（2）：26-30.

［161］张成玉. 土地经营适度规模的确定研究：以河南省为例［J］. 农业经济问题，2015，36（11）：57-63，111.

［162］张驰，张崇尚，仇焕广，等. 农业保险参保行为对农户投入的影响：以有机肥投入为例［J］. 农业技术经济，2017（6）：79-87.

［163］张聪颖，畅倩，霍学喜. 适度规模经营能够降低农产品生产成本吗：基于陕西 661 个苹果户的实证检验［J］. 农业技术经济，2018（10）：26-35.

［164］张聪颖，霍学喜. 劳动力转移对农户测土配方施肥技术选择的影响［J］. 华中农业大学学报（社会科学版），2018（3）：65-72，155.

［165］张建，诸培新，南光耀. 不同类型农地流转对农户农业生产长期投资影响研究：以江苏省四县为例［J］. 南京农业大学学报（社会科学版），2019，19（3）：96-104，158-159.

［166］张强强，霍学喜，刘军弟. 苹果种植户生产环节外包行为研究：基于陕、甘、鲁三省 960 户调查数据［J］. 华中农业大学学报（社会科学版），2018（2）：28-36，155.

［167］张强强，闫贝贝，霍学喜，等. 苹果种植户生产环节外包行为研究：基于 Heckman 样本选择模型的实证分析［J］. 干旱区资源与环境，2019，33（1）：72-76.

［168］张森，徐志刚，仇焕广. 市场信息不对称条件下的农户种子新品种选择行为研究［J］. 世界经济文汇，2012（4）：74-89.

［169］张社梅，李冬梅. 农业供给侧结构性改革的内在逻辑及推进路径［J］. 农业经济问题，2017（8）：59-65.

［170］张文彤. SPSS11 统计分析教程（高级篇）［M］. 北京：希望电子出版社，2002：430.

［171］张溪. 契约选择与农村土地经营权流转模式的创新研究：基于交易成本和农户选择的视角［D］. 济南：山东大学，2017.

［172］张兴旺，孟丽，杜绍明，等. 关于信息化影响农业市场化问题研究［J］. 农业经济问题，2019（4）：39-45.

［173］张月琴，张小倩，杨峰. 民族村落信息贫困形成机理研究：以四川凉山州彝族村落为例［J］. 图书馆论坛，2018，38（8）：40-46.

［174］张哲晰，穆月英，侯玲玲. 参加农业保险能优化要素配置吗？：农户投保行为内生化的生产效应分析［J］. 中国农村经济，2018（10）：53-70.

[175] 张宗毅, 杜志雄. 土地流转一定会导致"非粮化"吗: 基于全国 1 740 个种植业家庭农场监测数据的实证分析 [J]. 经济学动态, 2015 (9): 63-69.

[176] 赵昕, 茶洪旺. 信息化发展水平与产业结构变迁的相关性分析 [J]. 中国人口·资源与环境, 2015, 25 (7): 84-88.

[177] 郑素侠. 反贫困语境下农村地区的信息贫困: 致贫机理与信息援助对策 [J]. 郑州大学学报 (哲学社会科学版), 2018, 51 (2): 154-157.

[178] 郑旭媛, 徐志刚. 资源禀赋约束、要素替代与诱致性技术变迁: 以中国粮食生产的机械化为例 [J]. 经济学 (季刊), 2017, 16 (1): 45-66.

[179] 周广肃, 孙浦阳. 互联网使用是否提高了居民的幸福感: 基于家庭微观数据的验证 [J]. 南开经济研究, 2017 (3): 18-33.

[180] 周向红. 从数字鸿沟到数字贫困: 基本概念和研究框架 [J]. 学海, 2016 (4): 154-157.

[181] 周洋, 华语音. 互联网与农村家庭创业: 基于 CFPS 的实证分析 [J]. 农业技术经济, 2017 (5): 111-119.

[182] 周云波, 曹荣荣. 新农保对农村中老年人劳动供给行为的影响: 基于 PSM-DID 方法的研究 [J]. 人口与经济, 2017 (5): 95-107.

[183] 朱萌, 齐振宏, 罗丽娜, 等. 基于 Probit-ISM 模型的稻农农业技术采用影响因素分析: 以湖北省 320 户稻农为例 [J]. 数理统计与管理, 2016, 35 (1): 11-23.

[184] 朱萌, 齐振宏, 邬兰娅, 等. 新型农业经营主体农业技术需求影响因素的实证分析: 以江苏省南部 395 户种稻大户为例 [J]. 中国农村观察, 2015 (1): 30-38, 93-94.

[185] 朱秋博, 白军飞, 彭超, 等. 信息化提升了农业生产率吗? [J]. 中国农村经济, 2019 (4): 22-40.

[186] 庄道元, 卓翔之, 黄海平, 等. 农户小麦补贴品种选择行为的影响因素分析 [J]. 西北农林科技大学学报 (社会科学版), 2013, 13 (3): 81-86.

[187] 邹朝晖, 宋戈, 陈藜藜. 黑龙江省粮食主产区土地流转对土地生产率影响效果的实证研究 [J]. 经济地理, 2017, 37 (4): 176-181.

［188］ A K M EAMIN ALI AKANDA, MD ROKNUZZAMAN. Agricultural information literacy of farmers in the northern region of bangladesh ［J］. Information and Knowledge Management, 2012, 2（6）: 1-11.

［189］ ABDUL SALAM Y, PHIMISTER E. Efficiency effects of access to information on small-scale agriculture: Empirical evidence from Uganda using stochastic frontier and IRT models ［J］. Journal of Agricultural Economics, 2017, 68（2）: 494-517.

［190］ ADITYA R KHANAL, ASHOK K MISHRA. Financial performance of small farm business households: the role of internet ［J］. China Agricultural Economic Review, 2016, 8（4）: 553-571.

［191］ AIGNER J, CHU S F. On estimating the industry production function ［J］. American Economic Review, 1968（13）: 568-598.

［192］ AKER J C, I GHOSH, J BURRELL. The promise (and pitfalls) of ICT for agriculture initiatives ［J］. Agricultural Economics, 2016, 47（S1）: 35-48.

［193］ AKER J C. Does digital divide or provide? the impact of cell phones on grain markets in Niger ［D］. Berkeley: University of California, 2008.

［194］ AKERLOF G A. The market for "lemons": quality uncertainty and the market mechanism ［J］. The Quarterly Journal of Economics, 1970, 84（3）: 488-50.

［195］ ALENE A D, MANYONG V M, OMANYA G, et al. Smallholder market participation under transactions costs: Maize supply and fertilizer demand in Kenya ［J］. Food Policy, 2008, 33（4）: 318-328.

［196］ AMERICAN LIBRARY ASSOCIATION. Information literacy: presidential committee final report ［R］ // Information for a New Age: Redefining the Librarian. Englewood, Colorado: Libraries Unlimited, 1995.

［197］ AVLONITIS G J, KARAYANNI D A. The impact of internet use on business-to-business marketing: examples from American and European companies ［J］. Industrial Marketing Management, 2000, 29（5）: 441-459.

［198］ BAREFOOT B. Bridging the chasm: first-year students and the library ［J］. Chronicle of Higher Education, 2006, 52（20）: B16.

［199］ BARON R M, KENNY D A. The moderator-mediator variable distinction in social psychological research: conceptual, strategic, and statistical considerations〔J〕. Journal of Personality & Social Psychology, 1986, 51（6）: 1173-1182.

　　〔200〕 BARRETT C B. Smallholder market participation: Concepts and evidence from eastern and southern Africa〔J〕. Food Policy, 2008, 33（4）: 299-317.

　　〔201〕 BENJAMIN C, A KIMHI. Farm work, off-farm work, and hired farm labour: estimating a discrete-choice model of french farm couples' labour decisions〔J〕. Social Science Electronic Publishing, 2006, 33（2）: 149-171.

　　〔202〕 BRUCE C, EDWARDS S, LUPTON M. Six Frames for information literacy education: a conceptual framework for interpreting the relationships between theory and practice〔J〕. ITALICS, 2006, 5（1）: 1-18.

　　〔203〕 BUSINDELI, INNOCENT MATHIAS. Communication media preferences by rural communities for acquisition of agricultural information in Mvomero and Kilosa Districts, Morogoro, Tanzania〔EB/OL〕. http://hdl. handle. net/123456789/93288.

　　〔204〕 CAI-FANG WANG. Research in cultivation of farmer's information literacy in information age〔C/OL〕. 2016 International Conference on Service Science, Technology and Engineering（SSTE 2016）, 2016. https://scholar.archive. org/work/cmhy4sfwgrdnbovoodmnaovg5y/access/wayback/http://dpi-proceedings.com/index.php/dtetr/article/download/6485/6081.

　　〔205〕 CARLETTO C, SAVASTANO S, ZEZZA A. Fact or artifact: the impact of measurement errors on the farm size-productivity relationship〔J〕. Journal of Development Economics, 2013（103）: 254-261.

　　〔206〕 CATTS R, LAU J. Towards information literacy indicators〔EB/OL〕. http://hdl.handle.net/1893/2119.

　　〔207〕 CHANG H, JUST D R. Internet access and farm household income: empirical evidence using semi-parametric assessment in Taiwan〔J〕. Journal of Agricultural Economics, 2009, 60（2）: 348-366.

　　〔208〕 CHARLES C, KRUSEKOPF. Diversity in land-tenure arrangements under the household responsibility system in China〔J〕. China Economic Review, 2002, 13（2-3）: 297-312.

　　〔209〕 CHARNES A, COOPER W W, RHODES E. Measuring the efficiency of decision making units [J]. European Journal of Operational Research, 1978 (2): 429-444.

[210] CHOWDHURY S K. Access to a telephone and factor market participation of rural households in Bangladesh [J]. Journal of Agricultural Economics, 2006, 57 (3): 563-576.

[211] CHURCHILL G A JR. A paradigm for developing better measures of marketing constructs [J]. Journal of Marketing Research, 1979, 16 (1): 64-73.

[212] CONNELL T H, FRANKLIN C. The Internet: Educational Issues (Libraries and the Internet: Education, Practice and Policy) [J]. Library Trends, 1994, 42 (4): 608-625.

[213] CONNING JONATHAN H, ROBINSON JAMES A. Property rights and the political organization of agriculture [J]. Journal of Development Economics, 2007, 82 (2): 416-447.

[214] DANIEL HOUGHTON. Cell phones and cattle: The impact of mobile telephony on agricultural productivity in developing nations [R]. Durham, North Carolina: Duke University, 2009.

[215] DEININGER K W, JIN S, YADAV V, et al. Complete the incompleteness of land reform: household level evidence from west bengal [C/OL] // 2011 Annual Meeting, July 24-26, 2011, Pittsburgh, Pennsylvania. Agricultural and Applied Economics Association, 2011. https://dukespace.lib.duke.edu/server/api/core/bitstreams/fd24f9dc-9baa-4a42-9dee-62b59a0ab89a/content.

[216] DEININGER K, JIN S. The potential of land rental markets in the process of economic development: evidence from China [J]. Journal of Development Economics, 2005, 78 (1): 241-270.

[217] DONG ZHOU, BENQIAN LI. How the new media impacts rural development in China: an empirical study [J]. China Agricultural Economic Review, 2017, 9 (2): 238-354.

[218] DUPRAZ P, L LATRUFFE, J KYDD. Trends in family labour, hired labour and contract work on french field crop farms: the role of the common agricultural policy [J]. Food Policy, 2015 (51): 104-118.

[219] EDWARD OLALE, JOHN A L CRANFIELD . The role of income diversification, transaction cost and production risk in fertilizer market participa-

tion [EB/OL]. http://purl.umn.edu/49929.

[220] EISENBERG M, BERKOWITZ R. Information problem – solving: The big six skills approach to library and information skills instruction [M]. Norwood, NJ: Ablex, 1990.

[221] FIRPO S, N M FORTIN, T LEMIEUX. Unconditional quantile regressions [J]. Econometrica, 2009, 77 (3): 953-973.

[222] FORNELL C, LARCKER D F. Evaluating structural equation models with unobservable variables and measurement error [J]. Journal of Marketing Research, 1981, 18 (1): 39-50.

[223] FRITZ M S, MACKINNON D P. Required sample size to detect the mediated effect [J]. Psychological Science, 2007 (18): 233-239.

[224] GETAW TADESSE, GODFREY BAHIIGWA. Mobile phones and farmers' marketing decisions in Ethiopia [J]. World Development, 2015 (68): 296-307.

[225] GGOMBE KASIM MUNYEGERA, TOMOYA MATSUMOTO. Mobile money, remittances and rural household welfare: panel evidence from Uganda [R]. GRIPS Discussion Paper, 2014: 1-40.

[226] GLOY B A, AKRIDGE J T. Computer and internet adoption in large US farms [J]. International Food and Agribusiness Management Review, 2000, 3 (3): 323-338.

[227] HARUNA AHMAD SEKABIRA. Mobile phone technologies and their impacts on household welfare and rural development in Uganda [D]. Göttingen, Germany: Georg August University, 2017.

[228] HAYAMI Y, RUTTAN V W. Agricultural development: An international perspective [J]. American Journal of Agricultural Economics, 1985, 33 (2): 123-141 (19).

[229] HAYAMI Y, RUTTAN V W. Agricultural productivity differences among countries [J]. American Economic Review, 1970, 60 (5): 895-911.

[230] HAYES A F, SCHARKOW M. The relative trustworthiness of inferential tests of the indirect effect in statistical mediation analysis: Does method really matter? [M]. Psychological Science, 2013 (24): 1918-1927.

[231] HENNINGSEN G, HENNINGSEN A, HENNING C H C A. Transaction costs and social networks in productivity measurement [J]. Empirical

Economics, 2015, 48 (1): 493-515.

[232] HORTON F W. Understanding information literacy: A primer [EB/OL]. https://eduq.info/xmlui/bitstream/handle/11515/17980/157020e.pdf? seq.

[233] HUANG J, GAO L, ROZELLE S. The effect of off-farm employment on the decisions of households to rent out and rent in cultivated land in China [J]. China Agricultural Economic Review, 2012, 4 (1): 5-17.

[234] HUGHES S, SHAPIRO J. Information literacy as a liberal art [J/OL]. Educom Review, 1996, 31 (2). https://wikis.evergreen.edu/selfstudy/images/6/67/Educom_review.pdf.

[235] HULTEN C R, E BENNATHAN, S SRINIVASAN. Infrastructure, externalities, and economic development: a study of the indian manufacturing industry [J]. World Bank Economic Review, 2006, 20 (2): 291-308.

[236] JENNY C AKER, CHRISTOPHER KSOLL. Can mobile phones improve agricultural outcomes? Evidence from a randomized experiment in Niger [J]. Food Policy, 2016 (60): 44-51.

[237] JENNY C AKER. Mobile phones and economic development in Africa [J]. The Journal of Economic Perspectives, 2010, 24 (3): 207-232.

[238] KEY N, SADOULET E, DE JANVRY A. Transactions costs and agricultural household supply response [J]. American Journal of Agricultural Economics, 2000, 82 (2): 245-259.

[239] KIIZA B, PEDERSON G, LWASA S. The role of market information in adoption of agricultural seed technology in rural Uganda [J]. International Journal of ICT Research and Development in Africa, 2011, 2 (1): 30-47.

[240] KIKULWE E M, FISCHER E, QAIM M. Mobile money, smallholder farmers, and household welfare in Kenya [J]. PLoS ONE, 2014, 9 (10): 1-13.

[241] KLOSS M, PETRICK M. The productivity of family and hired labor in EU arable farming: paper prepared for 2014 international congress [J]. European Association of Agricultural Economists, August, 2014: 26-29.

[242] LIN J Y. Public research resource allocation in Chinese agriculture: a test of induced technological innovation hypotheses [J]. Economic

Development and Cultural Change, 1991, 40 (1) : 55-73.

[243] LIO M, LIU M. ICT and agricultural productivity: evidence from cross – country data [J]. Journal of Agricultural Economics, 2006 (34): 221-228.

[244] LIU Q, SHUMWAY C R. Geographic aggregation and induced innovation in American agriculture [J]. Applied Economics, 2006, 38 (6): 671-682.

[245] LUH Y, JIANG W, CHIEN Y. Adoption of genetically–modified seeds in Taiwan: the role of information acquisition and knowledge accumulation [J]. China Agricultural Economic Review, 2014, 6 (4): 11-21.

[246] MACKINNON D P, WARSI G, DWYER J H. A simulation study of mediated effect measures [J]. Multivariate Behavioral Research, 1995 (30): 41-62.

[247] MCCALL J J. Economics of information and job search [J]. Quarterly Journal of Economics, 1970 (84): 113-126.

[248] MEGUMI MUTO, TAKASHI YAMANO. The impact of mobile phone coverage expansion on market participation: panel data evidence from Uganda [J]. World development, 2009, 37 (12): 1887-1896.

[249] MONCHI LIO, MENG-CHUN LIU. ICT and agricultural productivity: evidence from cross – country data [J]. Agricultural Economics, 2006 (34): 221-228.

[250] OGUTU S O, J J OKELLO, D J OTIENO. Impact of information and communication technology–based market information services on smallholder farm input use and productivity: the case of Kenya [J]. World Development, 2014, 64 (64): 311-321.

[251] OKELLO J J, KIRUI O K, NJIRAINI G W, et al. Drivers of use of information and communication technologies by farm households: The case of smallholder farmers in Kenya [J]. Journal of Agricultural Science, 2012, 4 (2): 111-124.

[252] OKELLO J J, NDIRANGU L K. Does the environment in which ICT based market information services projects operate affect their performance? Experiences from Kenya [M]. Cape Town, South Africa: AAEA/AEASA Conference, 2010: 19-23.

［253］ QUIGGIN J C, KARAGIANNIS G, STANTON J. Crop insurance and crop production: an empirical study of moral hazard and adverse selection ［J］. Australian Journal of Agricultural Economics, 1993, 37 (2): 935-949.

［254］ ROODMAN D. Fitting fully observed recursive mixed-process model with CMP ［J］. The Stata Journal, 2011, 29 (2): 159-206.

［255］ SADOULET E, DE JANVRY A. Quantitative development policy analysis ［M］. Baltimore: Johns Hopkins University Press, 1995.

［256］ SANJAYA DESILVA, ROBERT E EVENSON, AYAL KIMHI. Labor supervision and institutional conditions: evidence from bicol rice farms ［J］. American Journal of Agricultural Economics, 2006, 88 (4): 851-865.

［257］ SCONUL. Information skills in higher education: Briefing paper ［R/OL］. http://www.sconul.ac.uk/groups/information_literacy/papers/Seven_pillars2.pdf.

［258］ SEKABIRA H, M QAIM. Mobile money, agricultural marketing, and off-farm income in Uganda ［R］. Global Food Discussion Paper 82, University of Göttingen, 2016.

［259］ SONGQING JIN, KLAUS DEININGER. Land rental markets in the process of rural structural transformation: Productivity and equity impacts from China ［J］. Journal of Comparative Economics, 2009, 37 (4): 629-646.

［260］ STEENEVELD W, H HOGEVEEN, A G J M O LANSINK. Economic consequences of investing in sensor systems on dairy farms ［J］. Computers and Electronics in Agriculture, 2015 (119): 33-39.

［261］ STIGLER G J. The economics of information ［J］. Journal Political Economy, 1961, 69 (3): 213-225.

［262］ SUNDIN O. Negotiations on information-seeking expertise: a study of web-based tutorials for information literacy ［J］. Journal of Documentation, 2008, 64 (1): 24-44.

［263］ SVENSSON J, YANAGIZAWA D. Getting prices right: the impact of the market information service in Uganda ［J］. Journal of the European Economic Association, 2009, 7 (2-3): 435-445.

［264］ SYLVESTER O OGUTUA, JULIUS J OKELLOA, DAVID J OTIENO. Impact of information and communication technology-based market information services on smallholder farm input use and productivity: The case of

Kenya [J]. World Development, 2014 (64): 311-321.

[265] TAYLOR J EDWARD, LOPEZ-FELDMAN, ALEJANDRO. Does migration make rural households more productive? evidence from Mexico [J]. Journal of Development Studies, 2010, 46 (1): 68-90.

[266] WANGLIN MA, CHUNBO MA, YE SU, et al. Organic farming: does acquisition of the farming information influence Chinese apple farmers' willingness to adopt? [J]. China Agricultural Economic Review, 2017, 9 (2): 211-224.

[267] WATHMANEL SENEVIRATHNE, MOHAMED MAJEED MASHROOFA. Influence of information literacy skills in accessing agricultural information: with special reference to paddy farmers of Ampara district, Sri Lanka [C/OL]. Paper presented at: IFLA WLIC 2014 - Lyon - Libraries, Citizens, Societies: Confluence for Knowledge in Session 140 - Agricultural Libraries Special Interest Group. https://library.ifla.org/id/eprint/1003.

[268] WINTER-NELSON A, TEMU A. Institutional adjustment and transaction costs: product and inputs markets in the Tanzanian coffee system [J]. World Development, 2002, 30 (4): 561-574.

[269] YAO Y. The development of the land lease markets in rural China [J]. Land Economics, 2000, 76 (2): 252-266.

[270] YIR-HUEIH LUH, WUN-JI JIANG, YU-NING CHIEN. Adoption of genetically-modified seeds in Taiwan: The role of information acquisition and knowledge accumulation [J]. China Agricultural Economic Review, 2014, 6 (4): 669-697.

[271] ZANELLO G. Mobile phones and radios: Effects on transactions costs and market participation for households in Northern Ghana [J]. Journal of Agricultural Economics, 2012, 63 (3): 694-714.

[272] ZHANG C, CHANG Q, HUO X. How productive services affect apple production technical efficiency: promote or inhibit? [J/OL]. Sustainability, 2019 (11): 5411. https://doi.org/10.3390/su11195411.

附录1 信息化与苹果种植户生产、销售行为调查问卷

自查	互查	队长

农户编码: _____

尊敬的果农朋友您好,我们是西北农林科技大学"苹果产业经济研究"课题组成员。本次调查数据仅用于学术研究和相关政策报告撰写。按照《中华人民共和国统计法》,您的相关信息将被严格保密。谢谢您的配合!

省: _____

县: _____

乡: _____

村: _____

受访者姓名: _____

受访者电话: _____

调查员姓名: _____

调查时间: _____年_____月_____日

【问卷填写注意事项】

一、我们的守则

1. 诚实、负责、绝不弄虚作假。

2. 始终持公平、中立态度。

3. 文明礼貌、和气待人、耐心细致、始终如一。

4. 掌握调查的抽样、访谈、追问的基本知识和技能。

5. 严格执行每项调查的技术规范，不得擅自更改。

6. 准确完整地保持调查数据的原始形态，不修改受访者答案。

7. 尊重受访者意愿，不侵犯受访者隐私，不冒犯受访者禁忌。

8. 衣着整洁，禁止穿拖鞋、奇装异服入户访问。

9. 遵守保密原则，不得同与本研究无关的任何人提及受访者的任何资料。

二、我们的流程

第一步：在当地工作人员的配合下，找到正确的样本户；

第二步：主动出示介绍信和调查员证，简短地进行自我介绍，说明来意；

第三步：赠送礼品；

第四步：使用问卷进行现场访问；

第五步：检查问卷有无遗漏；

第六步：请求受访者留下姓名和联系电话，对他们的合作表示谢意，与受访者依依惜别。

三、我们的注意事项

1. 在填写家庭人口基本信息时，一定要反复确认清楚实际住在这里的人口数。

2. 注意区分"不知道"和"没有"的区别，"不知道"是指受访者忘记或无法回答，调查员尽最大努力也无法获得答案的题项，用"999"表示；"没有"用"0"表示。

3. 尽可能在受访者家里或院内访问，如果条件有限，应尽可能选取相对独立安静的环境进行访问。

4. 访问时注意控制访问场面，不要造成围观。

5. 告别受访者之前，一定要仔细检查问卷，不要有漏问或模糊的答案，避免导致补问的困难。

6. 调查员访问完后必须在指定的地点交问卷，督导应当场审卷，合格后调查员方可离开调查点。

7. 在问卷上最好留下受访者的姓名和联系电话。

8. 注意人身安全，尤其注意不要被狗咬。

9. 服从队长的临时安排。

10. 自带饮用水，尽可能不在受访者家里吃饭。

11. 访问结束后及时总结问卷调查执行情况。

除特殊说明外，本问卷题项均为单选。

A 家庭基本信息

1. 您家常住人口＿＿＿人；有劳动力＿＿＿人；其中，种植苹果的劳动力有＿＿＿人

编码	与户主关系（代码1）	性别（1＝男，0＝女）	出生年	受教育年限/年	健康状况（代码2）	种植年限/年	2017年，种苹果几个月	是否党员或村干部（1＝是，0＝否）
1								
2								
3								
4								
5								

代码1：1＝户主；2＝配偶；3＝父亲/母亲；4＝儿子/女儿；5＝女婿/儿媳；6＝兄弟/姐妹；7＝孙子/孙女/外孙/外孙女；8＝其他＿＿＿（请注明）

代码2：1＝非常不健康；2＝比较不健康；3＝比较健康；4＝非常健康

1.1 参加非农就业的劳动力有＿＿＿人

编码	与户主关系（代码1）	性别	出生年	受教育年限/年	职业（代码2）	工作地点（代码3）	务工信息获取渠道（代码4）	务工年限/年	年收入/元	2017年，务工几个月
1										
2										
3										

代码1：1＝户主；2＝配偶；3＝父亲/母亲；4＝儿子/女儿；5＝女婿/儿媳；6＝兄弟/姐妹；7＝孙子/孙女/外孙/外孙女；8＝其他

代码2：1＝城乡无业、失业、半失业者；2＝农、林、牧、渔、水利生产人员；3＝生产、运输设备操作人员及有关人员；4＝商业、服务人员；5＝办事人员和有关人员；6＝专业技术人员；7＝国家机关、党群组织、企事业单位负责人

代码3：1＝本村；2＝本乡镇；3＝本县（区）；4＝本省；5＝本省以外

代码4：1＝电视；2＝互联网（包括智能手机移动网络）；3＝宣传册或宣传单；4＝亲戚朋友介绍；5＝招工单位宣讲；6＝其他＿＿＿（请注明）

1.2 子女职业类型

代码1	年龄/岁	性别(1=男,0=女)	是否党员或村干部(1=是,0=否)	受教育年限/年	职业(代码2)	工作地点(代码3)	从业年限/年	年收入/元

2. 您是否加入合作社？1=是，0=否；若是，哪一年加入？____年

3. 假设国家福利彩票中心到村里来搞抽奖活动，您会不会参加？1=会，0=不会

4. 如果现在有一项苹果种植新技术，您如何面对？__

1=根本不采用；2=看别人采用情况再决定；3=小面积试用后再决定；

4=积极采用

5. 您认为本村交通是否便利？1=非常不便利，2=比较不便利，3=比较便利，

4=非常便利

6. 您家是否三代人（爷爷、爸爸及户主本人）均生活在本村？1=是，0=否

7. 您家的姓是村里的大姓吗？1=是，0=否

8. 总的来说，我是一个幸福的人__（1~10分打分，分值越大，幸福程度越高）

B 信息化水平

Section1：智能手机与智能手机移动网络板块

序号	题目	选项	答案
1	您是否有智能手机？	1=是，0=否（若回答"否"，跳至第9题）	
1.1	若是，从哪一年开始使用智能手机？	____年	
1.2	若是，智能手机平均每月消费多少钱？	____元/月	
2	您是否使用智能手机上网（移动网络或者Wi-Fi）？	1=是，0=否	
2.1	若是，从哪一年开始使用智能手机上网？	____年	
2.2	若是，多长时间上一次网？	1=几乎不，2=一年几次，3=一月至少一次，4=一周至少一次，5=一周多次，6=几乎每天	
2.3	若是，每天平均上网多长时间？	____小时	
3	您是否使用智能手机上网获取以下信息		
3.1	苹果种植相关的政策	1=是，0=否	

序号	题目	选项	答案
3.2	气候与天气变化信息	1=是，0=否	
3.3	苹果生产资料（化肥、有机肥、农药等）质量与销售信息	1=是，0=否	
3.4	土地流转相关信息	1=是，0=否	
3.5	苹果销售价格与销售行情信息	1=是，0=否	
3.6	苹果生产新品种与新技术	1=是，0=否	
3.7	金融服务（信贷、理财）信息	1=是，0=否	
4	您的智能手机是否安装农业生产相关的App？	1=是，0=否	
4.1	若是，是否经常使用？	1=几乎不，2=比较少，3=比较多，4=很频繁	
5	您是否关注苹果生产与销售相关的微信公众号？	1=是，0=否	
5.1	若是，是否经常浏览里面的信息？	1=几乎不，2=比较少，3=比较多，4=很频繁	
6	您是否加入苹果种植交流群？	1=是，0=否	
6.1	若是，是否经常浏览里面的信息？	1=几乎不，2=比较少，3=比较多，4=很频繁	
7	您是否有手机银行、支付宝、微信支付账户？	1=是，0=否	
7.1	若是，从哪一年开始使用？	____年	
7.2	若是，您平均多长时间使用一次移动支付？	1=几乎不，2=一年几次，3=一月至少一次，4=一周至少一次，5=一周多次，6=几乎每天	
7.3	若是，您使用移动支付的主要用途是	1=生活类消费，2=娱乐（红包），3=网络购物，4=收取苹果销售货款，5=支付生产资料购买费用，6=存钱（理财），7=其他____（请注明）	
8	您的智能手机是否订购与"苹果生产与销售"相关的短信业务？	1=是，0=否	
8.1	若是，具体是哪项业务？（可多选）	1=苹果产业发展相关政策，2=气候与天气变化信息，3=苹果生产资料（化肥、有机肥、农药等）质量与销售信息，4=土地流转相关信息，5=苹果销售价格与销售行情信息，6=苹果生产新品种与新技术，7=其他_____（请注明）	

序号	题目	选项	答案
9	您家距离最近的营业点（移动、联通或电信）多远？	____千米	
10	您家附近10户家庭中使用智能手机的比例	____%	
11	您家附近10户家庭中使用智能手机上网的比例	____%	
12	您家附近10户家庭中使用智能手机移动支付的比例	____%	
13	您的配偶是否有智能手机？	1=是，0=否	
13.1	若是，您的智能手机平均每月消费多少钱？	____元/月	
14	您的配偶是否有移动支付账号（手机银行、支付宝等）？	1=是，0=否	
14.1	若是，从哪一年开始使用？	____年	

Section2：电脑与互联网板块

序号	题目	选项	答案
1	您家是否有电脑？	1=是，0=否	
1.1	若是，从哪一年开始使用电脑？	____年	
2	您家是否开通网络宽带？	1=是，0=否	
2.1	若是，哪一年开通网络宽带？	____年	
2.2	若是，网络宽带费用一年多少钱？	____元/年	
3	您是否使用电脑上网？	1=是，0=否（若回答"否"，跳至第7题）	
3.1	若是，您平时使用电脑上网的频率是	1=几乎不，2=一年几次，3=一月至少一次，4=一周至少一次，5=一周多次，6=几乎每天	
4	您平均一周使用电脑上网的时间为	____小时	
5	您是否经常使用电脑浏览农业相关网站	1=几乎不，2=很少，3=比较多，4=非常频繁	
6	您是否使用电脑上网获取以下信息		
6.1	苹果种植相关的政策	1=是，0=否	
6.2	气候与天气变化信息	1=是，0=否	
6.3	苹果生产资料（化肥、有机肥、农药等）质量与销售信息	1=是，0=否	

序号	题目	选项	答案
6.4	土地流转相关信息	1＝是，0＝否	
6.5	苹果销售价格与销售行情信息	1＝是，0＝否	
6.6	苹果生产新品种与新技术	1＝是，0＝否	
6.7	金融服务（信贷、理财）信息	1＝是，0＝否	
7	您家附近10户家庭中使用电脑上网的比例	＿＿＿＿%	

Section3：信息获取渠道与偏好

序号	题目	是否需要 （1＝是，0＝否）	信息获取渠道 （代码1）
1	您认为您在种植苹果过程中需要哪些信息？如果您要获取以下信息，您的第一选择是什么？		
1.1	苹果生产政策信息		
1.2	土地流转信息		
1.3	新技术/新品种信息		
1.4	生产资料质量与销售信息		
1.5	苹果销售价格与销售行情信息		
1.6	技术培训信息		
1.7	气候变化与气象灾害信息		
1.8	苹果有机、绿色、无公害认证相关信息		

代码1：1＝看电视，2＝听广播或收音机，3＝看报纸、杂志或图书，4＝手机通信（打电话或发短信），5＝手机移动网络或宽带网络，6＝亲戚朋友，7＝农资销售商，8＝政府或苹果实验站技术员，9＝其他＿＿＿＿＿（请注明）

Section4：信息素质（选项：1＝非常不同意，2＝比较不同意，3＝比较同意，4＝非常同意）

序号	题目	答案
1	信息对我来说很重要	
2	我渴望获取有用信息	
3	信息可以改变我的生活	
4	信息可以提高我的收入水平	
5	只要价格合理，我愿意花钱来获得苹果种植相关信息	

序号	题目	答案
6	我希望学习已有的苹果生产技术	
7	遇到苹果种植与销售的信息，我会经常把它记录下来	
8	如果有条件，我会去学习电脑	
9	我很希望我们村能够开展"如何上网查找信息"的培训	
10	我希望我的子女能够在学校学习使用电脑	
11	遇到苹果种植方面的问题，我知道需要哪些信息来解决	
12	我能看懂村委会布告栏里张贴的通知	
13	当有多种农药能防治害虫时，我自己能判断哪种效果更好	
14	看电视时，我经常关注农业科技频道	
15	如果村里有广播，我会认真听	
16	遇到困难时，我会通过各种方法收集信息	
17	我能利用所知道的信息给自己的苹果制定合理的价格	
18	我能根据果园害虫的情况进行很好的防治	
19	我不会网购	
20	我自己看不懂智能手机使用说明书	
21	当苹果需要销售时，我知道我需要哪些信息	
22	我能够从大量的信息中整理出它们的主要意思	
23	信息的互相交流可以带动大家共同致富	
24	我熟悉农村医疗保险的相关信息	
25	我经常和别人讨论从网上或智能手机里看到的一些信息	
26	当我需要外出务工时，我知道我需要哪些信息	
27	我看不懂土地承包合同或劳动合同	
28	我经常使用智能手机向他人询问所需信息	
29	我熟悉中央近些年发布的各项优惠政策	
30	当我收到智能手机中奖短信时，我能判断其真假	
31	我曾经教过别人使用某项技能（如智能手机使用知识）	
32	我曾经告诉过别人给他带来好处的信息	
33	在获知招工信息时，我能判断它的真实可靠性	
34	在得到一些有用的消息时，我很乐意告诉身边的人	

C 苹果生产情况（2017 年）

（一）要素投入

1. 您家现有耕地_____亩，苹果种植总面积_____亩；其中，挂果园_____亩（其中，租赁地____亩），地块数_____块；幼苗园____亩（其中租赁地_____亩），地块数_____块

1.1 您家距离最近的一块挂果园____千米；您家距离最远的一块挂果园____千米

1.2 五年以前（2012 年），苹果种植总面积____亩；挂果园____亩，地块数____块

2. 按照树龄划分的挂果园基本情况：

类别	树龄/年	面积/亩	是否灌溉 1=是，0=否	是否平地 1=是，0=否	栽培品种（代码1）	栽培方式（代码2）	栽培密度/棵/亩
1							
2							
3							

代码1：1=早熟苹果；2=富士苹果；3=晚熟苹果

代码2：1=乔化；0=矮化

3. 土地流转

序号	题目	选项	答案
1	您家过去是否租入土地？	1=是，0=否（若回答"否"，跳至下一部分）	
1.1	若是，共租入几次？	____次	
1.2	若是，最近1次租入是哪一年？	____年	
1.3	若是，租入面积是多少？	____亩	
2	流转前，该土地用途	1=白地（撂荒地）；2=种植粮食；3=种植苹果；4=种植蔬菜；5=其他____（请注明）	
3	流转后，该土地用途	1=种植粮食；2=种植苹果；3=种植蔬菜；4=其他____（请注明）	
4	流转对象的身份	1=亲戚；2=朋友和（或）熟人；3=普通农户；4=村集体；5=其他____（请注明）	
5	土地流转的范围	1=自然村内；2=行政村内；3=本乡镇内；4=本乡镇以外；5=其他____（请注明）	
6	进行土地流转时，是由谁组织的？	1=自发进行；2=村委会；3=乡镇政府；4=其他____（请注明）	

序号	题目	选项	答案
7	进行土地流转时，是否签订协议（合同）？	1=是，0=否	
7.1	若是，合同类型是什么？	1=口头协议，2=书面合同，3=第三方证明	
8	是否约定流转期限	1=是，0=否	
8.1	若是，流转期限多少年？	____年	
9	土地流转的租金形式	0=没有租金，1=实物租金（如粮食或其他农产品），2=现金租金，3=实物租金和现金租金都有，现金租金比例____%	
9.1	若为现金租金，租金是多少？	____元/（亩·年）	
9.2	若为现金租金，租金支付方式	1=一年一付，2=合同期一次结清，3=分几次付清，4=其他____（请注明）	
10	土地流转时，您与流转对象商定流转协议需要多长时间？	____分钟	
10.1	土地流转过程中，发生的交通费与伙食费是多少钱？	____元	
11	土地流转前，您找到想要流转土地的人容易吗？	1=很容易，2=比较容易，3=比较难，4=很难	
12	土地流转过程中是否发生过纠纷？	1=是，0=否	
12.1	若是，您觉得土地纠纷容易解决吗？	1=很容易，2=比较容易，3=比较难，4=很难	
12.2	纠纷解决的途径	1=双方协商解决，2=村里人调解，3=村干部或村委会介入，4=司法介入	
13	总的来看，您觉得这次土地流转容易吗？	1=很容易，2=比较容易，3=比较难，4=很难	

4. 化肥与有机肥投入

年份	化肥						商品有机肥					
	金额/元	施用量/千克	自用工/个工	换工/个工	雇工/个工	工价/元/天	金额/元	施用量/千克	自用工/个工	换工/个工	雇工/个工	工价/元/天
2017												
2016												

4.1 五年以前（2012年）化肥投入金额_____元

4.2 五年以前（2012年）有机肥投入金额_____元

5. 其他肥料投入情况

年份	其他有机肥（农家肥、沼液等）						
	肥料类型	金额/元	施用量/千克	自用工/个工	换工/个工	雇工/个工	工价/元/天
2017							
2016							

5.1 五年以前（2012 年）其他有机肥（农家肥、沼液）投入金额_____元

6. 农药投入情况

年份	打药次数/次	金额/元	自用工/工	换工/工	雇工/工	工价/元/天	其他费用/元	是否雇佣机械服务 1=是，0=否	机械服务费用/元
2017									
2016									

备注：其他费用包括水费、油费、电费。

6.1 2017 年，您家果园是否遭遇比较严重的病虫害？1=是，0=否

6.2 五年前（2012 年），农药的投入金额_____元

7. 套袋与摘袋

年份	套袋						摘袋			
	果袋用量/枚	总金额/元	自用工/个工	换工/个工	雇工/个工	用工单价/元/天	自用工/个工	换工/个工	雇工/个工	用工单价/元/天
2017										
2016										

8. 疏花疏果、修剪与清园

年份	疏花疏果				修剪				清园			
	自用工/个工	换工/个工	雇工/个工	工价/元/天	自用工/个工	换工/个工	雇工/个工	工价/元/天	自用工/个工	换工/个工	雇工/个工	工价/元/天
2017												
2016												

9. 地膜与反光膜

年份	黑地膜（调查瓜果园）					反光膜				
	金额/元	自用工/个工	换工/个工	雇工/个工	工价/元/天	金额/元	自用工/个工	换工/个工	雇工/个工	工价/元/天
2017										
2016										

10. 采摘与销售

年份	采摘				销售				
	自用工/个工	换工/个工	雇工/个工	工价/元/天	自用工/个工	换工/个工	雇工/个工	工价/元/天	运输费用/元
2017									
2016									

11. 生产资料市场

类别	购买渠道（代码1）	是否签订协议	商定价格花费时间	结算方式（代码2）	若赊账，多久结清	结清前催款几次	供货方式（代码3）	是否发生纠纷
化肥								
商品有机肥								
农家肥								
农药								
果袋								

代码1：1=零售商（农资店），2=农资公司直销，3=合作社或公司基地统一购买，4=线上农资店，5=养殖场或私人，6=其他_____（请注明）

代码2：1=现金支付，2=银行转账，3=移动支付，4=赊账，5=部分现金部分赊账，6=其他_____（请注明）

代码3：1=送货上门，2=自行取货

11.1 您家距离最近的农资购买点多远？____千米

11.2 您对农资市场的价格了解吗？1=非常不了解，2=比较不了解，3=比较了解，4=非常了解

11.3 您了解的农资市场信息准确吗？1=非常不准确，2=不准确，3=比较准确，4=非常准确

11.4 您与农资销售商谈判容易吗？1=非常难，2=比较难，3=比较容易，4=非常容易

11.5 您在购买农资时，有没有出现假冒伪劣情况？1 = 从来没有，2 = 比较少，3 = 比较多，4 = 非常多

12. 劳动力雇佣市场（若没有雇工，该部分跳过）

序号	题目	选项	答案
1	您家雇的人主要是哪里的人？	1 = 本村，2 = 本乡镇，3 = 本县，4 = 本市，5 = 本省，6 = 省外	
2	2017 年雇的人与 2016 年是否同一批人？	0 = 否，1 = 部分是，2 = 全部是	
3	您觉得寻找可雇佣的劳动力容易吗？	1 = 很难，2 = 比较难，3 = 比较容易，4 = 很容易	
4	您需要雇人时，主要通过哪种方式联系？	1 = 移动手机通信，2 = 网络通信，3 = 面谈，4 = 委托他人	
5	您在雇人时，是否与他们签订协议？	1 = 是，0 = 否	
5.1	若是，协议类型是哪种？	1 = 口头协议，2 = 书面合同，3 = 第三方证明	
6	商定雇佣具体细节（价格、工作内容）需要多长时间？	____分钟	
7	雇佣过程中，产生的接送费与伙食费	____元	
8	佣金的结算方式	1 = 现金支付，2 = 银行转账，3 = 移动支付，4 = 赊账，5 = 部分现金部分赊账，赊账比例____%	
8.1	若赊账，多长时间结清	____天	
8.2	结清之前，催款次数	____次	
9	雇佣过程中是否发生纠纷？	1 = 是，0 = 否	
10	您觉得对您来说，监督雇工的干活质量容易吗？	1 = 很容易，2 = 比较容易，3 = 比较难，4 = 很难	

12.1 对雇工的社会信任（1~6 打分，分值越高，同意程度越强）：

（1）如果我雇佣亲戚，我相信他能把活干好_____

（2）如果我雇佣熟人/朋友，我相信他能把活干好_____

（3）如果我雇佣普通农户，我相信他能把活干好_____

（4）如果村干部帮我雇工，我相信雇的人能把活干好_____

（5）我相信我雇佣的人在干活时不会破坏果树、果园____

（6）我在雇工时很在意雇工对我的评价_____

（7）为了以后容易雇工，我会好好招待雇工（管吃管喝等）_____

（8）为了维持固定雇佣关系，我平时也会和雇工保持联系_____

13. 换工市场（若没有换工，该部分跳过）

序号	题目	选项	答案
1	换工对象的身份？	1=亲戚，2=朋友或熟人， 3=普通农户，4=其他_____	
2	换工对象所占比例多大？	亲戚___%，朋友或熟人___%， 普通农户___%，其他___%（请注明）	
3	2017年换工对象与2016年是否同一批人？	0=否，1=部分是，3=完全是	
4	商定换工具体细节花费多长时间？	____分钟	
5	换工过程中，您支出交通费与伙食费多少钱？	____元	
6	换工过程中是否发生纠纷？	1=是，0=否	
6.1	若是，换工是否继续？	1=是，0=否	

14. 技术培训

谁组织培训	培训课时/小时	收取技术培训或信息费/元
果业局或苹果实验站（大学）		
果农合作社		
果品或农资企业		
其他（请注明）		

14.1 2017年，是否参加苹果生产技术培训？ ____1=是，0=否；若是，参加___次

（二）机械及其他生产设备（同一设备有多个，根据最新的作答）

序号	项目	数量/台（套）	购买（修建）时间/年	自己花费金额/元	政府补贴金额/元	使用年限/年	年修理费/元
1	拖拉机						
2	三轮车（大）						
3	三轮车（小）						
4	施肥开沟机						
5	旋耕机						
6	打药机						
7	割草机						
8	修剪机						
9	冷库（土窑）						
10	集雨设施（水窖）						
11	水肥一体化机械						
12	其他___（请注明）						

D 苹果销售情况

1. 苹果销售（2017 年）

序号	题目	选项	答案
1	您家苹果卖了几次？	____次	
2	您家苹果怎么卖的？（销售渠道与销售占比）	1＝企业或合作社____%，2＝果品收购商____%，3＝中介____%，4＝零售____%，5＝网络直销____%，6＝果汁厂_____，7＝其他_____（请注明）	
3	您家卖苹果时，潜在客商有几个？	____个	
4	您是否主动联系苹果收购商或者中介？	1＝是，0＝否	
4.1	若是，如何进行联系？	1＝移动手机通信，2＝网络通信(微信)，3＝面谈，4＝委托他人（亲戚朋友）介绍，5＝其他_____（请注明）	
5	销售过程中，是否签订合同？	1＝是，0＝否	
5.1	若是，合同类型是哪种？	1＝书面合同，0＝口头协议	
6	买方是否支付押金（定金）？	1＝是，支付押金（定金）_____元，0＝否	
7	您家在卖苹果时，谁负责与收购商谈价格？	1＝户主，2＝配偶，3＝共同负责，4＝其他____（请注明）	
7.1	谈价格花费时间	____分钟	
8	收购商是否检测苹果的农药残留？	1＝是，0＝否	
8.1	如果检测不合格，是否有处罚措施？	1＝是，0＝否	
8.2	若是，以何种方式处罚？	1＝不收购，2＝降价收购，3＝其他_____（请注明）	
9	卖完以后多长时间拿到钱？	____天	
10	付款方式	1＝现金，2＝银行转账，3＝移动支付（支付宝、微信支付、手机银行），4＝欠款，5＝部分现金部分欠款，欠款比例____%，6＝其他_____（请注明）	
10.1	若有欠款，结清之前催款次数？	____次	
11	您觉得卖苹果时，寻找合适的买主容易吗？	1＝很难，2＝比较难，3＝比较容易，4＝很容易	
12	您觉得卖苹果时，与收购商商谈价格容易吗？	1＝很难，2＝比较难，3＝比较容易，4＝很容易	
13	您卖完苹果后，收回货款的不确定性大吗？	1＝很小，2＝比较小，3＝比较大，4＝很大	

2. 苹果产量与收入情况

项目/年份	2017			2016		
	早熟	富士	晚熟	早熟	富士	晚熟
苹果产量/千克						
苹果销售收入/元						

2.1 五年以前（2012 年），您家苹果总产量多少千克？_____千克；苹果收入多少钱？_____元

2.2 2017 年商品果率_____%，2016 年商品果率_____%

3. 其他收入

年份	其他作物收入/元	养殖收入/元	自营工商业/元	家庭工资收入/元	种植业补贴/元	退休金或养老金/元	人情往来收入/元	财产性收入（租金、股息、利息）/元	家庭人员农业受雇收入（零工）/元	政府补贴性收入/元
2017										
2016										

3.1 2017 年，是否收到外出务工子女的经济支持？1=是，0=否

若是，金额_____元；

收款方式是什么？1=现金，2=银行转账（不包括手机银行），3=移动支付（手机银行、支付宝、微信），4=邮局汇款，5=其他_____（请注明）

E 借贷、资产与消费

（一）借贷

1. 非正规信贷

序号	题目	选项	答案
1	最近 5 年，您家里是否有借款？	1=是，0=否（如果回答"否"，跳至第 6 题）	
1.1	若是，借了几次？	____次	
1.2	若是，最近 1 次是哪一年？金额是多少？	____年，____元	
1.3	若是，借的谁的？	1=亲戚，2=朋友，3=本村村民，4=高利贷，5=合作社或者公司，6=资金互助社，7=其他_____（请注明）	

序号	题目	选项	答案
1.4	若是，以何种方式转给您？	1＝现金，2＝银行转账（不包括手机银行），3＝移动支付（手机银行、支付宝、微信），4＝其他_____（请注明）	
1.5	若是，约定年利率是多少？	＿＿＿%	
1.6	若是，您借款的主要用途是	1＝生产性借款，2＝非生产性借款	
2	商定借款相关事宜，需要多长时间？	＿＿＿分钟	
3	是否有借条？	1＝是，0＝否	
4	是否约定还款期限？	1＝是，0＝否	
4.1	若是，期限多长？	＿＿＿年	
5	总的来看，您觉得寻找可借款给您的人容易吗？	1＝很难，2＝比较难，3＝比较容易，4＝很容易	
6	2017年10月以前，您还有未还借款多少钱？	＿＿＿元	

2. 正规信贷

序号	题目	选项	答案
1	最近5年，您家里是否有贷款（银行、信用社等）？	1＝是，0＝否（如果回答"否"，跳到下一部分）	
1.1	若是，您总计贷款几次？	＿＿＿次	
1.2	若是，最近1次贷款是哪一年？金额是多少？	＿＿＿年，＿＿＿元	
1.3	若是，贷款年利率是多少？	＿＿＿%	
1.4	若是，是否有抵押或者第三方担保？	1＝是，0＝否	
2	商定贷款相关事宜，花费多长时间？	＿＿＿分钟	
3	贷款过程中，往返交通费大概多少钱？	＿＿＿元	
4	约定的还款期限是多长时间	＿＿＿年	
5	还款方式	1＝到期一次性还清，2＝贷款期内每月还款固定金额，3＝随时可以还清，4＝其他_____（请注明）	
6	您是否逾期未还清？	1＝是，0＝否	
6.1	若是，如何处罚？	0＝不处罚，1＝拍卖抵押物，2＝司法介入，3＝第三方担保归还，4＝其他_____（请注明）	
7	您贷款的主要用途是	1＝生产性贷款，2＝非生产性贷款	

序号	题目	选项	答案
8	总的来看，您觉得获取贷款相关信息容易吗?	1=很难，2=比较难，3=比较容易，4=很容易	
9	2017年10月以前，您还有未还贷款多少钱?	____元	

(二) 资产与消费

1. 家庭住房与耐用品拥有情况

序号	项目	数量/台(套)	修建或购买时间/年	金额/元	序号	项目	数量/台(套)	修建或购买时间/年	金额/元
1	住房				7	摩托车			
2	卡车				8	电动车			
3	轿车				9	电脑			
4	彩电				10	照相机			
5	冰箱				11	空调			
6	洗衣机				12	智能手机			

2. 2017年家庭支出情况

序号	家庭支出类别	金额/元	序号	家庭支出类别	金额/元
1	总支出			养老保险	
2	家庭食品消费额		9	医疗保险	
3	家庭衣着支出			商业保险	
4	购买家电的支出		10	赡养支出	
5	医疗保健支出		11	礼品和礼金支出	
6	交通支出(含油费、保险费)		12	日用品、水费、电费、燃料费等	
7	教育和文化支出		13	烟、酒	
8	房屋修缮支出		14	其他_____ (请注明)	

F 社会资本与气象灾害情况

1.1 社会网络：您与下面不同职业人群经常来往的人数

单位：人

分类	村干部	乡镇干部	农资销售商	农业技术员	信贷员	苹果销售代办	移动/联通/电信工作人员	手机联系人
人数								

    a. 春节期间您家来访的亲戚_____人；您家来访的朋友_____人

    b. 跟您经常来往的人中，学历最高的人上学年限_____年

1.2 社会信任

    a. 一般来说，您认为大多数人是可以信任的，还是和人相处要越小心越好？

1＝可信；0＝不可信，相处要小心

    b. 您对邻居的信任程度_____（1~10打分，分值越高，信任度越强）

    c. 您对村干部的信任程度_____（1~10打分，分值越高，信任度越强）

    d. 您对陌生人的信任程度_____（1~10打分，分值越高，信任度越强）

    e. 您对亲戚朋友的信任程度_____（1~10打分，分值越高，信任度越强）

2. 气象灾害情况

序号	题目	选项	答案
1	2017年，您家苹果种植是否受灾？	1＝是，0＝否	
1.1	若是，受灾程度重吗？（减产或果品质量受损）	1＝很重，2＝比较重，3＝比较轻，4＝很轻	
1.2	若是，灾害导致收入减少比例	____%	

附录 2 村级调查问卷

村级编码：＿＿＿＿＿＿＿

省：＿＿＿＿＿＿＿县：＿＿＿＿＿＿＿乡（镇）＿＿＿＿＿村＿＿＿＿＿

受访者姓名：＿＿＿＿＿＿受访者身份：＿＿＿＿电话号码：＿＿＿＿＿＿＿

调查员姓名：＿＿＿＿＿＿＿＿调查日期：2018 年＿＿＿＿＿月＿＿＿＿＿日

A. 村庄基本情况

1. 本村农户＿＿＿＿＿户；其中，苹果种植户＿＿＿＿＿户；加入合作社的比例＿＿＿＿＿%

2. 本村成年劳动力人数（年龄在 18 岁以上 60 岁以下）＿＿＿＿＿人；高中学历以上劳动力人数＿＿＿＿＿人，职业农民＿＿＿＿＿人

3. 2017 年，本村外出务工人数占比＿＿＿＿＿%，在村里做生意＿＿＿＿＿人，村民人均收入＿＿＿＿＿元

4. 本村所种植苹果不同栽培方式面积比例：矮化栽培面积＿＿＿＿＿%，乔化栽培面积＿＿＿＿＿%

5. 本村所种植苹果不同品种面积比例：早熟品种（嘎啦、红星等）＿＿＿＿＿%，富士品种＿＿＿＿＿%，晚熟品种（秦冠）＿＿＿＿＿%；2017 年，本村苹果储存率为＿＿＿＿＿%；2016 年，本村苹果储存率为＿＿＿＿＿%

6. 本村土地面积情况

单位：亩

类型	宅基地面积	耕地面积	苹果面积	挂果面积	其中,平地面积
面积					

7. 本村土地流转租金＿＿＿＿＿元/亩；劳动力价格：男工＿＿＿＿＿元/天；女工＿＿＿＿＿元/天

8. 本村冷库数量＿＿＿＿＿个；苹果经纪人（中介）数量＿＿＿＿＿个；苹果收购站数量＿＿＿＿＿个；苹果加工企业数量＿＿＿＿＿个；苹果包装企业数量＿＿＿＿＿个；苹果客商数量＿＿＿＿＿个；农资供应点数量＿＿＿＿＿个；气调保鲜库数量＿＿＿＿＿个

9. 本村到省城的距离＿＿＿＿＿千米；到县城的距离＿＿＿＿＿千米；到乡镇政府的距离＿＿＿＿＿千米；距离最近的公路（县道及以上）＿＿＿＿＿千米；到最近的苹果收购站＿＿＿＿千米；到最近的银行网点＿＿＿＿＿千米；到最近的苹果实验站＿＿＿＿＿千米；到最近的冷库＿＿＿＿＿千米

10. 本村硬化路面（水泥路、柏油路或砂石路）宽度＿＿＿＿＿米；长度＿＿＿＿＿千米

B. 村庄信息化水平

1. 本村是否覆盖有线电视或数字电视信号？1＝是，0＝否

2. 本村开通互联网的家庭占比＿＿＿＿＿%；本村从事农村电商的人数＿＿＿＿＿人

3. 本村是否有广播站？1＝是，0＝否；

若是，是否广播苹果生产与销售的相关信息？1＝是，0＝否

4. 本村是否有益农信息社？1＝是，0＝否；

若是，由谁负责？1＝村干部，2＝技术员，3＝果业部门，4＝苹果试验站，5＝其他＿＿＿＿＿（请注明）

若是，主要披露哪些信息？

1＝气候变化信息；2＝苹果市场与价格信息；3＝苹果生产技术信息；4＝农资信息；5＝其他＿＿＿＿＿（请注明）

5. 本村是否有信息公告牌？1＝是，0＝否；

若是，主要披露哪些信息？

1＝气候变化信息；2＝苹果市场与价格信息；3＝苹果生产技术信息；4＝农资信息；5＝其他＿＿＿＿＿（请注明）

6. 本村是否有移动、联通或者电信营业点？1＝是，0＝否；

若是，数量＿＿＿＿＿个

7. 本村是否有智能手机信号塔？1＝是，0＝否；

若是，数量＿＿＿＿＿座

C. 村庄苹果受灾情况

1. 2017 年，本村苹果是否受灾？1＝是，0＝否

若是，主要遭受哪种灾害？

1＝水灾，2＝风灾，3＝旱灾，4＝冰雹，5＝霜冻，6＝雪灾，7＝病虫害，8＝其他_____（请注明）

若是，受灾影响大不大？1＝很大，2＝比较大，4＝比较小，5＝很小

2. 本村是否覆盖苹果保险？1＝是，0＝否

若是，本村农户参保比例____％